山东省齐鲁优秀传统文化传承创新工程2016年第一批重点项目
山东理工大学齐文化研究院、山东省齐文化研究基地2014年重点项目
山东省齐文化传承与示范区建设协同创新中心（培育）2017年重点项目

『管子通论』丛书

管子其人其书及管氏家族研究

战化军 著

王京龙 等著

齊魯書社

管仲像（郭振华 绘）

管子通论·前言

德国思想家卡尔·雅斯贝尔斯在《历史的起源与目标》一书中，第一次把公元前500年前后同时出现在中国、西方和印度等地区的人类文化突破现象称为“轴心时代”。这一时期人类社会思想文化爆炸式发展，同时形成了世界东西方思想文化中心的滥觞。在中国，这一滥觞过程的突出标志是先秦诸子的出现，管子便是其中的重要一员。管子大约生活在公元前735年—公元前645年之间，比中国儒家学派的创始人孔子（公元前551年—公元前479年）早近一个世纪，比古希腊最早的哲学学派——米利都学派（爱奥尼亚学派）的创始人泰勒斯（大约生活在公元前624年—公元前546年）早半个多世纪。

我们这里所说的管子，既指春秋时期的管仲其人，也指管仲之后形成的《管子》其书。对于管仲其人，早在春秋末期的孔子那里就有了深刻的认识与评价；对于《管子》其书，汉代刘向以后，从不同角度对其进行的研究代有新作，新浪逐高。正是在这样的社会文化背景条件下，伴随着中国传统文化研究的繁荣与发展，“管子通论”也就应运而生了。

我们对“管子通论”这个项目兴趣的确立是在2014年。当时，张灿贤教授就任齐文化研究院院长，与学校社科处研究，意欲启动几个较大的项目，以进一步发掘研究力量，明确研究方向，培育重大研究成果。在征求意见过程中，时任山东理工大学党委副书记、山东省齐文化研究基地负责人的张宇声教授提出了“管子通论”这个题目。经过反复讨论，大家一致认为这个题目很好——管子是齐文化中的杰出代表，具有巨大的研究价值。我们山东理工大学齐文化研究院作为山东省齐文化研究基地的建设单位和学术期刊《管子学刊》的主办单位，有责任承担这一任务。于是，研究院邀请山东省政协原副主席、山东师范大学原副校长、博士生导师、齐鲁文化研究院原院长王志民教授为顾问，确定张宇声教授和张灿贤教授分别担任编委会主任委员和执行主任委员，确定我为课题负责人。这样，这一课题就算是正式启动了。2016年，山东省委、省政府决定启动“齐鲁优秀传统文化传承创新工程”建设项目，确定了第一批7类31个重点项目，经申请，“管子通论”有幸被列入其中，成为“齐鲁优秀传统文化传承创新工程”第一批重点项目之一。实际上，我在齐文化研究领域虽然屈指有年，但虚度时光日多，对管子并没有进行太深入的研究，接受这一任务深感责任重大，诚惶诚恐。加之本人学力、协调能力、研究人员构成、研究经费等诸多方面的问题，开始时便有勉为其难之感，在进展过程中，每深入一步，这种感觉便会加重一番。

研究管子的先贤众多，成果丰硕，“通论”从何着手，是一个很难确定的问题。对此，我们接受了王志民教授的意见，大致从管子研究的信息梳理角度入手，立足于“通”，着眼于“论”。于是就形成了管子的认识、管子其人其书及其家族的演变、管子思想、管子版本、管子的境外研究这样五个主要研究板块。最初的想法是把这五个板块的内容融合在一起，分成上下两卷出版结项，随着研究工作的不断深入，尤其是各个板块之间的独立性不断增强，最后竟然变成了五卷本。规模的扩大既与课题研究的内容有关，更与课题组成员的研究投入密切相关。现在看来，虽然每卷的规模看起来单薄一些，但专题性更强一点，而且有助于启发读者对某一问题的再认识。

由于启动这个项目的一个重要初衷是促进研究院内部的队伍建设和研究力量的提升，所以这个项目的研究队伍一开始就确定在研究院内部人员中选定。因而，项目开始以后，随着后来项目立项级别的上升，每卷的作者也就难以改变了。这是这个项目没有聘请一些管子研究大家参与的主要原因。

在项目进行过程中，我们试图在所涉领域都能够获得新的认识，但由于学界对管子的研究成果早已非常丰富，做到这一点确实不容易，一卷当中烦言赘语不免多见，各卷之间内容也难免有所重复，好在也可以见到一些可寻味之处。我们主要在以下几个方面寻找到了一些罅隙，或者可以说是获得了一点进步。比如对管子及其家族演变的阐释，王京龙教授和战化军教授分别在《论管子》和《管子其人其书及管氏家族研究》中都有论述，虽然观点有所不同，甚至不够完美，但在以往的管子研究中尚没有发现如此系统和缜密的推演论述。又如对管子思想研究的历史梳理，对管子学史的研究并不少见，但按照两千多年的历史发展顺序，从研究信息的角度给予系统梳理的并不多见。张艳丽的研究提供了不同历史时代的管子研究信息，虽然与专题的管子学史研究不可相提并论，但这种梳理揭示出来的研究信息也是非常可贵的。郭丽教授长期以来一直致力于《管子》的版本研究，长期处在这一领域的学术前沿，她对《管子》版本研究信息的梳理，为读者呈现了这一领域的最新认识。还有管子的境外研究，全面收集和整理不同语种的管子境外研究信息是带有一定开拓性的研究。孙继成、杨纪荣的研究在着重于收集梳理面上信息的同时，尽量照顾到了点的深入，但由于涉及面的制约，其具体着眼点的学术纵深并不令人满意，但这也几乎是前所未见的研究了。这些研究或许能够为促进管子的研究提供更多的有价值的参考。

总而言之，管子其人与《管子》其书对社会发展进步产生的巨大影响是不可估量的。希望我们的这一研究能够为促进管子研究的深入发展提供一点帮助。

感谢我供职的单位山东理工大学齐文化研究院及各位领导、同仁的厚爱，让我有机会与各位学贤一同完成“管子通论”的研究任务。能够有机会为管子研究的深入发展做出一些微薄的贡献，我感到十分荣幸。

祝愿山东理工大学齐文化研究院兴旺发达！

感谢所有为“管子通论”研究工作顺利完成做出积极贡献的朋友们！

因本人学力和课题组成员对管子研究把握和再认识的能力有限，对于书中存在的不足和错误，敬请各位学贤给予指正和理解。

王京龙

2018年3月8日

于山东理工大学博大花园寓所

目 录

绪　言

管子其人，意指管仲。管子其书，即先秦诸子文献中的《管子》一书。

管仲，名夷吾，字仲，谥敬仲①，生年不详，卒于公元前645年。他是我国春秋时期最为著名的贤相，集政治家、思想家、军事家、经济家、改革家于一身，在中华民族发展史上有着卓越的历史贡献。他辅佐齐桓公达40年之久，对内实行全面改革，实现了富国强兵；对外以尊王攘夷号令诸侯，九合诸侯，一匡天下，使齐桓公成为春秋五霸之首。管仲对齐国的持续昌盛、强大发挥了重要作用，对齐文化的形成和发展做出了十分重要的贡献，对后世具有十分广泛而又重要的影响。

管仲是我国春秋时期最具有影响力的人物。

自平王东迁以后，中国社会出现了有史以来第一个也是历时最长的混乱动荡期，从平王东迁（前770）至秦始皇统一中国（前221），诸侯割据500多年。这一时期也是中国的社会形态发生最激烈变革的时期，从春秋到战国，中国社会完成了从奴隶制社会到封建制社会的转变。

春秋初期的社会基本特点是：

第一，周王室失去了对诸侯的实际控制力。各诸侯国本来是周王室所封，“溥天之下，莫非王土；率土之滨，莫非王臣”（《诗经·小雅·北山》）。周天子实际具有对诸侯的生杀予夺大权，但自平王东迁进入东周之后，周王室日渐衰微，除了作为天下宗主的身份尚存，其实际军事能力已经与一个一般的诸侯国差不多，已经彻底失去了对诸侯的实际控制能力。周平王时，郑伯为周王室卿士，平王为了笼络郑伯，作为天子，竟然与郑国交换人质，“王

---

① 或说字敬仲，此从《世本》。清秦嘉谟《世本辑补》卷一〇“谥法”：“管夷吾谥敬仲。”

子狐为质于郑,郑公子忽为质于周”(《左传·隐公三年》)。从此,周、郑关系不断恶化,至周桓王时,郑国竟然与周天子兵戎相见,“战于繻葛”“射王中肩”(《左传·桓公五年》),王师大败。周王室已经完全丧失了惩治诸侯的能力。

第二,诸侯之间以强并弱。随着周王室的衰微,周王室失去了维护天下政局的能力,已经无力干预诸侯政事,诸侯之间擅自征伐,因此出现了恃强凌弱、以强并弱的社会局面,战争频仍,争战不息。《晋书·地理志》载,西周初年“凡一千八百国”,但到了东周之际,诸侯国数量骤减,“春秋之初,尚有千二百国”,可见当时诸侯兼并之激烈。

第三,礼崩乐坏,统治阶级内部矛盾重重。《晋书·地理志》云春秋时期“弑君三十六”,篡弑之事层出不穷,奴隶社会已穷途末路。

第四,四夷交侵,华夏民族受到严重威胁。当时,华夏族周边有许多其他的部族,有南蛮、北狄、东夷、西戎之说,一般通称为夷狄或戎狄。他们对周王朝时服时叛,基本上游离于周王朝统治之外。《国语·郑语》云“王室将卑,戎狄必昌”。随着周王室的衰微,周王室失去了率领诸侯抗击四夷的凝聚力,四夷强盛起来。《公羊传·僖公四年》云:“南夷与北狄交,中国不绝若线。”戎狄大肆入侵中原,给中原诸侯造成了极大威胁。

第五,民众的不满情绪日益增长,奴隶逃亡现象日益严重。社会动荡、诸侯纷争增加了民众的经济、徭役负担;同时,混乱的社会局势也为奴隶逃亡提供了机会,“流民”大量出现。

时势造英雄。在历史转折的非常时期,往往会出现非常人物。管仲正是这一时期出现的功业最为卓著的名相。他辅佐齐桓公九合诸侯,一匡天下,成为春秋五霸之首,立下了不朽的历史功业。管仲之所以取得如此大的成就,主要是因为他能够及时了解社会的变化趋势,能敏锐把握时代发展脉搏并占据时代的制高点。他顺应时势变化,引领时代潮流,成为时代巨擘。比如当时周王室衰落,天下大乱,却也使诸侯国得到了前所未有的主权,诸侯国可以不必顾及周天子的脸色而行事。这一时期对其他人来说,可能仅仅是乱世,但对管仲来说,是千载难逢的改革机遇,正是壮大齐国、建功立业的大好时机。管仲抓住了这一历史机遇,在齐国进行全面改革,终于成就了千秋伟业。再如管仲辅佐齐桓公争霸,管仲针对天下大乱、四夷交侵的局势,审时度势,以尊王攘夷为旗帜。尊王并不仅仅是尊崇周王室,更重要的是稳定社会秩序;攘夷是率领诸侯抗击四夷入侵。显然,这正是各国诸侯所期盼的,所以迅速得到了各国诸侯的响应和支持,齐桓公很快就取得了霸主地位,并且九合诸侯,“不以兵车”,不依靠武力就能号令诸侯。

管仲是我国历史上第一个具有重大影响的改革家。改革往往与阻力同在,改革力度越大,阻力也就越大。因此,改革有风险,改革力度越大,风险也越大。改革家的最终下场大多令人悲叹,如其后著名的改革家吴起、商鞅、桑弘羊、刘晏、王安石、张居正等。而管仲与他们不同,不但生前有仲父之贵、齐相之尊、三归之富,而且死后荫庇后人,世享于齐,其生前死后所受殊荣绝无仅有。管仲能够如此,其原因至少有三:其一,齐桓公的信任。改革家的厄运往往是因为君主改弦易辙或新旧更替,致使君主的支持有始无终。而齐桓公不仅将管仲由槛囚任用为齐相,还给予了充分的信任,放手让管仲施政,管仲至死都有齐桓公做坚强的后盾,这是许多改革家都未曾有的幸运。其二,管仲改革的宗旨。管仲的改革致力于国强,也致力于民富,并且重视民富对社会稳定、社会文明的重要作用,因民为政,得到了民众的拥护。儒家指责管仲生活奢侈,但“齐人不以为侈”(《史记·管晏列传》),可见得到改革实惠的民众对管仲的支持、爱戴。其三,管仲改革的智慧。管仲在改革时善于处理继承与发展的关系,在继承中创新。“修旧法,择其善者而业用之。”(《国语·齐语》)业者,创也。如管仲发展工商业,聚天下之财,实际上是对姜太公当年“通工商之业,便鱼盐之利”经济方略的继承与发展。这显然更符合社会发展规律,并且以法先王为包装,更能有效减少改革阻力。

管仲的改革是中国社会从奴隶制向封建制转化的开端。加强君主集权,建立官府管理体系,建立官员选拔、考核、监督制度;在传统礼治的基础上,进而强调法治;实行盐铁专卖,由国家控制货币和物价;案田而税,相地而衰征,重建国家税收体系;把军队从领主手中独立出来,重建于各级官府之中,等等,封建社会制度显然已经悄然而生。其后,从春秋到战国,经过子产、李悝、吴起、商鞅等一系列的改革,中国社会最终完成了封建化进程。

管仲治齐而不囿于齐，具有国际化视野，开放性是其治齐的基本特点。他委派专人到列国搜罗人才，并广泛了解各国信息；关市几而不征，来四方商人，聚天下之财；通过盟誓约束诸侯行为，维护天下秩序；团结、率领诸侯抵御夷狄入侵，积极承担霸主责任。特别是在抵御外族入侵、保卫华夏文明方面，管仲功业显著，极受后人称道。孔子就曾说："微管仲，吾其被发左衽矣。"(《论语·宪问》)

管仲在中国历史上产生了极为深远的影响。首先，管仲是我国历史上最为著名的理财家，由国家调节物资余缺、控制货币和物价、实行盐铁专卖等成为后来国家理财的基本方法。其次，管仲是乱世能臣的代表。在乱世之中，人们渴盼力挽狂澜的人物，在中国历史文化中，管仲正是这种人物的代表。越是在乱世，人们越是追思管仲。比如诸葛亮，处于三国乱世之中，素有平定天下之志，故自比于管仲。再如东晋之初，社会动荡，王导在东晋政权建立和稳定的过程中发挥了重要作用，被誉为"江左管夷吾"。第三，管仲还是励志的典型。管仲早年经过商，当过兵，做过小官吏，都极不顺利，历经坎坷，受尽磨难，但他不为命运所屈服，始终坚持对建功立业的不懈追求，不羞小节而耻功名之不立，终于成为齐相，辅佐齐桓公成为春秋五霸之首。"管夷吾举于士"，却终成一代伟人，所以孟子说："故天将降大任于斯人也，必先苦其心志，劳其筋骨，饿其体肤，空乏其身，行拂乱其所为，所以动心忍性，曾益其所不能。"(《孟子·告子下》)这正是所谓的"宝剑锋从磨砺出，梅花香自苦寒来"，非常的磨难成就了旷世的才干，因而管仲成为人们津津乐道的励志典型。

《管子》一书是先秦诸子文献中的重要典籍。它不同于一般的诸子著作，不单纯是理论思辨，不是坐而论道的空泛之谈，绝无各执一端、不切实际的弊端，而是以治国理政为核心，被称为经世致用的百科全书。《管子》一书独具特色，其特色主要体现在三个方面。其一，包容性。《管子》不拘泥于某一学派。先秦诸子集中出现在春秋末期与战国时期，而管仲是诸子之前的卓越的政治家，受到各学派的尊崇，超出了传统学派划分的藩篱。《管子》一书以治国理政为核心，熔儒、道、法、阴阳、兵等众家学说于一炉。其二，务实性。除诸子的一般话题，《管子》还从治国理政的政务出发，广泛涉及一些政府管理领域,如城市建设、土地测量和土质调查等。其三,创新性。管仲作为著名的改革家,其自身的言行决定了《管子》一书的创新性。《管子》一书蕴含有一些前所未有的思想观点,如强调礼与法的互补、经济基础对礼教的决定作用、消费对生产的刺激作用、教育的重大意义等。其经济思想独树一帜,特别是国家理财理论如轻重理论,影响巨大,一直是后世改革家理财的法宝。

由于"管子通论"丛书中另有《管子思想研究通论》,为避免重复,本部分仅对《管子》一书的成书情况、章节内容做介绍,而未对《管子》一书的思想内容展开详细论述。如详细了解《管子》一书的思想内容,请参见《管子思想研究通论》一书。

第一章　管氏起源与管氏在齐

管氏起源于周王室。关于管仲的祖籍，历来说法不一。但据现有史料记载来看，不管管仲祖籍在何处，他早已生活在齐地，早就已经成为齐国人。管仲去世以后，管氏家族在齐国受到了优厚的待遇，为齐国之显族，但其后人在齐国并不显名，不仅不曾像高氏、国氏等姜姓贵族那样在姜齐时期世袭为卿，也不曾像鲍叔牙、田完等异姓大夫家族那样在春秋时期历代为大夫并显名于齐。但是，秦汉以后，管氏家族后人在各地繁衍生息，亦可谓人才辈出。

一、管氏起源

管仲，姬姓，管氏。《国语·齐语》韦昭注云："管夷吾，齐卿，姬姓之后，管严仲之子敬仲也。"先秦时期姓、氏有别，男子一般称氏而不称姓，故称管仲。

过去有人据《左传》的记载曾对管仲为姬姓提出质疑。《左传·僖公十二年》载："王以上卿之礼飨管仲，管仲辞曰：'臣，贱有司也，有天子之二守国、高在。若节春秋来承王命，何以礼焉？陪臣敢辞。'王曰：'舅氏，余嘉乃勋，应乃懿德，谓督不忘。往践乃职，无逆朕命。'管仲受下卿之礼而还。"周天子为姬姓，称管仲为"舅氏"，从而认为管仲不可能是姬姓。这实际上是对《左传》的误读。杨伯峻在《春秋左传注》中说："据《齐语》述管仲之言曰'昔我先王昭王、穆王世法文、武远绩以成名'，则管仲为周同姓，而此周王称之为舅氏者，盖以齐为异姓诸侯，其臣虽为同姓，亦只谓之舅氏。说本阎若璩《古文尚书疏证》四。"[1]此说甚为明了，所以现在基本无人说管仲不是姬姓。

[1] 杨伯峻：《春秋左传注》（修订本），中华书局1990年版，第342页。

关于姬姓管氏的起源有三种说法，分别是：

一是起源于管叔鲜。叔鲜是周文王第三子、周武王之弟。周武王灭殷建周后，分封诸侯，将叔鲜分封到管，建立管国，并以管为氏，称管叔鲜。管叔鲜与蔡叔度一起管理殷商遗民。周武王去世后，周成王即位。当时成王年幼，由周公旦摄政。《史记·管蔡世家》云管叔鲜、蔡叔度"疑周公之为不利于成王"，于是便与殷纣王之子武庚联合发动了叛乱。周公旦平定叛乱，杀武庚、管叔鲜，流放蔡叔度。《通志·氏族略》"以国为氏"之"周同姓国"载："管氏，周文王第三子管叔鲜之国，其地今郑州管城是也，子孙以国为氏焉。"①管叔鲜的后人以管为氏，而管叔鲜显然是姬姓管氏之始。

一是起源于周穆王。周穆王将其庶子分封到管，其后裔子孙便以封邑为氏。

一是起源于鲁大夫。《通志·氏族略》"以邑为氏"之"鲁邑"载："管氏，鲁大夫食采于管，因氏焉。"②此"鲁大夫"为何人不详。但鲁国是周公旦的封国，鲁国自伯禽开始，就一直实行尊尊亲亲的政策，《说苑》《吕氏春秋·长见》《淮南子·齐俗》等都记载了这样一个故事，周公问太公治理齐国之道，太公说尊贤尚功。太公问周公治理鲁国之道，周公说尊尊亲亲。于是，太公说鲁国因为尊尊亲亲而国势将日益削弱，而周公说齐国由于尊贤尚功而将被异姓篡夺君位。由此判断，在鲁国奉行尊尊亲亲的用人政策下，此鲁大夫当出于鲁国公室，当也为姬姓。

起源于管叔鲜的管氏是以管叔鲜的封国为氏，即《通志·氏族略》所说的"以国为氏"。起源于周穆王庶子与起源于鲁大夫的管氏是以封邑为氏，即《通志·氏族略》所说的"以邑为氏"。无论是以国为氏还是以邑为氏，都是以地名为氏。管叔鲜的封国"管"与周穆王庶子的封邑"管"应当是同一个地方，当在今河南省郑州市。而鲁大夫的封邑"管"应在鲁国，即今山东省曲阜市附近。

后来的管姓一般都将管仲视为先祖。而如前所述，姬姓管氏起源有三个源头，而管仲又属于哪一个呢？

---

① ［宋］郑樵：《通志二十略》，中华书局1995年版，第48页。

② ［宋］郑樵：《通志二十略》，中华书局1995年版，第82页。

首先，起源于“鲁大夫”的管氏与管仲应当无涉。《通志·氏族略》对起源于鲁大夫的管氏语焉不详，仅“鲁大夫食采于管，因氏焉”一句，至于该“鲁大夫”何名、受封于何时、该“管”地在何处、后裔子孙状况如何等，一概阙如。并且，出于“鲁大夫”这一支的管氏仅见于《通志·氏族略》，特别是在古代典籍中，并未见鲁国有管氏人物的记载。因此，这一支管氏的来龙去脉扑朔迷离。另外，齐国与鲁国相邻，交往甚多，从管仲的生平经历来看，即使确如《通志·氏族略》所载，当时鲁国真的有姬姓管氏一支，管仲也绝对不是出于鲁国的管氏。

一般都认为管仲出于管叔鲜一支。唐代颜师古注汉代史游《急就篇》“管财智”云：“管氏之先出自周文王，以国命氏也。齐有管至父、管夷吾、管于奚、管修，因为著姓。财智言富于财而又多智也。”唐代林宝《元和姓纂》云：“管，文王子叔鲜封于管，因氏焉。管夷吾字敬仲，仕齐。”①显然，唐人颜师古、林宝都认为管仲是管叔鲜之后。《广韵》也认为管仲是管叔鲜之后，上声二十四缓：“管，又姓，周文王子管叔之后。”现存管氏宗谱、族谱也一般将管叔鲜奉为始祖，如王京龙教授介绍他所见过的青溪崇本堂本《管氏宗谱》时说，“叙述管氏族系，上起管氏始祖管叔鲜，逐世嫡传”。该谱即以管叔鲜为始祖，而管仲是其管氏十二世祖。该谱编纂时间较早，在管氏谱系中比较重要，谱中载有唐代以来的历代序言 18 篇，最早的出自唐代张宣之手。据介绍，最初是在唐代贞元丁丑年间也就是公元 797 年，由管宝光之孙管丹组织“重修”而成的。既然是“重修”，应该另有祖谱可本。管宝光“举进士封兖州护国侯”，其孙管丹出身于官宦之家，重修宗谱当多有所本。另外，该谱对管氏各支影响较大，在该谱“目录”中，“与‘崇本堂识’并列在一起的还有‘聚顺堂’、‘敦厚堂’、‘敦睦堂’、‘仁让堂’等 14 家堂号”②。这一点很重要，说明管氏有 14 支出于该宗，也就是说这 14 支都以管叔鲜为始祖。

《史记·管蔡世家》云：“管叔鲜作乱诛死，无后。”或将“无后”理解为没有后人，即管叔鲜因为发动叛乱被杀，没有后代。既然没有后代，那么就不

① ［唐］林宝：《元和姓纂》，中华书局 1994 年版，第 988 页。

② 王京龙：《“管仲生年考”述评》，《济南大学学报（社会科学版）》2008 年第 5 期，第 69 ~ 71 页。

会有起源于管叔鲜的管氏后人。有人据此极力否定管氏起源于管叔鲜之说。有的管氏后人也为此而困惑,因此而有过嗣之说,光绪二十二年《齐川管氏重修宗谱序》云:“管氏之先为文王第三子叔鲜,受封于管,后因以国为姓。至成王十一年乙未,命叔元子兑为纶邑大夫,岁时奉祀,因徙纶别管城。”①周成王让叔元的儿子“兑”奉祀管叔鲜,其后世自然为管氏。

其实,《史记·管蔡世家》说管叔鲜“无后”,当指管叔鲜后人未能像蔡叔度后人那样得以复封,并非指无后人传世。当时,奉行亲亲政策,管叔鲜是周成王的叔父、周公旦的亲哥哥,他的后人不可能被斩草除根。

或说出于周穆王庶子一支。《左传·僖公十一年》正义引《世族谱》:“管氏出自周穆王。”《通志·氏族略》:“又齐有管夷吾,出自周穆王,至夷吾始显于齐。夷吾裔孙修,仕楚。齐又有管至父,汉有燕令管少卿,未知其自齐往与?此皆以邑为氏者。”②清秦嘉谟《世本辑补》卷七《氏姓篇》:“管氏,出自周穆王,管严仲之子敬仲夷吾相齐,世任齐国。”秦嘉谟案:“《姓纂》诸书皆以管仲为管蔡之后,皆误。当以《世族谱》言为定。”现今也有学者认为管仲出于周穆王,如刘明芝在《管子家世浅说》中力主此说,认为“杜预编写《世族谱》时运用了很多当时还能看到而后世已经佚失的先秦族谱资料。杜预没有将管仲的先世定为与管仲有字面联系的管叔鲜而是说‘管氏出自周穆王’,应该是以这些古老的族谱资料为依据的。《世族谱》对管仲族源的说明建立在丰富的历史资料的基础之上,两相比较,它显然比后出的‘管叔之后说’更为可信”③。张殿兵也力主始于周穆王,认为“管仲源自周穆王之后”,“而非管叔鲜之后裔”。④ 有的管氏后人也接受管仲出于周穆王之说,据“中华管氏宗亲网”介绍,浙江龙泉管月福作《龙泉管氏》云:“龙泉管姓,系穆王之后,夷吾支系。”

由上述可见,管仲是出于管叔鲜还是出于周穆王,历来说法不一。就现今所见的历史记载来看,说管仲出于管叔鲜或许更切合实际情况,理由

---

① 管恕:《管姓起源》,参见中华管氏宗亲网。

② [宋]郑樵:《通志二十略》,中华书局1995年版,第48页。

③ 刘明芝:《管子家世浅说》,《管子学刊》2002年第3期,第5~10页。

④ 张殿兵:《管氏源管仲及其后裔史考》,《2013第八届全国管子学术研讨会交流论文集》,第209页。

如下:

其一,管叔鲜分封于管,建立管国,多见于典籍记载,其事凿凿。姬姓管氏最早的始祖是管叔鲜,这一点从来无人怀疑。而周穆王庶子封管一事不仅鲜见于史籍记载,而且该庶子何名、封于何时、生平事迹如何等并无丁点儿蛛丝马迹。还有,周穆王多神话故事,其事真真假假,有许多类似于史料的记载真假难辨,甚至不可视为史实。两相比较,说管氏起源于管叔鲜颇具真凭实据之感,而说起源于周穆王庶子总让人感到有些虚幻,语焉不详,不牢靠。

其二,说管氏起源于周穆王庶子恐怕在很大程度上是受《史记》所载管叔"无后"的影响。有人将"无后"理解为没有后代子孙,既然没有后代子孙,管仲就不可能是管叔之后。既然不是管叔之后,那自然只能是周穆王的后人。这实际上是由于对"无后"的误解而导致的一种错误认识,特别是当今学者,凡持管仲出于周穆王这一观点的,从其论据来看,往往是由于对"无后"一词的误读。战化军在《管仲评传》中云:"此处'无后',当指管叔鲜后人未能像蔡叔度后人那样得以复封,并非指无后人传世。"①此说甚确。《史记·管蔡世家》载:"伯邑考,其后不知所封。武王发,其后为周,有本纪言。管叔鲜作乱诛死,无后。周公旦,其后为鲁,有世家言。蔡叔度,其后为蔡,有世家言。曹叔振铎,有后为曹,有世家言。成叔武,其后世无所见。霍叔处,其后晋献公时灭霍。康叔封,其后为卫,有世家言。冉季载,其后世无所见。"我们对这段记载稍加揣摩就会发现,这里所说的"后"并不是指后代子孙,而是指后代子孙的封国。

综上所述,我们认为管叔鲜是姬姓管氏之始,管叔鲜被杀之后,失去了封国,其后代子孙逐步流落他方。管仲就是管叔鲜后裔流落到齐国的一支。

二、管仲的里籍

《史记·管晏列传》云:"管仲夷吾者,颍上人也。"历来对《史记》的记载本无异议,皆认为管仲是颍上人。但是细考起来,当时并无"颍上"这一具体

① 战化军:《管仲评传》,齐鲁书社2001年版,第20页。

地名。“颍”指的是颍水。《史记索隐》:“颍,水名。《地理志》颍水出阳城。汉有颍阳、临颍二县,今亦有颍上县。”而“今亦有”的“颍上县”初设于隋朝大业二年(606)。《史记索隐》并没有指出“颍上”的具体方位,只是举出古今与颍水有关的三处地名而已。这说明到唐代司马贞作《史记索隐》时,他已经弄不清楚《史记》所说的管仲“颍上人也”的“颍上”具体在何处,所以只能列举出与颍水有关的三个地名,而对管仲的里籍则含糊其词,付之阙如。

由于人们对“颍上”这一地名的不同理解,所以虽然人们认可管仲是颍上人,但对管仲里籍的说法也就产生了不同的认识。概括起来,主要有以下几种:

第一,安徽颍上县说。持此说者最为普遍,特别是近些年来,颍上县对管仲高度重视,如1974年成立了“管子研究小组”,1991年成立了“颍上县管子研究会”,并于2002年创刊《管子研究》会刊,到2008年,在“颍上县管子研究会”的基础上,又成立了“安徽省管子研究会”,从2006年起,设管仲文化旅游节并连续举办全国管子学术研讨会议,颍上县作为管仲故里的观点几成定论。持此说者之主要理由如下:

(1)“今亦有”的颍上县就是古时之颍上。此说的论据主要有二:

一是《左传·成公十六年》关于颍上的记载。据《左传·成公十六年》载,诸侯伐郑,“诸侯迁于制田,知武子佐下军,以诸侯之师侵陈,至于鸣鹿,遂侵蔡,未反,诸侯迁于颍上”。蔡地与今颍上临近,故此处颍上应该是位于颍水下游的今颍上县。① 此说并不足为据。之所以得出《左传》“颍上”即位于颍水下游的今颍上县的结论是断章取义造成的。《左传》“诸侯迁于颍上”的后文是:“戊午,郑子罕宵军之,宋、齐、卫皆失军。”晋国率领诸侯本来是伐郑,先侵陈、侵蔡,但最终目标是郑,自然去郑不远。郑子罕能够对“诸侯之师”发动夜袭,这说明《左传》所说的“颍上”绝对不是蔡国东边的今安徽颍上,而应在陈、蔡西边的靠近郑国或在郑国境内的颍水中上游一带。

一是根据古代地图方位。汉代的地图方位是上南下北,按照这个方位来看,今颍上县处在颍水的最南端,正在颍水最上方,所以称为“颍上”。隋

---

① 陈希红、陈立柱:《管仲故里颍上县说综考》,《安徽师范大学学报(人文社会科学版)》2010年第3期。

炀帝时期就是基于这种认识，才把这里命名为颍上县。[①] 这一说法实际上是沿用了《太平寰宇记》的说法。《太平寰宇记》卷一一《河南道十一·颍州》之“颍上县”载：

> 颍上县，东南一百七十里。旧十一乡，今三乡。本汉慎县地，属汝南郡。吴、魏之际设关防，莫谨于此。隋大业二年于今县南故郑城置颍上县，以地枕颍水上游为名，仍隶颍州焉。唐武德元年移于今理。[②]

此段话说明：颍上县本来是汉代的慎县，隋大业二年改置颍上县。为什么称作“颍上”？是“以地枕颍水上游为名”。颍上县所处之地不在颍水上游，而《太平寰宇记》是历史地理著作，绝对不会连颍上县不在颍水上游都搞不清楚。显然，此处“上游”一词并不是我们今天所说的上游的意思，其含义应该是在颍水最上方，即在颍水的最南端。

(2)《太平寰宇记·颍州》之“人物”云：“管夷吾，颍上人。”颍上县是颍州府的属县，这说明最迟到宋代，已经有人认为管仲是颍上县人。

(3)颍上县有关于管子的民间传说和名胜古迹。今颍上县多有关于管、鲍之传说及遗迹。传说如：管仲的乳名叫“芒种”，生于戊午年、戊午月、戊午日、戊午时，五月初五正午时，是收麦种豆的“芒种”日。而管子的名字“夷吾”是一个人占五个午的“一五”之谓，管仲与鲍叔牙情同手足，为使异姓手足情义代代相传，因此“管鲍两姓不通婚”，通婚者视为不是管、鲍嫡传，此俗世代相传。[③] 遗迹如：颍上县有管谷村，相传管仲生长于此；颍上县有旧八景，第一景是“文地春风”，据《颍上县志》记载，相传孔子曾经过此地，在此地凭吊管仲，而这与《史记·孔子世家》记载孔子“久留陈、蔡之间”相合；颍上县有管鲍祠，始建于明万历六年(1578)，当时县令屠隆感叹“由管仲至今，数千年邑无祠”，于是修建管鲍祠，并作《管鲍祠碑记》以记其事。这些传说

---

① 胡天生：《再论颍上就在颍之上——兼与孙报竹教师商榷》，《管子研究》2008 年第 4 期。

② [宋]乐史撰，王文楚等点校：《太平寰宇记》，中华书局 2007 年版，第 210 页。

③ 颍上县政协文史委员会编：《颍上历史文化集锦》，黄山书社 2005 年版，第 255 ~ 265 页。

和遗迹集中于颍上县，这一现象于其他地方闻所未闻、见所未见，说明颍上县就是管子故里。

(4)因管仲生于此，所以命名为颍上县。清同治九年修、光绪四年补刊的《颍上县志·舆地·沿革考五》云："旧志遂以《史记》以前未有以颍上名县者，史迁所称不过泛言颍水之上耳。考颍上县置于隋大业二年，隋去古未远，度置县之始，必以斯地为仲所生，因取《史记》颍上二字以名之。不然，颍水自河南发源，下迄颍口入淮，数百里间，何地非颍上，何在不可名县，而独有取于此耶？此固理之显而易见者也。"管仲生于此，《史记》又说管仲为颍上人，所以隋朝为了纪念管仲，才将此地命名为颍上。

除《太平寰宇记》的记载、当地多有管仲的传说和与管仲有关的遗迹有一定说服力，其他多为推测之辞，有臆断之嫌。因此，人们并不完全赞同安徽颍上县说。

第二，河南颍水上游说。持此说者认为：

(1)今安徽颍上县即秦时所置慎县，隋时方改为颍上县，并且距管叔封地甚远，姬姓管氏一支在春秋之前不可能始居于此。

(2)《史记索隐》释"颍上"只是解释了颍水的发源地，列举了与颍水有关的地名，并特别指出在汉代只有颍阳、临颍二县，并没有管仲是"今亦有"的颍上县人的意思，起码是唐代司马贞不认为管仲是颍上县人。说管仲是颍上县人只不过是后人因"颍上"二字相同而产生的误解，安徽颍上县的管仲遗迹不过是后世之好事者所为。

(3)管地在今郑州市，而管叔后裔以管为氏，最初应聚集在管地即今郑州一带。而颍水即今颍河，是淮河最大支流，发源于河南郑州的登封市，流经许昌、漯河、周口诸市，入安徽阜阳市，经颍上县，从正阳关注入淮河。管地靠近颍水上游，所以《史记》所说"颍上"应在颍水上游一带。

进一步说，主此说者之观点也不尽相同，主要有以下几种：

a. 颍水之滨。《史记·管晏列传》所称"颍上"，并非具体地名，而仅为颍水之滨之意。《史记索隐》所举的颍阳、临颍二县在郑州以南、颍水上游。大概司马迁作《史记》时，由于管氏灭国已久，古代地名多有变迁，已不能确切指出管氏先祖的居住地,所以只能笼统地称为颍水之滨了。①

b. 河南郑州登封。管氏族谱中有管叔鲜子辈管兑邑纶而管氏从迁于纶邑之说,即管叔鲜被杀后,其子辈管兑,被周成王任命为纶邑大夫,于是管氏迁于纶邑。而纶邑正在今登封市。

于茂世在《大河报》发表《"颍阳旧事·家在颍谷"系列之四　管仲、董卓家在颍阳》一文,说管子是颍阳人,而颍阳在今郑州登封市。另外,该文引吕宏军主编《登封市志》,将管仲列为登封人。《登封市志·人物·传记》云:"'颍上'当在河南省登封市境内。颍上即颍水的上游或颍邑,而非安徽的'颍上'县,登封作为颍水的发源地无疑在上游之内,当为颍上。"②

值得注意的是,这里的"颍上"一词并没有颍水上游的意思。颍上犹如"江上""河上""海上""泗上",指的是水之上方或水之滨,作为里籍,不可能是水之上,只能是水之滨。

c. 河南许昌禹州。《左传·成公十六年》所载的"颍上",其地在今河南禹州一带。清顾栋高《春秋大事表》卷八《列国山川·郑》"颍水"条:"《水经注》:颍水出颍川阳城县西北少室山,又东南过阳翟县北。阳翟,今禹州。颍北,当在禹州之北。《成十五年》:诸侯师于颍上。《襄十年》:晋侯与楚夹颍而军,郑人宵涉颍,与楚盟,亦禹州之颍也。"按:"《成十五年》"为"《成十六年》"之误,"师于颍上"为"迁于颍上"之误。杨伯峻《春秋左传注》亦云:"此颍上意即颍水之旁,当在今禹县境。"杨伯峻也认为《左传》所说的颍上在今禹州。司马迁作《史记》曾参考《左传》,其所说的"颍上"沿用了《左传》中"颍上"的概念,应与《左传》一致,其地应在今河南禹州一带。③

d. 河南漯河临颍县。臧励龢等编《中国古今地名大辞典》中的《各县异名表》载,临颍县的异名为"颍上"。"颍上"作为临颍的异名,仅见于此一处,并且以列表的形式予以表述,未有任何说明,不知有何依据,因而此说并不为人所关注。

第三,齐国颍上说。青溪《管氏宗谱·管氏源流引》云:吾管氏得姓于叔

---

① 战化军:《管仲评传》,齐鲁书社 2001 年版,第 20 ~ 21 页。

② 《大河报》,2009 年 5 月 7 日第 A29 版。

③ 刘明芝:《管子家世浅说》,《管子学刊》2002 年第 3 期,第 5 ~ 10 页。

鲜，厥后成王以二叔之畔削其爵，故《史记·管蔡世家》管叔子孙莫考论者，遂以蔡有后而管不传，不知去其封邑以昭先王之法，而存其后以敦亲亲之谊。子孙散在列国，不为大夫者，不得通显于世，居齐国之颍上，后有管严者，实生夷吾，《史记正义》曰：管仲，姬姓之后，管严之子敬仲也。按《括地志》云：管仲冢在青州临淄县南二十一里牛山之阿。据此谱，管仲一支最晚从其父始，就居于齐国颍上。① （说管仲之父名管严，误，其说详见后文。）

近世以来，一直有管子是齐国颍上一说，如梁启超说管子是"齐之颍上人也"②；台湾《中国文化基本教材》的《论语选读》（二）之"八、论政治"在注释管仲时说："姓管，名夷吾，字仲，春秋齐颍上人。"但是齐国并无颍水，也没有与颍水相关的地名，说管仲是齐国颍上人，未见有任何依据，大概因为管仲一直生活在齐地，所以认为颍上在齐国。因此，此说也可能是推测之辞，并不为人所认同。

关于管仲的里籍除上述颍上说，也偶有其他说法，主要有以下两种：

一是越人说。《盐铁论·相刺第二十》载"大夫"与"文学"相互辩难，大夫曰："越人夷吾、戎人由余，待译而后通，而并显齐、秦，人之心于善恶同也。"文学曰："故不患无夷吾、由余之论，患无桓、穆之听耳。"这里说管子是"越人"。这一记载实在让人不得其解，如柳诒徵即说："谓管子为越人，未知所本。"③对此，清代张敦仁曾作考证，认为所谓的"越人夷吾"实为传抄所误。"夷吾"实为越人蒙（字子臧）之误。其考证详见上海书店影印《诸子集成》第8册《盐铁论·相刺》。后来重新出版的《盐铁论》，如王利器《盐铁论校注》等，都将"越人夷吾""夷吾之论"径直校改为"越人子臧""子臧之论"。因此，现在很少见到有人据《盐铁论》论述管仲的里籍。

一是成阴说。何光岳云：

> 至于管仲由颍上迁齐成阴，梁玉绳《史记志疑》："案：《说苑·尊

① 邵先锋、王京龙：《青溪〈管氏宗谱〉的发现与价值》，《社会科学论坛（学术研究卷）》2009年第2期，第122～126页。

② 梁启超：《管子评传》，上海书店出版社1986年版，第4页。

③ 柳诒徵：《中国文化史》，东方出版中心1988年版，第228页。

贤》云：'管仲故成阴之狗盗也。'成阴即高密，与颖上异。又夷吾谥敬仲，似当书之。"高密，今山东高密县，临近海滨，故《孟子》说"管夷吾举于海"，看来，管仲由楚国颍上（安徽颍上县南）迁齐之高密，齐桓公时，管仲食邑于管城（章丘县临济镇北管城），其子孙世居于此，直到田太公田和篡夺姜齐政权的前夕，管仲最后一代管弱也被田和作为姜齐之羽翼剪除了。①

此说认为管仲由楚国颍上迁至成阴，即齐国高密。但是一般不认为成阴是管仲的居住地。《说苑·尊贤》原文如下："邹子说梁王曰：'伊尹故有莘氏之媵臣也，汤立以为三公，天下之治太平。管仲故成阴之狗盗也，天下之庸夫也，齐桓公得之以为仲父。百里奚道之于路，传卖五羊之皮，秦穆公委之以政。宁戚故将车人也，叩辕行歌于康之衢，桓公任以国。司马喜髌脚于宋，而卒相中山。范雎折胁拉齿于魏而后为应侯。太公望故老妇之出夫也，朝歌之屠佐也，棘津迎客之舍人也，年七十而相周，九十而封齐。'"文中所举均为穷困潦倒之士遇明君圣主之事，不是说管仲等人的里籍。管仲于"成阴"也犹如太公于朝歌、棘津，充其量是流寓之所或暂住之地。因此，此说也并不为人所认同。另外，文中所引《孟子》云"管夷吾举于海"实际上是"管夷吾举于士"之误，见《孟子·告子下》。

综合以上诸说，管子应如《史记》所载，是颍上人没有问题，问题在于这个"颍上"究竟怎样理解？按现有资料分析，我们认为讨论这一问题应该充分注意以下几个问题：

其一，管氏无论是起源于管叔鲜，还是起源于周穆王庶子，无论是以国为氏，还是以邑为氏，都是因"管"这一地名而来，而管叔鲜与周穆王的庶子所封的"管"地为同一地，在今郑州市附近。西周时期，社会相对稳定，人口居住也应该相对固定，因此管氏最早应该在今郑州一带繁衍。颍水起源于登封，而登州就在今郑州西南，相距百余里，今属郑州市，可见管地应当距颍水上游不远。

---

① 何光岳：《管国的来源和迁徙》，《管子学刊》1991 年第 4 期，第 83～87 页。

其二,《左传·成公十六年》所载的"颍上",据前文分析,其位置也应在郑地,也在颍水之上游。

其三,管氏族谱中有管叔鲜子辈任纶邑大夫之说,而纶邑即在今河南登封,位于颍水之源。

其四,在关于管仲的记载中,与管仲有关的地名也与颍水上游一带相关,如唐代卢照邻《五悲文·悲才难》说:"若夫管仲不遇齐桓,则阳城之赘婿。"阳城邑,在今登封市告成镇,位于嵩山之南,颍水之北,故名阳城。《孟子·万章上》:"禹避舜之子于阳城,天下之民从之。"朱熹《四书集注》说阳城是"嵩山下深谷中可藏之处"。可见登封之阳城是早就有的古地名。"阳城之赘婿"说明管仲与阳城一带有特殊关系,而阳城正在颍水之滨。

在分析以上四个方面问题的基础上,与安徽颍上说相比较,不难发现,河南颍水上游说应当更为可信。至于管子里籍究竟在颍水上游的何处,我们认为,《史记》所说的"颍上"并不是一个具体的地名,《左传》所载的"颍上"也不是具体的地名。据前文分析,《左传》所载的"颍上"当在郑国境内,而顾栋高《春秋大事表》与杨伯峻《春秋左传注》都认为在今禹州市。禹州在郑都(今新郑)之南,相距不过三十公里。"诸侯迁于颍上"的"颍上"当在颍水之南,郑国在大兵压境的情况下,乘夜色作为掩护,偷袭诸侯之师,终于获得胜利。此处的"颍上"并不是具体地名,而应当是颍水岸边的意思。后来《史记》沿袭了《左传》的用法,称管子为"颍上"人。而此"颍上"应在阳城至禹州之颍水流域。禹州最早称夏邑,春秋时为郑国栎邑,战国初为阳翟,秦置颍川郡,治所即在阳翟,纶城、阳城均为属县。登封与禹州相邻,从管仲到司马迁已经相差五六百年,大概在司马迁时,已经不能分清管仲里籍的具体位置,只能以"颍上"笼统称之,故"颍上"之大体位置应在登封与禹州之间。

因此,我们的结论是,管子的里籍在郑州以南、颍河的上游,大体位置应在登封与禹州之间。

三、管氏在齐

颍上只是管仲的祖籍,到管仲时,其管氏一支早已迁到齐国。据史载,在齐国与管仲基本同时的有管至父一人。据《左传》等书的记载,管至父曾与连称一起戍守葵丘，本来与齐襄公约定瓜熟之时而往，下年瓜熟之时而代（这就是瓜熟而代这一成语的由来），但是齐襄公食言，到了下年瓜熟之时，并没有另外派人来替代，管至父、连称为此心生怨恨。于是，管至父与连称一起联合公孙无知弑杀了齐襄公。《左传·庄公八年》杜预注："连称、管至父皆齐大夫。"①或说管至父是管仲族人。但从史籍记载来看，并没有关于管至父与管仲有家族联系的记载。这可能是由于管仲祖上早已迁徙到齐国，管氏家族在齐国已经多有分支。从这一意义上说，管仲更有可能早已是齐人了。②

至于管氏迁齐，或认为管氏先迁至楚，到管仲的父亲从楚国颍上迁至齐国，管仲的父亲就是管庄，管庄就是卞庄子。

关于卞庄子的记载见于《论语》《战国策》《史记》《韩诗外传》《新序》等文献。《战国策·秦策二》作"管庄子"，《史记·张仪列传》作"馆庄子"，《史记索隐》云"馆庄子，谓逆旅舍其人字庄子者，或作'卞庄子'也"。或认为"卞"是"管"草书之误。而《史记正义》引韦昭云："夷吾，姬姓之后，管严之子敬仲也。"管严为避汉明帝刘庄讳而改，管严即管庄，也就是那位名气很大的刺虎勇士管庄子。有人认为，这位管庄子本是楚人，居于楚地颍上，为庶支，家境不够宽裕，便自楚迁齐。而管至父是管仲之兄。因认为从管仲之名来看，他是次子，其兄可能是管至父，管至父是嫡长子，所以由他继任为大夫。③ 此说无任何依据，完全是猜度之言，不足信。《论语·宪问》中有"卞庄子之勇"，杨伯峻注："庄子，鲁国的勇士。《荀子·大略篇》和《韩诗外传》卷十都载有他的勇敢故事。"④而《荀子·大略》："齐人欲伐鲁，忌卞庄子，不敢过卞。晋人欲伐卫，畏子路，不敢过蒲。"卞庄子显然是鲁人，而不是楚地颍上人，并且从《荀子》"不敢过卞"的记载来看，"卞"是地名。另外，管仲的父亲名叫管山，谥庄仲，《史记索隐》引《系本》云："庄仲山产敬仲夷吾。"因此，我们说管仲的父亲管庄仲与管庄子或卞庄子无任何关系。

---

① 杨伯峻：《春秋左传集解》，上海人民出版社1977年版，第144页。
② 战化军：《管仲评传》，齐鲁书社2001年版，第21页。
③ 何光岳：《管国的来源和迁徙》，《管子学刊》1991年第4期，第83~87页。
④ 杨伯峻：《论语译注》，中华书局1980年版，第150页。

或依据《史记正义》说管仲的父亲叫管严，这是错误的。《史记正义》："韦昭云：夷吾，姬姓之后，管严之子敬仲也。"其所引的"韦昭云"应是引用《国语》注，而《国语·齐语》韦昭注云："管夷吾，齐卿，姬姓之后，管严仲之子敬仲也。"显然，《史记正义》所引在"管严"之后漏一"仲"字，于是"管严仲"变成了"管严"，以至于今人多以讹传讹，称管仲之父名管严。据《史记索隐》"庄仲山产敬仲夷吾"一句，管仲的父亲名叫管山，谥庄仲，"严"与"庄"意义相近，因避后汉明帝刘庄讳，称严仲。①

在古代文献中，关于管仲后代的记载极为粗略。《史记·管晏列传》载："鲍叔既进管仲，以身下之。子孙世禄于齐，有封邑者十余世，常为名大夫。天下不多管仲之贤而多鲍叔能知人也。"《史记索隐》："《系本》云：'庄仲山产敬仲夷吾，夷吾产武子鸣，鸣产桓子启方，启方产成子孺，孺产庄子庐，庐产悼子其夷，其夷产襄子武，武产景子耐涉，耐涉产微，凡十代。'《系谱》同。"这里应指出，《史记·管晏列传》所云"子孙世禄于齐，有封邑者十余世，常为名大夫"不是指管仲的子孙，按上下文意，应指鲍叔的子孙，《史记索隐》误以为指管仲后世。②《系本》所列管仲后人除最后一代管微，均有谥号。由此可知，管氏后人在齐国仍然不失为贵族，但事功不显，因而名不见经传，事迹不传。管氏一族之所以保持了贵族身份，其根本原因大概就是享受到了先祖管仲巨大历史贡献的庇佑。

管仲的后代生活在齐国，世代为大夫，此说曾经受到质疑。《左传·僖公十二年》载，管仲平戎于周，周襄王以上卿之礼飨管仲，管仲辞，受下卿之礼而还，"君子曰：管氏之世祀也，宜哉"。杜预注："管仲之后，于齐没不复见，传也举其无验。"这是说管仲去世之后，直到齐国灭亡，在对齐国的记载中，不见管仲后人的记载，因此说《左传》所记述的君子当时关于"管氏之世祀也，宜哉"的评说是无验之辞。《正义》云："《成十一年》传有齐管于奚，《谱》以为杂人，则非管仲之子孙也。《哀十六年》传称'楚白公杀齐管修'，杜云：'管修，楚贤大夫，故齐管仲之后。'是管仲之后，于齐没不复见

① 战化军：《管仲评传》，齐鲁书社2001年版，第21页。

② 战化军：《管仲评传》，齐鲁书社2001年版，第21页。

也。"①所谓的"世祀"就是有世袭封邑,是否世祀与是否显名于世二者并不相同,传中无载只能说明事迹不显于世,并不能说明无"世祀"。因此,不能以传中无载便否定"世祀"。

管仲后人世代生活于齐国并受到优厚的待遇,是齐国显族。我们从《晏子春秋》中可略见其梗概。《晏子春秋·内篇谏上》第十二章载:"公曰:'昔吾先君桓公,以管子为有力,邑狐与谷,以共宗庙之鲜。'"《晏子春秋·内篇杂下》第十八章载:"景公谓晏子曰:'昔吾先君桓公,以书社五百封管仲,不辞而受。'"该篇第二十八章载:"昔吾先君桓公,有管仲恤劳齐国。身老,赏之以三归,泽及子孙。"《晏子春秋·外篇第七》第二十四章载:"景公谓晏子曰:'昔吾先君桓公,予管仲狐与谷,其县十七。著之于帛,申之以策,通之诸侯,以为其子孙赏邑。'"从上述记载可见,在管仲生前,齐桓公就曾封之"书社五百""赏之以三归""邑狐与谷"等,并且管仲后人一直享用这些赏赐与封地,正所谓"以为其子孙赏邑""泽及子孙"。

管仲封于谷之事载于经传。《春秋·庄公三十二年》载:"三十有二年春,城小谷。"《左传》:"春,城小谷,为管仲也。"可见,当时为管仲在谷建设城邑是一件兴师动众的大事情。而《左传·昭公十一年》记申无宇云:"齐桓公城谷,而置管仲焉,至于今赖之。"鲁昭公十一年为公元前531年,距管仲去世已有一百多年。管仲生前有封地,其后世也的确长期受管仲荫庇,为齐国贵族,这应当是可靠的事实。管仲之后在齐国并不显于世,不像鲍叔后人那样"常为名大夫",但仍在贵族之列,这应当是客观存在的实际情况。

管仲之后,秦汉以前,在齐国,管氏有姓名、事迹可考者只有管于奚、管修、管燕等数人。

管于奚,生年不详,约卒于齐顷公末年。其事仅见于《左传·成公十一年》。《左传·成公十一年》载鲁国"声伯之母不聘,穆姜曰:'吾不以妾为姒。'生声伯而出之,嫁于齐管于奚,生二子而寡,以归声伯"。鲁国大夫声伯的母亲没有举行媒聘之礼就和鲁宣公的弟弟叔肸同居,生了声伯后就被抛

① 李学勤主编:《春秋左传正义》(上),北京大学出版社1999年版,第367页。

弃了;后来又嫁给了齐国的管于奚,生了一儿一女。之后,管于奚去世,声伯之母守寡,带着一子一女又回到了鲁国。声伯让管于奚的儿子做了鲁国的大夫,将管于奚的女儿嫁给了施孝叔,后又从施孝叔手中抢走,将她嫁给了晋国的大夫。

从记载来看,此管于奚似乎不是齐国显族。或认为管于奚不是管仲之后,孔颖达《正义》亦云:"《成十一年》传有齐管于奚,《谱》以为杂人,则非管仲之子孙也。"此《谱》指杜预的《世族谱》,说管于奚不是管仲后人当有一定的依据。但也有人认为管于奚是管仲后人,杨伯峻《春秋左传注》云:"成十一年有管于奚,《读本》以为管仲之后。"①《读本》即清人所编《钦定春秋左传读本》。管于奚是否是管仲后人已无从考证。

管修,生卒年不详,其事见于《左传》。《左传·哀公十六年》载,楚惠王十年(前479),白公胜作乱,杀"齐管修"。管修身为齐国人,自齐奔楚,故称为"齐管修"。《正义》引杜预曰:"管修,楚贤大夫,故齐管仲之后。"据《元和姓纂》,管修是管仲的第七代孙。《元和姓纂》卷五:"阴,周文王第三子管叔鲜之后。管夷吾七代孙修,适楚,为阴大夫,因氏焉。"②《通志·氏族略》"以邑为氏"之"楚邑"亦云:"阴氏,姬姓,管夷吾七代孙修,适楚,为阴大夫,因以为氏。"③

管修在楚的时间当不会太长。据《左传》记载,哀公五年(前490),齐景公去世。他病重时,让高张、国夏立公子荼为国君。哀公六年,高张、国夏按齐景公死前嘱托,立公子荼,而陈乞、鲍牧逐高张、国夏,然后陈乞又杀公子荼,改立公子阳生,开始专权于齐。哀公十四年,陈恒弑齐简公,陈氏代齐的局面基本形成。从哀公六年到哀公十四年,齐国政局急剧动荡,在短短数年间,陈氏就诛除异己,掌控了齐国政权。在这期间,齐国贵族纷纷出奔他国,管修应在这一期间奔楚。照此推算,管修在楚的时间当不超过十年。

管燕,生卒年不详,其事见于《战国策》等。《战国策·齐策四》载:"管燕得罪齐王,谓其左右曰:'子孰而与我赴诸侯乎?'左右嘿然莫对。管燕连

① 杨伯峻:《春秋左传注》(修订本),中华书局1990年版,第342页。
② [唐]林宝:《元和姓纂》,中华书局1994年版,第748页。
③ [宋]郑樵:《通志二十略》,中华书局1995年版,第91页。

然流涕曰:‘悲夫！士何其易得而难用也!’田需对曰:‘士三食不得餍,而君鹅鹜有余食;下宫糅罗纨,曳绮縠,而士不得以为缘。且财者君之所轻,死者士之所重。君不肯以所轻与士,而责士以所重事君,非士易得而难用也。’”《新序·杂事》载“燕相得罪于君,将出亡”,门下诸大夫无一相从者,燕相问其故,大夫所对与田需所说语意略同,故有人怀疑管燕或为燕相,其实未必然。《战国策》所记管燕之事在《齐策》之中,田需当为齐国田氏后裔,况且古人所言语意略同的甚多,不一定皆出于一人之口。因此,管燕当为齐人,并极有可能是管仲后人。

四、管氏流变

西周时期,礼法制度相对牢固,社会相对稳定,贵族迁徙事件相对较少。而到春秋时期,随着礼崩乐坏步伐的加快,贵族内部的矛盾也在日益加剧,贵族迁徙事件日渐增多。关于管氏在西周时期的迁徙情况,除管氏族谱中有“管兑邑纶”的记载,未见关于管氏迁徙的其他记载。有关管氏迁徙的文献记述最早见于春秋时期。

春秋初期,管氏除管仲一支迁徙齐国,可能还有一支迁徙到了楚国。《新序》中有楚人名莞苏,《新序·杂事》载:

> 楚共王有疾,召令尹曰:“常侍莞苏与我处,常忠我以道,正我以义,吾与处不安也,不见不思也。虽然,吾有得也,其功不细,必厚爵之。申侯伯与处,常纵恣吾,吾所乐者,劝吾为之;吾所好者,先吾服之。吾与处欢乐之,不见戚戚。虽然,吾终无得也,其过不细,必前遣之。”令尹曰:“诺。”明日,王薨。令尹即拜莞苏为上卿,而逐申侯伯出之境。曾子曰:“鸟之将死,其鸣也哀;人之将死,其言也善。”言反其本性,共王之谓也。孔子曰:“朝闻道,夕死可矣。”于以开后嗣,觉来世,犹愈没世不寤者也。

莞苏事楚共王,为常侍,常以道义匡正楚共王,因此楚共王不愿与他在一起,正所谓“与处不安”“不见不思”。而申侯伯常随楚共王之意,投其所好，因此楚共王愿意与申侯伯相处，正所谓“与处欢乐之，不见戚戚”。楚共王去世之前，突然醒悟，他对令尹说：莞苏功劳不小，我死之后，一定重用他；申侯伯罪过不小，我死之后，一定要驱逐他。楚共王死后，令尹任用莞苏为上卿，并将申侯伯驱逐出境。

莞苏作为君王近侍，一开始因忠直而被疏远，但最终受到重用，并成为我国古代近侍的正面典型。

莞苏又作管苏。《后汉书·文苑传下·刘梁》载：

> 君子之行，动则思义，不为利回，不为义疚，进退周旋，唯道是务。苟失其道，则兄弟不阿；苟得其义，虽仇雠不废。故解狐蒙祁奚之荐，二叔被周公之害，勃鞮以逆文为成，傅瑕以顺厉为败，管苏以憎忤取进，申侯以爱从见退：考之以义也。

文中的管苏是作为“以憎忤取进”的典型人物出现的。《后汉书·宦者列传》载：

> 然宦人之在王朝者，其来旧矣。……其能者，则勃貂、管苏有功于楚、晋，景监、缪贤著庸于秦、赵。及其敝也，则竖刁乱齐，伊戾祸宋。

文中的管苏是宦者的正面典型，这一身份与《新序》所说的“常侍”是一致的。

如果管苏确为管氏之后，那么管氏应该是在春秋时期迁往楚国的一支。管苏生卒年不详，据《新序》所载，管苏在楚共王时任常侍，而楚共王于公元前590年至公元前560年在位，达30年之久，楚共王去世后，管苏被任命为上卿。从上述记载分析，管苏当生于公元前600年前后。

从当时齐国的局势看，齐桓公去世以后，随即发生了六子争位之乱。齐桓公有三名夫人，但皆无子。另有如夫人者6人，分别生公子无亏（或作无诡）、公子昭、公子潘、公子商人、公子元、公子雍。六公子皆有即位之心，先是公子无亏用武力夺取了君位，但在位仅三个月便被杀。然后是齐孝公，在位10年。然后是公子潘杀孝公子，自立为昭公，在位20年。然后是公子商人杀昭公潘，自立为懿公，在位4年，又为近侍丙戎、阎职所杀。齐人废懿公之子而立公子元，为齐惠公。这样，齐桓公的六子当中只有公子雍没有染指国君之位，其余五位公子通过武力接连成为齐国国君，其中有两位国君以及两位国君的世袭继承人被弑，有一位国君的继承人被废。真可谓骨肉相残，血雨腥风。公子雍虽然没有参与争夺君位的斗争，但他早在齐孝公九年（前634）时，就依靠鲁国与楚国的力量，占据了谷这个地方。《左传·僖公二十六年》载“易牙奉之以为鲁援，楚申公叔侯戍之”。这实际上就是依赖外力而自成一体，形成了一个类似于独立王国的安乐窝。

从齐桓公去世（前643）至齐惠公即位（前608），在这30余年间，齐国政局极不稳定。据《左传·僖公二十六年》载，当时“桓公之子七人，为七大夫于楚”。这说明齐桓公之诸公子除上述六公子，其他纷纷逃亡于楚。诸公子们或是相互攻杀，或是逃亡他国，在这一状况下，大臣们势必各有追随。也有可能是在这一时期，管苏的父辈从齐国逃亡至楚国。

可以确定的是，在田氏代齐的过程中，管仲的后人曾逃亡至鲁、楚两国。杨伯峻《春秋左传注》云：

> 惠栋《补注》引《风俗通》曰：“管修自齐适楚，为阴大夫。”梁履绳《补释》引《后汉书·阴识传》云：“阴识，其先出自管仲，管仲七世孙修自齐适楚，为阴大夫，因而氏焉。”又引《三国魏志·管宁传》注引《傅子》曰：“昔田氏有齐，而管氏去之，或适鲁，或适楚。”

在田氏代齐的过程中，管氏也如齐国其他贵族一样，纷纷出亡，而鲁与楚是他们出亡的主要去处。

管氏一族在田氏代齐的过程中到楚国去的见于史籍记载的是管修。如前文所述，他是管仲的七世孙，出亡楚国后，被任用为阴邑大夫，其后代遂以阴为氏，是管仲之后裔阴氏一支的始祖。

据《后汉书·樊宏阴识列传》载，阴识“其先出自管仲，管仲七世孙修，自齐适楚，为阴大夫，因而氏焉”，并载“阴氏世奉管仲之祀，谓为‘相君’”。由此可见，东汉时阴识家族自认为是管仲后人。据《后汉书·阴识传》载，阴识一支在"秦、汉之际，始家新野"。此新野即今河南之新野县。阴氏一族在东汉初年曾显赫一时，出了若干炙手可热的人物，主要有：

阴丽华，汉光武帝皇后。汉光武帝刘秀早年时在新野听说阴丽华貌美，到长安又见执金吾车骑甚盛，曾感叹说："仕宦当作执金吾，娶妻当得阴丽华。"后来，刘秀娶阴丽华，阴丽华后为皇后，即光烈皇后。

阴识，阴丽华的异母兄。阴识封原鹿侯，"帝敬重之，常指识以敕戒贵戚，激厉左右焉"。阴识去世后谥贞侯，其子阴躬嗣位，其子阴纲之女，即阴识的孙女，为汉和帝皇后，阴纲封吴房侯，他的三个儿子阴秩、阴辅、阴敞皆为黄门侍郎。

阴兴，阴识之弟。阴兴封关内侯，去世后追谥翼侯。其长子阴庆封鲖阳侯，官至黄门侍郎；次子阴博封滠强侯；三子阴员、四子阴丹并为郎。其孙阴琴、重孙阴万全、玄孙阴桂世袭鲖阳侯。

阴就，阴兴之弟。阴就嗣父封宣恩侯，后改封为新阳侯。

阴嵩，阴兴的从兄，官至执金吾。

《后汉书·阴识传》云："阴氏侯者凡四人。"若将阴识的子侄辈都计算在内，阴氏在东汉初为侯者远不止四人。

齐国管氏迁徙至鲁国的、现在能够见到记载的是管于奚之子。《左传·成公十一年》载鲁国声伯之母"生声伯而出之，嫁于齐管于奚，生二子而寡，以归声伯。声伯以其外弟为大夫，而嫁其外妹于施孝叔"。这里所说的"外弟"即管于奚之子、声伯（公孙婴齐）的同母异父弟弟，在管于奚去世后，随其母从齐国来到鲁国。声伯让他做了鲁国的大夫。显然，管于奚之子是唯一见于史籍记载的从齐国迁至鲁国的管氏族人。

禽氏出于齐国管氏，是齐国管氏的一个分支。宋邓名世《古今姓氏书辩证》载：

> 禽，出自齐管夷吾之孙，仕鲁另为禽氏，所谓禽郑是也。其后有禽滑釐，高士禽庆，孝子禽贤。《韩诗外传》：秦大夫禽息，碎首荐百里奚。

又后汉北海禽度，字子夏，游五岳名山，不知所终。①

管仲的后人仕于鲁，在鲁国另为禽氏，其始祖是禽郑。而清秦嘉谟《世本辑补》载这位“仕鲁另为禽氏”的禽郑就是管仲之孙、管于奚之子。《世本辑补》卷七“氏姓篇”载：“禽氏，出自齐管夷吾之孙，在鲁另为禽氏，管于奚之子禽郑是也。”

如果禽郑确实是管于奚之子，那么他应该就是《左传·成公十一年》所载的鲁国声伯的“外弟”，到鲁国后做了鲁国的大夫。值得注意的是，此记载与杜预《世族谱》中管于奚“为杂人，则非管仲之子孙”的说法不同。《世本辑补》记载这位禽郑是“管夷吾之孙”“管于奚之子”。按此说，管于奚则是管仲之子。管于奚见于《左传·成公十一年》。据《左传》载，该年晋国郤犨到鲁国，“求妇于声伯”。当时管于奚的女儿已经嫁给施孝叔，“声伯夺施氏妇以与之”。鲁成公十一年是公元前580年，距管仲去世仅有65年。而在此之前，管于奚早已去世，声伯之母已经寡居，并带着与管于奚生的一对儿女回到鲁国，儿子已经为鲁国大夫，女儿已经嫁给了施孝叔。从年龄推测来看，管于奚如果真是管仲之后人，应该是管仲的子辈。

据《古今姓氏书辩证》，禽郑的后世名人有禽滑釐、禽庆、禽贤、禽息、禽度等。

禽滑釐，战国时人，早年学于子夏，后来为墨子弟子，是墨家的重要人物。《墨子·公输》载墨子为阻止楚国攻宋，至楚，见公输盘有杀意时说：“公输子之意，不过欲杀臣。杀臣，宋莫能守，乃可攻也。然臣之弟子禽滑釐等三百人，已持臣守圉之器，在宋城上而待楚寇矣。虽杀臣，不能绝也。”可见，禽滑釐是墨子的得力门生。他在《墨子·所染》《墨子·备梯》中被称为禽子，可见他在墨家的地位很高，很可能《墨子》书的作者中有他的门徒。而《庄子·天下》云：“古之道术有在于是者，墨翟、禽滑釐闻其风而说之。”“墨翟、禽滑釐之意则是，其行则非也。”将禽滑釐与墨翟并提，可见他在墨家学派中有着仅次于墨翟的崇高地位和影响。

---

① ［宋］邓名世撰，王力平点校：《古今姓氏书辩证》，江西人民出版社2006年版，第285页。

禽庆，字子夏，东汉北海（今山东省昌乐县东南）人，以儒生去官，不仕王莽。《后汉书·逸民列传·向长传》载向长“与同好北海禽庆俱游五岳名山，竟不知所终”。

禽息，秦国大夫。他向秦穆公力荐百里奚，但不被采纳。秦穆公出行，禽息挡住车驾，说：“臣生无补于国，不如死也。”于是头撞车门以致脑浆外流。禽息亡身进贤，终于使秦穆公感悟过来，任用百里奚为上卿。《后汉书·孟尝传》云：“窃感禽息，亡身进贤。”葛洪《抱朴子·诘鲍》云：“方回叩头以致士，禽息碎首以推贤。”禽息是我国古代以死荐贤的典型。但是，此禽息是秦穆公时人，早于禽郑，不可能是禽郑后人。

禽贤、禽度，事迹皆不详。

齐、鲁本为近邻，且世代通婚，在政治局势发生动荡时，公子、公孙及士大夫们往往出奔鲁国。比如在齐襄公时期，公子纠就在管仲、召忽的辅佐下到了鲁国；齐景公朝，见于记载的有更多人。齐景公三年，庆封先是出奔鲁国，然后从鲁国出奔吴国；齐景公十六年，陈氏、鲍氏攻栾氏、高氏，栾氏、高氏兵败，奔鲁。齐景公去世后，立公子荼，群公子皆出亡，其中公子驵、阳生奔鲁。在随后的田氏代齐过程中，田氏逐步剪除姜齐贵族，姜齐贵族多见出奔，其中有不少逃至鲁国。如陈乞弑公子荼后，国夏、高张、晏圉、弦施等皆奔鲁。按常理推测，在当时的情况下，齐国管氏出亡鲁国的当不在少数，但已无从查考。《通志·氏族略》云“鲁大夫食采于管，因氏焉”。这说明鲁国有“管”地，这个“管”地与齐国管氏有无关系如今已无从考证。

据说拜姓也起源于管仲。据2005年4月7日《金陵晚报》于峰、郭灿报道，拜姓也是管仲之后。报道称，江苏省农垦集团干部拜忠喜有一本完整的《拜氏家谱》，并说当年齐桓公即位后，不计前嫌，拜管仲为相，齐国由此变成当时最为强盛的国家。管仲的一些后裔为了纪念祖上的这段荣耀，索性把“拜相”的“拜”字作为自己的姓氏；并说江苏的拜姓源于乾隆年间在京为官的拜大雄，拜大雄充军到现在的泰州市的拜官庄养马场，他的子孙分布于姜堰、兴化、大丰、宜兴等地。

随着时间的推移，管氏的分布越来越广，但是在很长的历史时期内，管氏一族在齐地一带仍然是最为兴盛的。据唐代林宝《元和姓纂》卷七“二十四缓”载，管氏有二郡望，一是北海，一是平原：

[北海]管少卿九代孙管宁，魏大中大夫。晋有南夷校尉管彦。[平原]汉末袁谭将东安太守管统。魏少府丞管辂，字公明。①

北海，史上有北海郡、北海国，也有北海县。行政区划多有变迁。在不同时期，同一地名的实际区划往往不同，这不足为怪。北海郡或北海国的范围大致在今山东省的中北部地区，基本等同于旧青州的范围，而北海县在今潍坊市潍城区。《元和姓纂》所说北海应指北海郡。《元和姓纂》在北海管氏名人中，提到了管少卿、管宁、管彦三人。

管少卿，西汉初人，为燕令。《元和姓纂》云：“燕有管少卿。”此当为传抄之误，管少卿为燕令，并非燕人。《通志·氏族略》云：“汉有燕令管少卿，未知自齐往与？”宋人郑樵提出过管少卿是否是齐人的疑问。而《三国志·魏书·管宁传》注引《傅子》云：“齐相管仲之后也。昔田氏有齐而管氏去之，或适鲁，或适楚。汉兴有管少卿为燕令，始家朱虚，世有名节，九世而生宁。”此记载告诉我们，管少卿是汉初人，他迁居朱虚，从他之后，“世有名节”，成为管氏望族。朱虚县，治所在今山东临朐县临朐镇东南 25 公里的城头，三国魏属北海国，故说北海是管氏郡望。

管宁（158—241），字幼安，北海朱虚人，管少卿九世孙，我国古代著名的高洁之士。他与平原华歆、同县邴原为友，东汉末年为避乱，与邴原及平原王烈等至辽东。他在辽东讲授诗书，生活了 37 年。后来，辽东太守公孙康去世后，未立其子公孙渊，而让其弟公孙恭袭位。《三国志·魏书·管宁传》注引《傅子》中管宁的话云：“废嫡立庶，下有异心，乱之所由起也。”当时，受华歆推荐，魏文帝征召管宁，但管宁辞而不受返回家乡。果如管宁所料，公孙渊夺其叔公孙恭之位，在辽东造反，自称燕王。魏国征讨，公孙渊被擒杀，“辽东之死者以万计”。管宁屡受朝廷征召，但均坚辞不就。汉文帝封为太中大夫，不就；汉明帝召为光禄勋，并诏青州刺史“以礼发遣”，以疾坚辞。管

① [唐]林宝：《元和姓纂》，中华书局 1994 年版，第 988 页。

宁以行为高洁著称,《三国志·魏书·管宁传》注引《傅子》云,时人称他"行为世表,学任人师"。《三国志》本传说他"清高恬泊,拟迹前轨,德行卓绝,海内无偶"。关于管宁品行高洁的故事,流传最广的是"割席断交"与"锄园得金"。《世说新语·德行第一》载:

管宁、华歆共园中锄菜,见地有片金,管挥锄与瓦石无异,华捉而掷去之。又尝同席读书,有乘轩冕过门者,宁读如故,歆废书出观。宁割席分坐,曰:"子非吾友也。"

管宁著有《氏姓论》。《三国志·魏书》有传,皇甫谧收入《高士传》。《三国志》本传云:"宁有族人管贡为州吏,与宁邻比。"看来,管氏在朱虚的确是聚族而居,而管宁为其中的佼佼者。

管彦,生卒年不详,西晋人。其事见于《晋书·孝友传·王裒传》:

乡人管彦少有才而未知名,裒独以为必当自达,拔而友之,男女各始生,便共许为婚。彦后为西夷校尉,卒而葬于洛阳,裒后更嫁其女。彦弟馥问裒,裒曰:"吾薄志毕愿山薮,昔嫁姊妹皆远,吉凶断绝,每以此自誓。今贤兄子葬父于洛阳,此则京邑之人也,岂吾结好之本意哉!"馥曰:"嫂,齐人也,当还临淄。"裒曰:"安有葬父河南而随母还齐!用意如此,何婚之有!"

此云管彦为西夷校尉,而《元和姓纂》说管彦是南夷校尉,二说当有一误。

平原,史上有平原郡、平原县。秦以平原邑置平原县,西汉高帝六年(前201)置平原郡,郡治设于平原县。北齐天保二年(551),县城从张官店东迁至今地。隋初属德州,后属平原郡。唐中期属德州。《元和姓纂》所说管氏郡望平原,应指平原郡。《元和姓纂》在平原管氏名人中,提到了管统与管辂二人。

管统,生卒年不详,汉末人,以忠直闻名于世,其事见于《三国志·魏书·王修传》。管统为袁谭部将，袁谭为青州刺史，管统为东莱太守。袁谭为袁绍长子，袁绍死后，其子兄弟相攻，其三子袁尚攻打袁谭，袁谭兵败，刘询起兵，诸城响应。袁谭正在感叹“举州背叛”时，王修说：“东莱太守管统虽在海表，此人不反，必来。”十余天后，管统果然弃其妻子而来，而其妻子为乱军所杀，袁谭让管统更任乐安太守。后来，曹军攻破青州，诸城皆降，唯有管统在乐安不降，曹操便命王修去取管统首级。王修认为管统是亡国之忠臣，便为他松绑，让他面见曹操，曹操喜欢管统的为人，便赦免了他。

管辂(210—256)，字公明，平原人，《三国志·魏书·方技传》有传。清河太守华表召为文学掾，冀州刺史裴徽辟为文学从事，迁治中，又迁别驾，正始九年举秀才，正元二年为少府丞。管辂精于术数，自幼喜视天文。《三国志》本传注引《管辂别传》：“辂年八九岁，便喜仰视星辰，得人辄问其名，夜不肯寐。”“及成人，果明周易，仰观、风角、占、相之道，无不精微。”《三国志》本传记载了他许多占筮灵验的故事。《三国演义》第六十九回“卜周易管辂知机，讨汉贼五臣死节”写曹操召管辂，管辂为曹操占卜，无不应验，被称为“神卜”。《三国志·魏书·方技传》：“评曰：华佗之医诊，杜夔之声乐，朱建平之相术，周宣之相梦，管辂之术筮，诚皆玄妙之殊巧，非常之绝技矣。”

管辂又以聪明闻名，其父为琅邪即丘长，15岁随父在任所读书，诸生皆服其才。太守谭子春见管辂，并会宾客百余人，“子春及众士互共攻劫，论难锋起，而辂人人答对，言皆有余”。管辂于是“号为神童”。杜甫诗《上韦左相二十韵》有“聪明过管辂”句，可见管辂又以聪明闻名于世。

北海、平原皆为故齐之地，这两个地区管氏家族的发展情况说明到汉魏时期，齐地的管氏家族仍然是名门望族。

秦汉以后，管氏家族的分布越来越广。现今我们知道的管氏字辈世系有近30种，各种动辄二三十字辈，甚至更多，最多的达一百余代，可一直追溯到管叔鲜。可见各地管氏分支迁移由来已久，可谓源远流长。各谱系虽然往往以管叔鲜、管仲、管宁等为宗，但世辈排列各不相同，大概各支系出于自尊，虽视古代管氏名人为宗，但都视本支为正统，并因为年代久远，汉唐以前世系多为口传推测之辞，以至于互相抵牾，因而既不尽一致，更不可尽信。

但是，从现在见到的一些管氏族谱中，我们可以看到一些齐地管氏迁徙的大概踪迹。比如高密管氏，其谱序云：“自周之后，若齐之管仲，楚之管修，汉之管宁、管辂，亦皆出于周，以谱牒失传，不敢妄认。”其谱将世系追溯至北宋初年，始祖是管纯，其子管奉、管材从胶东迁居海州（今连云港），又从海州迁浙江处州龙泉。管奉生管师复、管师常，管材生管师仁、管师礼。管师仁之孙管鉴为宋代词人，有《养拙堂词》一卷传世，曾为官于江西，乃家临川。管师仁另一孙管大方于北宋末年迁回海州，又从海州迁居江苏丹阳，曾教其子管国信“管氏牒谱，当固藏之”。管国信迁回海州。后来，元兵入侵，管政与其子管盛、管隆迁回高密，管隆之孙管士谦被奉为高密管氏一世祖，其弟管士能之子管文敬迁居诸城，为诸城管氏一世祖。以上世系为管士谦之子、高密管氏二世祖管思敬所作。

从高密管氏谱系来看，高密管氏与浙江龙泉、江西临川、江苏丹阳之管氏应为同宗。

莒县管氏也以管纯为始祖，为避战乱，从海州至丹阳，又从丹阳至海州，流落江淮二百余年，至明代洪武二年北归山东，始居于莒州，并有莒县管氏始祖与高密、诸城管氏始祖是兄弟三人之说。可见，莒县管氏与高密管氏也为同宗。

龙泉管氏在宋代有管师复、管师仁，二人最为著名。管师复，北宋诗人，隐居于龙泉，被学者称为卧云先生，有《白云集》。传说宋神宗曾召见他，欲授以官职，而管师复不仕。宋神宗问：“卿所得何如?”对曰：“满坞白云耕不破，一潭明月钓无痕。”其诗极为空灵清雅。

管师仁（1045—1109），字元善，处州龙泉人，北宋著名政治家，宋熙宁六年（1073）进士，官至吏部尚书、同知枢密院事。宋徽宗曾称赞他说：“有臣如此，朕复何忧!”管师仁卒后葬于汴京，封南阳侯。《宋史》卷三五一、《江西通志·名宦》有传。

如以上所述，管师复、管师仁均见于高密管氏族谱。相传龙泉管氏为管公明（管辂）后裔，世居平昌，后居池阳，管福（《齐川管氏宗谱》作管辐）从池阳迁居南京。唐末兵乱，管氏从南京迁龙泉。此说虽然亦云从齐地迁出，但又与高密管氏族谱不同。

《齐川管氏宗谱》中有十一世孙管宗泰于明万历二十九年作的《序》。

该《序》云：

> 吾族管姓，始于周初，以国为氏。至汉高帝封管衎为平昌侯，地望始显。及晋元帝渡江，管方徙居石城，属金陵府。洎唐管辐，偕子伸，官浙，籍满，遂寓处州之龙泉石马岗。凡四世，至师复，号卧云先生……又六传至国谕……国谕生葵，字涵珍，号向日，行文四，因慕西江名胜，自龙泉徙丰之齐川居焉，则向日实我齐川之始祖也。

“丰”即今江西上饶广丰区。该谱也明确说出自平昌即北海平昌，至管师复七世孙管葵迁居至此。

江苏丹阳管氏也称出于管师复。管师复之子管思齐至丹阳任主簿，落户丹阳，故有了丹阳管氏。

由上述大致情况可知，高密管氏与龙泉、齐川、丹阳管氏在所记世系上虽有交集，但又很不相同，所载孰是孰非已无从辨别。但有一点值得注意，虽然南迁的时间说法各异，但都是出于齐地北海郡望，这一点是基本相同的。

另外，从清代末期直到民国时期，有很多山东人“闯关东”，其中自然也有管氏人口。比如现吉林省长春市双阳区齐家镇管家村的管姓就自称从山东诸城迁徙而来，并且在1958年时，其村有管姓人继续北迁至黑龙江的双鸭山和大庆市。

总之，管氏虽然分布越来越广，但直到明清时期，管氏望族主要集中于山东、陕西与江浙一带。据《明清进士题名碑录》记载，明清两代管氏家族中具有进士功名的有55人，其中南方江浙最多，有30余人；而北方则集中在山东、陕西，山东有8人，陕西有6人。从具体州县来看，最多的是山东莒州，有5人，皆为清光绪年间进士，其中“廷”字辈三人，即管廷献、管廷纲、管廷鹗；“象”字辈二人，即管象晋、管象熙。其次是陕西咸宁（今西安），有4人，即管应律（明万历年间进士）、管麟（明成化年间进士）、管楫（明正德年间进士）、管抒素（清顺治年间进士）。第三是浙江鄞县，有3人，即管思易（明永乐年间进士）、管大勋（明嘉靖年间进士）、管大耀（明万历年间进士）。第四是山东高密，有2人，即管嘉福、管嘉祯，皆为明嘉靖年间进士。① 从总量上说，江浙最多。从州县来看，北方最盛，两人以上的州县共有4个，而北方就占了3个。管氏家族在江浙分布较广，而在北方较为集中，由此可见一斑。

我国姓氏众多，管氏在我国虽然不是大姓，但是代有名人。《中国人名大辞典》收录管氏40人，其中最为闻名者应是管氏宗祠楹联中涉及的管氏人物。宗祠楹联所述都是歌颂祖上功绩、贤德的，因此宗祠楹联提及的祖先都是本姓中的翘楚。比如：

“幼安高节，仲父霸功。”上联指管宁，下联指管仲。

“公明神卜，仲父霸功。”上联指管辂，下联指管仲。

“割席传美谈，减租建奇勋。”上联指管宁，用管宁与华歆“割席断交”的典故歌颂管宁情趣高雅；下联指管师仁，据《宋史》本传，管师仁任右正言职时，河北水患，奏请减轻租赋，以安定流民生活，得到朝廷采纳。

“仁义存白云，瑞应折桂亭。”上联指宋代诗人管师复，有诗集《白云集》；下联指宋代官吏管及。清雍正时修《广西通志》卷八四（五）记载：“管及，其先缙云人，游清湘，因家焉。崇宁间黄山谷谪置宜州，及为理曹，时党禁甚严，亲知绝迹，及周旋之甚笃，相得甚欢。山谷尝书‘折桂亭’三字赐之。曰：‘君有成德，子孙必多显拔者。’后果应验。”道光八年辑《庆远府志·职官志·宦绩》亦云：“管及，先世缙云人，游湘因家焉。崇宁间，为宜州理曹。时黄庭坚谪居宜州，当路畏禁，无敢往来。及独与之游甚密。庭坚大书‘折桂亭’三字赠之，曰：‘君家积庆，子孙必有登进士者。’后科第果盛。”

“九合诸侯匡天下，三迁少卿宁国邦。”上联指管仲，下联指管湛。《中国人名大辞典》载：“管湛，师仁后，侨居临川。字定夫，累官广西提刑，兼经略安抚，区处横山、罗甸，蛮人帖服。三迁至大理少卿。有《定斋类稿甲乙集》。”②

“魏国管宁真名士，元代道升女画家。”上联指管宁，下联指元代女画家管道升。管道升，生于1262年，一说生于1271年，卒于1319年，字仲姬，一

---

① 朱保炯、谢沛霖编：《明清进士题名碑录索引》（下），上海古籍出版社1979年版，第2396～2398页。

② 《中国人名大辞典》，上海书店1980年版，第1368页。

字瑶姬，湖州吴兴(今浙江吴兴)人，一说德清县茅山人。她是元代著名书画家赵孟頫的妻子，世称管夫人，元延祐四年册封魏国夫人，工诗词，擅长书画，尤擅画墨竹梅兰，是我国古代著名的女才人。管道升所写行楷与赵孟頫相似，笔意清绝。

在当代，管氏名人主要有莫言、管惟炎、管松涛、管文蔚、管华诗等。莫言，原名管谟业，生于1955年，祖籍山东高密，是第一个获得诺贝尔文学奖的中国作家，代表作有《红高粱》《檀香刑》《丰乳肥臀》《生死疲劳》《蛙》等。

管惟炎，生于1928年，江苏如东县人，物理学家，中国科学院院士。

管松涛(1902—1966)，原名管之山，山东巨野人，1955年被授予少将军衔。

管文蔚(1904—1993)，江苏丹阳人，曾任中共江苏省委副书记、江苏省副省长。

管华诗，生于1939年，山东夏津人，水产品加工、海洋生物及海洋生物工程制品专家，曾担任中国海洋大学校长，现任中国海洋大学教授、博士生导师，中国工程院院士。

据统计，当今管氏人口约117万人，约占全国人口总数的0.073%，在当今姓氏排行榜上名列第143位。管氏人口分布甚为广泛，但以山东、江苏最多，约占全国汉族管氏人口的63%。

第二章　管仲早年的坎坷经历及独特个性的形成

管仲早年的经历十分坎坷,但正是这坎坷的经历使他形成了善于权衡利弊得失、取大义不拘小节、坚韧不拔的独特个性。正如《孟子·告子下》所说:“故天将降大任于是人也,必先苦其心志,劳其筋骨,饿其肌肤,空乏其身。行拂乱其所为,所以动心忍性,曾益其所不能。”早年的坎坷经历磨炼了管仲的意志,增强了他的才干,使他具备了辅助齐桓公称霸天下的素质和能力,从而使他成就了不朽的历史功业。

一、早年的坎坷经历

关于管仲的生年,史籍不载,现今有多种说法,今列主要说法于下:

公元前710年左右说。此说据《礼记·内则》“七十致政”之说,认为管仲卒于相位,从而断定管仲享年不足七十岁。又据《管子·枢言》“吾畏言,不欲为言,故行年六十而老吃也”的记载,断定管仲享年在六十岁至七十岁之间,“在六十五岁左右”,从而推断管仲生于公元前710年左右。① 此说不妥。“七十致政”之说不过是一种礼制上的理想设计,诸侯各国普遍实行世卿世禄制,一般是父死子继,年龄要求并不严格。《礼记·曲礼上》云:“大夫七十而致事。若不得谢,则必赐之几杖,行役以妇人。”可见,“七十致政”并不是硬性规定。即便是在管仲之时实行“七十致政”之制,管仲作为齐桓公的得力辅佐者,贵为仲父,位在高、国之上,也完全可以不受此制限制。至于

① 张玉书、王伟:《管仲事迹系年简编》,《管子学刊》1999年第2期,第17~26页。

《管子·枢言》所记，不应视为管仲所说的话，从内容和语气来看，应是掺入的传授管仲之学说的学者之语，此据不足为凭。另外，齐僖公任命管仲为公子纠的“傅”，如果按管仲生于公元前710年左右计算，管仲最迟在齐僖公去世之年（前698）辅佐公子纠，当时只有十几岁，最迟在齐襄公被弑之年（前686）辅佐公子纠奔鲁，当时只有二十余岁，管仲辅佐公子纠之前又有经商、入伍参战、入仕被逐的复杂经历，此说显然与史实不符，与管仲早年的生活经历也不合。①

公元前723年说。此说据安徽颍上流传的民间传说，即管仲生于午戊年、午戊月、午戊日、午戊时，推算成公元纪年，从而得出管仲生于公元前723年农历五月初五日的结论。②

公元前735年说。与上说所据相同，只是推算结果不同，认为管仲生于公元前735年6月6日即农历五月初一③，比上说提前了十二年。以上二说的推算结果孰是孰非暂且不论，仅就其所据为民间传说而言，可信度不高。民间传说的内容有一定的不确定性，里面有历史的影子，作为佐证尚可，作为信史来采用则明显不妥。

公元前716年说。此说据青溪《管氏宗谱》的记载。该谱说管仲出生于周桓王乙丑年三月初三日巳时，周桓王乙丑年即公元前716年。④ 此说不可信。谱牒中的内容，时间越早越带有口传性质，青溪《管氏宗谱》始编纂于唐代中期（797），距管仲出生已近一千五百年，由于年代久远，对唐之前的世系有比较多的口传内容在所难免。同时，如前文所述，管仲为公子纠傅乃由齐僖公任命，而齐僖公于公元前698年去世，即使在去世之年任命，按此说管仲当时只有18岁，似乎过于年轻，与其经商、参战、入仕的复杂经历也不符。

公元前728年左右说。据《管子·大匡》记载，齐僖公命管仲、召忽傅公子纠，命鲍叔傅公子小白。管仲受命辅佐公子纠之前经过商，当过兵，入过

---

① 战化军：《管仲评传》，齐鲁书社2001年版，第19页。

② 龚武：《论管仲出生于公元前723年》，《管子学刊》2007年第1期，第13～17页。

③ 陈庆照、陈书仪、王京龙、李障天：《管仲生年考》，《管子学刊》2006年第2期，第18～21页。

④ 王京龙：《“管仲生年考”述评》，《济南大学学报（社会科学版）》2008年第5期，第69～71页。

仕，经历已十分丰富。其奉命辅佐公子纠时应不会小于30岁。齐僖公卒于鲁桓公十四年(前698)，如果按齐僖公晚年使管仲辅佐公子纠推算，管仲生于公元前728年左右，享年八十余岁。①

管仲虽然出身于贵族，但随着时间的推移，其家庭早已失去了优越的显赫地位。到他青年时，家境已经十分败落。他作为一个一般士人，穷困潦倒，处处不得志，在谋生的道路上受尽了磨难。《史记·管晏列传》载管仲曰：

> 吾始困时，尝与鲍叔贾，分财利多自与，鲍叔不以我为贪，知我贫也。吾尝为鲍叔谋事而更穷困，鲍叔不以我为愚，知时有利不利也。吾尝三仕三见逐于君，鲍叔不以我为不肖，知我不遭时也。吾尝三战三走，鲍叔不以我怯，知我有老母也。

这段话基本概括了管仲早年的坎坷遭遇。他有过经商、当兵、入仕等多种人生经历，但每一种经历都不成功，饱受冷眼，只有鲍叔一知己，所以他感叹："生我者父母，知我者鲍子也!"

管仲曾经长期经商。他作为商人，并不是什么富商巨贾，只不过是鄙野中的小商小贩而已。他曾经与鲍叔牙合伙做生意，由于家境贫寒，故"分财利多自与"。根据现有的记载，管仲当主要是在南阳地区经商。管仲在南阳经商之时是他一生中最为穷困潦倒的时期。《战国策·秦策五》载姚贾云："管仲，其鄙人之贾人也，南阳之弊幽。"国都之外的郊野曰鄙，就是说当时管仲只是鄙野商人，在南阳潦倒无闻。并且，管仲在南阳经商时还时常受到凌辱。《说苑·复恩》载鲍叔去世后，管仲泣下如雨，哭曰："吾尝与鲍子负贩于南阳，吾三辱于市，鲍子不以我为怯，知我之欲有所明也。""三辱于市"的"三"不是确数，而是多次的意思，从中可见管仲在南阳经商时的艰难状况。

管仲经商所在南阳或认为是今河南南阳。其实不然。今河南南阳在春秋时为楚邑，称为"宛"。管仲经商的南阳应在齐、鲁交界的南阳一带。南

① 战化军：《管仲评传》，齐鲁书社2001年版，第18~19页。

阳，在泰山以南。在山之南曰阳，故称。春秋初期，南阳属于鲁国，后来归齐。《公羊传·闵公二年》载："（齐）桓公使高子将南阳之甲，立僖公而城鲁。"鲁国发生庆父之乱，齐桓公命高子率领南阳的兵马平定鲁乱，立鲁僖公。这说明南阳在齐桓公时早已隶属齐国。管仲经商之南阳应该就是这个南阳。①

管仲曾经多次入仕，但多次被黜，生不逢时。据《管子》载，管仲做过养马的小官。《管子·小问》载：

> 桓公观于厩，问厩吏曰："厩何事最难？"厩吏未对。管仲对曰："夷吾尝为圉人矣，傅马栈最难。先傅曲木，曲木又求曲木，曲木已傅，直木无所施矣。先傅直木，直木又求直木，直木已傅，曲木亦无所施矣。"

"圉人"，古官名，掌管养马放牧等事，也泛指养马的人。《周礼·夏官·圉人》云："圉人掌养马刍牧之事。"管仲自称"尝为圉人"，说明他做过养马方面的小官或者是亲自为人养过马，因此他能够了解马厩事务，并能灵活借"傅马栈"先用"直木"或"曲木"直接影响到以后所用何木一事来暗喻开端的重要性，寓意十分深刻。

管仲入仕不仅多次被黜，还很可能也使家庭受到过连累、遭受过迫害。《说苑·善说》载子路与孔子讨论管仲，子路曾说管仲"家残于齐而无忧色，是不慈也"。孔子说："家残于齐而无忧色，非不慈也，知命也。"从"家残于齐"来看，管仲的家庭曾在齐国受到迫害，并且从子路的话中可以觉察到，管仲所受的迫害还是比较严重的，已到了面带"忧色"的程度。

管仲"家残于齐"的具体情况已不可考，据其经历推测，可能发生在齐襄公时。《说苑·善说》载子路云："昔者管仲说襄公，襄公不说，是不辩也。"可能是在齐襄公被弑之前，管仲曾劝谏齐襄公，但不被采纳，并且触怒了性格暴戾的齐襄公，使齐襄公"不说"。齐襄公从而使管仲"家残于齐"。

管仲还曾多次被编入军伍，多次参战，但他为了不让老母失去奉养，忍

---

① 战化军：《管仲评传》，齐鲁书社2001年版，第23页。

受着被人视为胆怯的耻辱,多次临战脱逃。

如上所述,管仲曾经长期处于穷困潦倒之中,郁郁不得志,不仅不为人所识、所重,而且还受到"不慈""贪""愚""不肖""怯"等种种鄙视。《说苑·尊贤》云:"管仲故成阴之狗盗也,天下之庸夫也,齐桓公得之以为仲父。"早年的管仲在时人眼中不过是狗盗之徒、天下一庸夫而已。

《孔子家语·困誓》载孔子云:"吾闻之,君不困不成王,烈士不困行不彰。庸知其非激愤厉志之始于是乎在?"此话用在管仲身上很是恰当。管仲经过商、当过兵、多次入仕又多次被逐的坎坷经历不仅磨炼了他追求理想的意志,使他养成了忍辱负重、善于权衡利弊得失、注重实际、为大义不拘小节的性格,也丰富了他的处世经验,提高了他的政治素质,为他以后驰骋于政治舞台奠定了良好的基础。

二、从槛囚到齐相

管仲在齐僖公朝就开始参与齐国宫廷的政治活动。当时,他与鲍叔牙、召忽形成了一个紧密的政治团体。《管子·大匡》载召忽云:"吾三人者之于齐国也,譬之犹鼎之有足也,去一焉,则必不立矣。"这一记载一方面说明了他们三人的密切关系,互相信任,互相看重,三人已经成为紧密的政治团体;另一方面,召忽对他们这个三人集团充满了自信,齐国是鼎,他们是鼎之三足,齐国要靠他们三人而立。可见,这时候的管仲在齐国已经是具有较大影响力和一定社会地位的人物了。

这个三人集团积极筹划登上齐国更高的政治舞台,谋求施展政治才能和抱负的机会。

齐僖公生公子诸儿、公子纠、公子小白。齐僖公让管仲、召忽傅公子纠,让鲍叔牙傅公子小白。在当时,"傅"这一官职大致相当于公子的辅导老师,承担对公子的辅导、辅佐之职,为公子的行为提供参谋指导。"傅"是否有政治前途,关键看所辅导的公子是否能够继任为国君。如果所辅公子能够继承国君之位,那么其"傅"自然也就成为国家重臣;如果所辅公子默默无闻、碌碌无为,那么其"傅"一般也将随之落魄终生。鲍叔牙认为公子小白将来不会有出息,便拒绝出任。据《管子·大匡》载,当时鲍叔牙称疾不出,管仲与召忽去看望他，问他为什么不愿意辅助公子小白，鲍叔牙说："先人有言曰：'知子莫若父，知臣莫若君。'今君知臣之不肖也，是以使贱臣傅小白也。贱臣知弃矣。"鲍叔牙以为公子小白不会成就大事，辅佐小白是自己不受齐僖公重用的结果，因而坚辞不就。当时召忽支持鲍叔，要求鲍叔坚决推辞，并出主意让鲍叔不要露面，由他向齐僖公说鲍叔病重将死，那么齐僖公一定会免掉鲍叔的差使，然后他们三人共同辅助公子纠。但管仲坚决不同意，竭力主张鲍叔牙接受任命，全心全意地辅助公子小白，他说："为人臣者不尽力于君则不亲信，不亲信则言不听，言不听则社稷不定。夫事君者无二心。"最终鲍叔听从了管仲的意见，接受了齐僖公的任命，承担起了辅佐公子小白的任务。

齐僖公去世后，公子诸儿以长公子的身份继承君位，是为齐襄公。齐襄公在位 12 年（前 697—前 686），生活荒淫，性格暴虐，是一个昏君，对外凭借武力，连年征伐。齐襄公三年侵鲁，五年攻取纪国的郱、鄑、郚三邑，八年灭纪。早在齐哀公时，由于纪国向周天子进谗言，齐哀公被烹，齐、纪由此交恶。到齐襄公，齐国终于灭掉了纪国。齐襄公九年，齐又伐卫，十年又降郕。齐襄公连年征战，扩疆拓土，凭借武力，逞强于一方。齐襄公生活又极为荒淫，竟然与其同父异母的妹妹文姜通奸。文姜在齐僖公时嫁给鲁桓公，生太子同。齐襄公四年，文姜随鲁桓公至齐。齐襄公借机与之私通，被鲁桓公发觉，鲁桓公大怒。文姜把情况告诉了齐襄公。齐襄公于是便指使公子彭生杀了鲁桓公。《公羊传·庄公元年》载："夫人谮公于齐侯：'公曰同非吾子，齐侯之子也。'齐侯怒，与之饮酒，于其出焉，使公子彭生送之，于其乘焉，搚干而杀之。"鲁桓公的死讯传至鲁国，上下哗然，但迫于齐强鲁弱，鲁国仅提出了惩治彭生的要求。于是齐襄公杀了公子彭生，使此事得以平息。在这之后，齐襄公与文姜继续放纵荒淫，毫不收敛。鲁桓公去世后，文姜长期居住在齐国，后虽归鲁，却多次与齐襄公相会。齐襄公杀鲁桓公以后，又在位 8 年，据《春秋》记载，在这八年中，齐襄公与文姜相聚过六次，鲁庄公七年一年中就相会过两次。《诗经·齐风》中的《南山》《敝笱》《载驱》三篇，据说都是讽刺齐襄公与文姜偷情的诗篇。兄妹二人偷情之事甚至被人们编入诗歌、著之于史册并流之于四方，可谓千古丑闻。

不仅如此，齐襄公的性格十分粗暴、蛮横。齐僖公在位时喜爱其侄子公孙无知。公孙无知是齐僖公同母弟夷仲年之子。夷仲年死后，齐僖公就让公孙无知在秩服供养上享受与世子同样的待遇，也就是与身为世子的齐襄公享有同样的待遇。齐襄公为世子时曾与公孙无知打过架，因而怀恨在心，一即位就停止了父君许诺给公孙无知的世子待遇。这一行为当然引起了公孙无知的怨恨。齐襄公十一年，齐襄公派大夫连称、管至父戍守葵丘，许诺当年瓜熟之时而往，下年瓜熟之时派人替换。可到了第二年，瓜熟之期已过，二人请求派人替换，齐襄公蛮横不许。齐襄公作为一国之君，对戍边大臣言而无信，随即激发了这两位戍边大臣的不满之情。于是他们就联合公孙无知乘机谋划作乱。连称有一从妹在齐襄公宫中，没有受到宠爱，连称就让她了解齐襄公的行踪，许诺事成之后，立她为公孙无知夫人。齐襄公十二年冬，齐襄公出游姑棼，田猎于贝丘，车前突然出现了一只凶猛的野猪，侍从都惊恐地说这是公子彭生。齐襄公大怒，张弓射去，野猪却像人一样站立着哭叫起来。齐襄公大惊，坠于车下，摔伤了脚，弄丢了鞋子，慌慌张张地返回宫中。公孙无知、连称、管至父乘机率众攻入宫中，一举弑杀了齐襄公。

齐国群公子见齐襄公与鲁夫人文姜私通，杀鲁桓公，诛杀不当，且又屡次欺侮大臣，淫乱不已，祸所难免，恐怕灾祸延及自身，便各自出奔。公子纠之母为鲁女，管仲、召忽傅之奔鲁。公子小白之母为卫女，鲍叔牙傅之奔莒。从现有记载来分析，鲍叔牙傅公子小白奔莒应当在先，管仲、召忽傅公子纠奔鲁应当在后。《左传·庄公八年》载：

> 初，襄公立，无常。鲍叔牙曰："君使民慢，乱将作矣。"奉公子小白出奔莒。乱作，管夷吾、召忽奉公子纠来奔。

《国语·齐语》韦昭注云："公孙无知杀襄公自立，管夷吾、召忽奉公子纠奔鲁。"在齐襄公之乱之前，鲍叔就已经与公子小白奔莒，流落在莒的时间相对较长；而在齐襄公被弑之后，管仲方与公子纠奔鲁，流落在鲁的时间相对较短。

公孙无知弑齐襄公后，自立为国君。当初，公孙无知虐待过雍廪，即位

后的第二年(前685)春天,雍廪杀公孙无知。雍廪,《史记》作雍林,以为是地名。《史记・齐太公世家》载:

> 桓公元年春,齐君无知游于雍林。雍林人尝有怨无知,及其往游,雍林人袭杀无知,告齐大夫曰:"无知弑襄公自立,臣谨行诛。唯大夫更立公子之当立者,唯命是听。"

齐襄公与公孙无知接连被弑,齐国处于无君的状态。在这一情况下,齐国大夫准备迎立公子纠。《春秋・庄公九年》载:"春,齐人杀无知。公及齐大夫盟于蔇。"《谷梁传》解释云:"盟纳子纠也。不日,其盟渝也。当齐无君,制在公矣。当可纳而不纳,故恶内也。"《国语・齐语》韦昭注云:"齐人杀无知,逆子纠于鲁,庄公不即遣,而盟以要之。齐大夫归逆小白于莒。庄公伐齐,纳子纠,桓公自莒先入。"从该年春天公孙无知被杀,到该年夏天鲁国伐齐纳公子纠,中间隔了近半年时间,鲁国迟迟不送公子纠归齐。鲁国当时可能为了某种利益,向齐国索要条件,以至于齐国背盟,使高子、国子有机会召公子小白归齐即位。

鲁国迟迟未送公子纠归齐,正好为公子小白归国创造了有利的条件。小白自幼与正卿高傒关系密切,当公孙无知被杀后,齐大夫商议确立新君时,高傒便已暗中派人到莒国召公子小白归齐。《史记・齐太公世家》载:

> 小白自少好善大夫高傒。及雍林人杀无知,议立君,高、国先阴召小白于莒。鲁闻无知死,亦发兵送公子纠,而使管仲别将兵遮莒道,射中小白带钩。小白详死,管仲使人驰报鲁。鲁送纠者行益迟,六日至齐,则小白已入,高傒立之,是为桓公。

鲁国得知齐大夫背盟,将迎立公子小白做国君后,随即发兵护送公子纠归齐争夺君位,正如《谷梁传・庄公九年》所说:"当可纳而不纳,齐变而后伐。"这年夏天,公子纠与公子小白为争夺君位展开了激烈的斗争。

为防止公子小白捷足先登,管仲率一队人马在途中拦截。结果,管仲与公子小白在莒道途中相遇,管仲张弓一箭射去,公子小白应箭而倒。管仲以为公子小白已死,当即返回报告了鲁庄公。于是鲁国护送公子纠的兵马便放慢了行军的速度。其实,公子小白安然无恙,管仲正巧射中了他的衣带钩,箭镞被衣带钩挡住了。小白急中生智,倒下装死,用假象瞒骗了管仲。当管仲率领队伍返回后,小白在鲍叔牙的保护下,立即驱车急驰奔向齐都临淄,在高子、国子的接应下,抢先进入齐国而成为齐国国君即齐桓公。齐桓公即位之后,立即发兵迎击护送公子纠的鲁国大军。此年八月,齐、鲁战于乾时,鲁军大败。齐桓公稳定了自己的国君地位。

关于公子纠与公子小白争位失败的过程,《管子·大匡》还记载了另外一种说法。齐襄公在即位后的第二年,驱逐了公子小白,迫使鲍叔与公子小白奔到莒国。公孙无知被杀后,公子纠即位,国人对公子纠不满,召公子小白归国。公子小白认为,“管仲知,召忽强武,虽国人召我,我犹不得入也”。公子小白畏惧管仲的智谋和召忽的勇猛而不敢归齐,而鲍叔云:“管仲得行其知于国,国可谓乱乎?”公子小白在鲍叔牙的极力劝谏下回到齐国,得到了齐大夫和国人的支持,驱逐了公子纠。在混战之中,管仲箭射小白,正中衣带钩。管仲与公子纠出奔鲁国,鲁国发兵攻齐,欲复公子纠之位,但兵败不成。在这一种说法中,公子纠是无所作为之君,管仲、召忽难以施展才能,大夫与国人不满,以至于君位得而复失。

管仲辅助公子纠争位失败后,流落鲁国。

齐军在乾时大败鲁军后,迅速进军、包抄,拦截鲁军的归途,使鲁军陷入危急之中。齐桓公乘胜围堵鲁军,本来是为了逼迫鲁国杀掉公子纠及管仲、召忽等人,以消除争夺君位的隐患。但这期间,鲍叔极力向齐桓公推荐管仲。桓公本来要任命鲍叔为宰,主持国政,鲍叔坚辞不就,力劝桓公重用管仲,拜管仲为相。《国语·齐语》载:

桓公自莒反于齐,使鲍叔为宰,辞曰:“臣,君之庸臣也。君加惠于臣,使不冻馁,则是君之赐也。若必治国家者,则非臣之所能也。若必治国家者,则其管夷吾乎!臣之所不若夷吾者五:宽惠柔民,弗若也;治国家不失其柄,弗若也;忠信可结于百姓,弗若也;制礼义可法于四方,弗若也；执枹鼓立于军门，使百姓皆加勇焉，弗若也。”桓公曰：“夫管夷吾射寡人中钩，是以滨于死。”鲍叔对曰：“夫为其君动也。君若宥而反之，夫犹是也。”

并且鲍叔牙请求齐桓公抓紧时间向鲁国索要管仲，因管仲智谋非凡，以免管仲在鲁国发生不测。他这样分析说：

若亟召，则可得也；不亟，不可得也。夫鲁施伯知夷吾为人之有慧也，其谋必将令鲁致政于夷吾，夷吾受之，则彼知能弱齐矣；夷吾不受，彼知其将反于齐也，必将杀之。

鲍叔据理力争，终于说服了齐桓公，使他放弃了一箭之仇。齐桓公立即派使者到鲁国，以治罪报仇为名，向鲁国强行索要管仲。据《左传》载，当时鲍叔牙亲自到鲁国迎接管仲。《左传·庄公十年》载：

鲍叔帅师来言曰：“子纠，亲也，请君讨之。管、召，仇也，请受而甘心焉。”

鲍叔以强大的军事压力要求鲁国杀掉公子纠，而以治罪为名索要管仲、召忽回齐。当时鲁国大夫施伯看清了齐国的真实意图，索要管仲不是真的为了治罪，而是为了用他治国。《国语·齐语》载施伯对鲁庄公云：

此非欲戮之也，欲用其政也。夫管子，天下之才也，所在之国，则必得志于天下。令彼在齐，则必长为鲁国忧矣。

果然如鲍叔牙预计的那样，鲁国大夫施伯向鲁庄公献计：可以把鲁国大政委任给管仲，让他来帮助我们治理鲁国；管仲接受则已，不接受就杀掉他，决不能让他回到齐国去治理齐国。如果我们杀死了管仲，可以表示与齐国同怒，在情理上也说得过去。但是，鲁庄公还没有来得及实施施伯的计策，齐国使者就已经来到鲁国了。鲁国迫于齐国的军事压力,不得已只好杀掉公子纠,囚禁管仲、召忽,并把他们交给了齐国的来使。

当时,管仲的处境极为危险。《管子·小匡》载:

> 公乃使鲍叔行成曰:“公子纠,亲也,请君讨之。”鲁人为杀公子纠。又曰:“管仲,仇也,请受而甘心焉。”鲁人许诺。……鲍叔受而哭之,三举。

鲍叔亲自至鲁索要管仲,在接受管仲之时,为骗过鲁人、减轻管仲的危险,他大哭三声,表现自己因管仲将要被治罪的无限悲痛。

管仲心里明白,索要他归齐不是为了治罪,而是为了让他治理齐国。《史记·齐太公世家》载:“乃详为召管仲欲甘心,实欲用之。管仲知之,故请往。”《说苑·尊贤》载:“管仲之所以能北走桓公,无自危之心者,同声于鲍叔也。”管仲对鲍叔牙的行为心领神会,于是安然为囚,乘坐槛车归齐。

但这时候管仲的心情是非常复杂的,空有一身才干,枉费多年奔波,至今落得一个囚徒身份!《管子·大匡》载:

> 管仲谓召忽曰:“子惧乎?”召忽曰:“何惧乎?吾不蚤死,将胥有所定也,今既定矣,令子相齐之左,必令忽相齐之右。虽然,杀君而用吾身,是再辱我也。子为生臣,忽为死臣。忽也知得万乘之政而死,公子纠可谓有死臣矣。子生而霸诸侯,公子纠可谓有生臣矣。死者成行,生者成名,名不两立,行不虚至。子其勉之,死生有分矣。”

一入齐境,召忽便自杀了。狐死首丘,召忽进入齐地而自杀,在为公子纠死节的同时,也显示了他深深的爱国之心!

召忽的死加重了管仲的精神负担。管仲突破了为君死节的道德观念,他不为公子纠死节,甘受槛车之辱,毅然改事齐桓公。按照当时的礼法观念,这种行为是很受非议的事情,正如《史记·鲁仲连邹阳列传》所说,是“乡里不通”“世主不臣”的行为。可见,管仲当时坚持活着返回齐国,继续追求建功立业的机会,在心理上承受的压力是十分巨大的。

尽管如此,管仲始终不卑不亢、胸怀坦荡,坚持着舍我其谁的英雄气概。《韩非子·外储说左下》载:

> 管仲束缚,自鲁之齐,道而饥渴,过绮乌封人而乞食。乌封人跪而食之,甚敬。封人因窃谓仲曰:"适幸及齐,不死而用齐,将何以报我?"曰:"如子之言,我且贤之用,能之使,劳之论,我何以报子?"封人怨之。

封人,官名,主要职责是典守封疆。管仲以囚徒身份进入齐国,在饥饿之际,向封人乞食,受到封人跪献饮食的礼遇,但他不因此而以个人恩惠相许。因此,当封人请求日后给以报答时,他毫不犹豫地对之以"贤之用,能之使,劳之论",表现了他尽管处于落魄之中但仍不失一心为国的磊落胸怀。

槛车到达齐国的堂阜,鲍叔为管仲举行了除灾仪式,后人为了纪念此事,在此地建了夷吾亭。《史记集解》引杜预云:"东莞蒙阴县西北有夷吾亭,或曰鲍叔解夷吾缚于此,因以为名也。"已经到达齐国境内,不必再假装成欲治罪的样子。鲍叔牙于是将管仲从槛车中释放出来,为管仲解除束缚,举行了祛除灾祸的仪式。这既标志着管仲从重重劫难中彻底解脱了出来,也表现了齐桓公用人不避仇的高贵品德,同时也显现出了管鲍莫逆之交的崇高以及管仲自此归齐以后齐国作为春秋五霸之首的良好开端……后人在此地建夷吾亭以作纪念,其中不知包含了多少感慨!

管仲到达齐都临淄,让人执斧站于身后,以罪臣之礼见齐桓公。齐桓公对管仲归齐非常重视,亲自到郊外迎接。他见管仲以罪臣身份相见,急忙下令撤走执斧人,与管仲乘车同归,来到庙堂之上,以礼相见。齐桓公请教为政之道,管仲侃侃而谈。齐桓公大悦,于是斋戒十日,拜管仲为相。《管子·小匡》载:

> 初,桓公郊迎管子而问焉。管仲辞让,然后对以参国伍鄙,立五乡以崇化,建五属以厉武,寄兵于政,因罚,备器械,加兵无道诸侯,以事周室。桓公大说。于是斋戒十日,将相管仲。管仲曰:"斧钺之人也,幸以

获生,以属其腰领,臣之禄也。若知国政,非臣之任也。”公曰:“子大夫受政,寡人胜任;子大夫不受政,寡人恐崩。”管仲许诺,再拜而受相。

据说当时管仲接受相位时,曾提出一个条件,即将目标定为建立霸业,而齐桓公不许。管仲坚持,如果齐桓公不答应,他宁愿放弃齐国相位,去为公子纠死节。《管子·大匡》载:

管仲至,公问曰:“社稷可定乎?”管仲对曰:“君霸王,社稷定;君不霸王,社稷不定。”公曰:“吾不敢至于此其大也,定社稷而已。”管仲又请,君曰:“不能。”管仲辞于君曰:“君免臣于死,臣之幸也;然臣之不死纠也,为欲定社稷也。社稷不定,臣禄齐国之政而不死纠也,臣不敢。”乃走出,至门,公召管仲。管仲反,公汗出曰:“勿已,其勉霸乎。”管仲再拜稽首而起曰:“今日君成霸,臣贪承命,趋立于相位。”乃令五官行事。

这一记载告诉我们,管仲返齐、改事齐桓公绝不是贪生怕死,也绝不是为追求高官厚禄。他一心为的是齐国强盛,让齐桓公“君霸王”是他治理齐国的明确政治目标。

综上所述,管仲在任齐相之前的经历一波三折,充满了戏剧色彩。其总体基调是悲剧,处处不得志,时乖命舛,被人鄙视,饱受非议。《说苑·善说》载有一段孔子与子路的对话,专门讨论到了这一问题:

子路问于孔子曰:“管仲何如人也?”子曰:“大人也。”子路曰:“昔者管子说襄公,襄公不说,是不辩也;欲立公子纠而不能,是无能也;家残于齐而无忧色,是不慈也;桎梏而居槛车中无惭色,是无愧也;事所射之君,是不贞也;召忽死之,管仲不死,是无仁也。夫子何以大之?”子曰:“管仲说襄公,襄公不说,管仲非不辩也,襄公不知说也;欲立公子纠而不能,非无能也,不遇时也;家残于齐而无忧色,非不慈也,知命也;桎梏居槛车而无惭色,非无愧也,自裁也;事所射之君,非不贞也,知权也;召忽死之,管仲不死,非无仁也。召忽者,人臣之材也,不死则三军之虏也；死之则名闻天下，夫何为不死哉？管仲者，天子之佐，诸侯之相也，死之则不免为沟中之瘠；不死则功复用于天下，夫何为死之哉？由！汝不知也。”

子路的话代表了当时人们的一般看法，所以需要孔子来一正视听。孔子充分肯定了管仲建立的功业，认为他不为公子纠死节是正确的。《论语·宪问》载孔子云：“管仲相桓公，霸诸侯，一匡天下，民到于今受其赐。微管仲，吾其被发左衽矣。岂若匹夫匹妇之为谅也，自经于沟渎，而莫之知也。”孔子正是从管仲做出的巨大历史贡献出发，肯定管仲不守匹夫匹妇之信、不去“自经于沟渎”是完全应该的。我们说，管仲早年的穷困经历被人鄙视，不为公子纠死节而饱受诟病，是孔子最早站出来为他正名的。管仲在世时，最理解他的是鲍叔牙；管仲去世后，最早为他辩解的是孔子。管仲如果地下有知，一定会在感叹“知我者鲍子”的同时，感叹“知我者孔子也”！

三、独特的个性特征

管仲早年的坎坷经历使他形成了独特的个性。其个性特征主要表现在以下三个方面：

其一，在逆境中始终保持着对理想信念的不懈追求。如前文所述，管仲早年的经历非常不顺利，做小买卖经常受到欺辱，入仕多次被罢，种种不得志叠加在一起让他饱受了各种生活磨砺。在长期的生活逆境中，管仲逐步养成了忍辱负重的个性。《说苑·善说》载子路评论管仲云：“家残于齐而无忧色，是不慈也；桎梏而居槛车中无惭色，是无愧也。”意思说，家庭受到伤害，但他面无忧色；桎梏而居槛车之中，受如此奇耻大辱，但他面无惭色。诸多的不顺利已经使管仲在任何灾难面前都能够泰然处之，挺直腰杆，不被灾祸压倒，正如孔子回答子路时所说：“家残于齐而无忧色，非不慈也，知命也；桎梏居槛车而无惭色，非无愧也，自裁也。”此处的“自裁”是自我决定、自我选择的意思。家残于齐是不可改变之事，管仲认命，所以他不去悲悲切切；桎梏而居槛车之中，当时管仲只能选择这条路，而不是像召忽那样选择为公子纠死节，所以他不以囚徒的身份感到惭愧。

管仲忍辱负重，并不是逆来顺受、麻木不仁，相反，他不卑不亢，充满了自信。管仲尽管在逆境之中，但始终不放弃追求理想，充满了坚韧不拔的精神。这是一种难能可贵的美好品德，是一般人难以达到的理想高度。

据《管子·大匡》载，齐僖公任命鲍叔牙傅公子小白。鲍叔牙认为傅公子小白日后不会有前途，便拒绝出任，称疾不出。当时，召忽支持鲍叔牙的做法，要求鲍叔牙坚决不要辅助公子小白，而与自己、管仲一起辅助公子纠，并表明自己将以死来捍卫公子纠的君主之位。他说："百岁之后，吾君卜（下）世，犯吾君命，而废吾所立，夺吾纠也，虽得天下，吾不生也。兄与我齐国之政也，受君令而不改，奉所立而不济，是吾义也。"管仲则不同意召忽的观点，管仲说："夷吾之为君臣也，将承君命，奉社稷，以持宗庙，岂死一纠哉？夷吾之所死者，社稷破，宗庙灭，祭祀绝，则夷吾死之；非此三者，则夷吾生。夷吾生，则齐国利；夷吾死，则齐国不利。"尽管当时管仲只不过是齐僖公刚刚任命的公子纠的"傅"，以后的政治前途如何还非常渺茫，但他不放弃这一机会，并且对未来充满了自信，对自己的能力充满了自信，认为自己生则齐国利，死则齐国不利，大有振兴齐国舍我其谁的气魄。这充分说明尽管境遇不太乐观，但管仲总是充满自信，从不气馁。

据《韩非子·外储说左下》载，管仲身陷囚车之中，从鲁国被押解返齐，来到齐境，饥饿难忍，向封人乞食。当时，封人或是出于对管仲的崇敬，或是预见到管仲日后能够执政于齐，对管仲极为恭敬。他"跪而食之，甚敬"，并悄悄地与管仲套近乎，问管仲："不死而用齐，将何以报我？"而管仲毫不犹豫地说："如子之言，我且贤之用，能之使，劳之论，我何以报子？"当时管仲只不过是一个身戴桎梏、被囚于槛车之中的待罪囚徒而已，处在自己一生中最为穷困潦倒的时候。这时封人"跪而食之，甚敬"，但他丝毫不讲私情，斩钉截铁地说如果执政于齐，将用贤、使能、论劳，丝毫没有个人恩惠可言。可见，管仲无论处于什么样的逆境之中，都绝对不会狗苟蝇营，始终堂堂正正，不失作为国家栋梁的恢宏气度。

又据《管子·大匡》载，在管仲从鲁国返回齐国之后，齐桓公拜管仲为相。当时，管仲提出了建立霸业的施政目标，齐桓公不同意，认为只要使齐国安定就行，不必争霸。管仲力争，齐桓公还是不同意，这时管仲提出辞去相位，他说："君免臣于死，臣之幸也；然臣之不死纠也，为欲定社稷也。社稷不定，臣禄齐国之政而不死纠也，臣不敢。"此时，管仲刚就相位。在此之前，管仲箭射齐桓公，险些要了齐桓公的命，而在鲍叔牙的极力推荐下，齐桓公不仅不记一箭之仇，反而直接任命管仲为相。受此际遇，千载难逢，一般说来，感激涕零、唯命是从是常态，但是管仲没有沉浸于感激之中，更多考虑到治理国家的责任，他以"君霸王"为己任，这是他一贯的理想。这充分说明管仲追求的不是禄位，而是"君霸王"，并且他始终保持着对这一理想的不懈追求。

其二，"不羞小节而耻功名不显于天下"。据《史记·管晏列传》载，管仲说他自己"不羞小节而耻功名不显于天下"。长期的生活磨砺使管仲善于权衡利弊得失。管仲处于激烈的矛盾冲突中，在不能两全的情况下，他善于取大义而不拘小节。

管仲的这一生活个性在他不为公子纠死节一事上表现得最为典型。管仲不为公子纠死节，并不是贪生怕死，也不是突发奇想、偶尔为之，而是因为他一贯的思想主张。早在齐僖公时，管仲就主张只为国家社稷而死，而不为君主死节。据《管子·大匡》载，齐僖公让鲍叔牙傅公子小白，鲍叔牙称疾不出，当时在劝说鲍叔牙接受任命时，管仲云："夷吾之为君臣也，将承君命，奉社稷，以持宗庙，岂死一纠哉？夷吾之所死者，社稷破，宗庙灭，祭祀绝，则夷吾死之；非此三者，则夷吾生。夷吾生，则齐国利；夷吾死，则齐国不利。"后来，鲍叔牙在劝说齐桓公一定要重用管仲时云："其于君不如亲纠也，纠之不死，而况君乎？"就是说，管仲不为君主死节不仅是不为公子纠一人死节，也不会为齐桓公死节。鲍叔牙与管仲为莫逆之交，两人相当了解。鲍叔牙说管仲不为君主死节是基于对管仲的充分了解做出的评判。不为君主死节是管仲的基本主张。《史记·管晏列传》载管仲"贵轻重，慎权衡"。意思就是，管仲善于比较多重事物之间孰重孰轻的关系，君主与国家社稷相比，在管仲看来，国家社稷至上，所以他坚持以是否有利于国家社稷作为行为目标，反对为君主死节。由此可见，管仲"不羞小节而耻功名不显于天下"的"功名"应该指为国家社稷建功立业。

管仲为大义不拘小节的个性使管仲突破了愚忠的思想观念。与召忽相比,这一特点显得尤为突出。召忽与管仲同时被齐僖公任命为公子纠的傅。《管子·大匡》说“召忽强武”,看来“强武”是他的主要特征。如前文所述,他以死捍卫公子纠,在受命傅公子纠之初,他就坚决表示“废吾所立,夺吾纠也,虽得天下,吾不生也”。后来,他果然毫不犹豫地兑现了自己的誓言,明明知道返回齐国后将会得到重用,正所谓“令子相齐之左,必令忽相齐之右”,但他还是在进入齐境后自杀了!可见,召忽具有牢固的一臣不事二主的观念,在他看来:“杀君而用吾身,是再辱我也。”正因为召忽具有牢固的忠君不二观念,所以他才义无反顾地自杀了。而管仲与召忽截然不同,他坚持“奉社稷,以持宗庙,岂死一纠哉?”正因为他以国家社稷为重,所以能够不为公子纠死节而安然为囚,“桎梏居槛车而无惭色”,返回齐国并改事齐桓公,助齐桓公成就霸业。如果管仲也如召忽,齐桓公就不会成为春秋五霸之首,荒山野岭之中也只不过多了一枯骨而已。

召忽为公子纠死节,这符合传统的忠君观念,后来的封建统治者们为了维护自身统治,对这一观念大加褒扬。至今,山东省潍坊市安丘有召忽镇,召忽镇有召忽村,还有召忽墓。而管仲不为公子纠死节而改事齐桓公,这不符合传统的忠君观念,而忠君是士大夫的最高操守,因此,管仲不为公子纠死节而改事齐桓公的行为在人们的心目中并不是“小节”,正如《史记·鲁仲连邹阳列传》所说,是“乡里不通”“世主不臣”的行为,所以历来受到非议。但“规小节者不能成荣名,恶小耻者不能立大功”,这又表现了管仲为了国家利益敢于冲破愚忠观念,也正显示了管仲个性的不同寻常之处。

但是,历史事实是管仲不为公子纠死节而给社会做出了更大的贡献,这一历史现实又迫使人们不得不认真思考对管仲的评价。《管子·大匡》篇这样评论说:

君子闻之曰:“召忽其死也,贤其生也;管仲之生也,贤其死也。”

“君子”认为,召忽死了比活着贤,管仲活着比死了贤。为什么这么说?孔子的话可视为对这个评论的最好注释。《说苑·善说》载孔子云:

召忽者，人臣之材也，不死则三军之虏也；死之则名闻天下，夫何为不死哉？管仲者，天子之佐，诸侯之相也，死之则不免为沟中之瘠；不死则功复用于天下，夫何为死之哉？

实际上，孔子在这里对死与不死的行为都做了肯定。一般的人臣即才能平平的人为社会做不出大的贡献，应该为君主死节；而才能杰出者活着能为社会做出更大的贡献，不必为君主死节。这实际上是一种折中的观点。孔子的这一番话远不及他在《论语》中说得好。《论语·宪问》载孔子云："管仲相桓公，霸诸侯，一匡天下，民到于今受其赐。微管仲，吾其被发左衽矣。岂若匹夫匹妇之为谅也，自经于沟渎，而莫之知也。"在这里，孔子从管仲所做出的巨大的历史贡献出发，对管仲不拘匹夫匹妇之小节小信的行为给予了充分肯定。

另外，管仲任齐相后为便于治国，直接向齐桓公要名、要利、要地位，也突出表现了他"不羞小节而耻功名不显于天下"的个性特征。《韩非子·难一》记载：

桓公解管仲之束缚而相之。管仲曰："臣有宠矣，然而臣卑。"桓公曰："使子立高、国之上。"管仲曰："臣贵矣，然而臣贫。"桓公曰："使子有三归之家。"管仲曰："臣富矣，然而臣疏。"于是立以为"仲父"。

《说苑·尊贤》中也有类似的记载。管仲向桓公要身份、要地位、要待遇，其根本目的是更有效地行使职权、更好地治理齐国。《荀子·仲尼》："立以为仲父，而贵戚莫之敢妒也；与之高、国之位，而本朝之臣莫之敢恶也；与之书社三百，而富人莫之敢距也。贵贱少长，秩秩焉，莫不从桓公而贵敬之，是天下之大节也。"《韩非子·难一》载霄略评价此事云："管仲以贱为不可以治国，故请高、国之上；以贫为不可以治富，故请三归；以疏为不可以治亲，故处仲父。管仲非贪，以便治也。"《说苑·尊贤》载孔子评价此事云："管仲之贤，不得此三权者，亦不能使其君南面而霸矣。"管仲向齐桓公要身份地位是为了便于治国，但容易被误认为贪心。实际上，这一行为貌似贪婪无耻，实则坦荡无比。管仲的这一行为也十分典型地表现了他为大义不拘小节的性格。

其三，长于谋划，积极进取。管仲在长期的逆境生活中，不屈不挠，不断地寻求机会，养成了奋进不息的坚韧个性。这一个性使他注重观察、长于分析、善于判断、不放弃任何进取机会。这在管仲劝说鲍叔牙辅佐公子小白一事上表现得最为突出。

《管子·大匡》载齐僖公使管仲、召忽辅佐公子纠，使鲍叔牙辅佐公子小白，而鲍叔牙称疾不出。当时召忽支持鲍叔，但管仲坚决不同意，于是管仲与召忽二人展开了一场争论：

> 管仲曰："不可。持社稷宗庙者，不让事，不广闲。将有国者，未可知也。子其出乎！"召忽曰："不可。吾三人者之于齐国也，譬之犹鼎之有足也，去一焉则必不立矣。吾观小白必不为后矣。"管仲曰："不然也。夫国人憎恶纠之母，以及纠之身，而怜小白之无母也。诸儿长而贱，事未可知也。夫所以定齐国者，非此二公子者，将无已也。小白之为人，无小智，惕而有大虑。非夷吾莫容小白，天不幸降祸加殃于齐，纠虽得立，事将不济。非子定社稷，其将谁也？"召忽曰："百岁之后，吾君卜世，犯吾君命而废吾所立，夺吾纠也，虽得天下，吾不生也，兄与我齐国之政也。受君令而不改，奉所立而不济，是吾义也。"管仲曰："夷吾之为君臣也，将承君命，奉社稷以持宗庙，岂死一纠哉！夷吾之所死者，社稷破，宗庙灭，祭祀绝，则夷吾死之。非此三者，则夷吾生。夷吾生则齐国利，夷吾死则齐国不利。"

这场争论的焦点是鲍叔牙要不要辅佐公子小白。涉及的问题主要有三个：一是对公子小白未来的预测，二是对待君主的态度，三是要不要分别辅佐公子纠与公子小白。在对公子小白未来的预测上，不仅鲍叔牙认为公子小白没有政治前途，召忽也认为公子小白不可能登上国君之位，他说："吾观小白，必不为后矣。"而管仲的看法与二人不同，他认为齐国将来的国君非公子纠与公子小白莫属，而公子小白比公子纠更有优势。因此，他认为鲍叔牙辅佐公子小白将来会有英雄用武之地,“非子定社稷,其将谁也?”在对待君主的态度上,召忽奉君主为至上,发誓“废吾所立,夺吾纠也,虽得天下,吾不生也”。而管仲与他截然相反,奉社稷为至上,反对为君死节。正是因为对上述两个问题认识的不同,召忽与管仲在要不要分别辅佐公子纠与公子小白这一问题上产生了争论。召忽主张他们三人共同辅佐公子纠,强调“吾三人者之于齐国也,譬之犹鼎之有足也,去一焉,则必不立矣”。而管仲力劝鲍叔辅佐公子小白,并说“非夷吾莫容小白”,表明如果公子小白将来成为君主,自己也不会为公子纠而死,而是“奉社稷,以持宗庙”。话虽未明说,但明显含有与鲍叔牙各辅一主从而不失治理齐国机会之意。与此同时,管仲还要求鲍叔牙竭尽全力辅佐公子小白,争取成为公子小白的亲信。他说:

为人臣者,不尽力于君,则不亲信。不亲信,则言不听。言不听,则社稷不定。夫事君者无二心。

最后,鲍叔牙听从了管仲的意见,接受了齐僖公的任命,开始辅佐公子小白,并逐渐成为公子小白的亲信,这为后来推荐管仲辅佐齐桓公打下了基础。

我们从这场争论中可以明显看出管仲比鲍叔牙、召忽具有更高的政治素养,具有更为长远的政治眼光,对实现治理齐国的宏伟理想有更为切合实际的运筹能力。战化军在《管仲评传》中将其主要体现概括为以下三个方面:

第一,管仲具有坚韧不拔的进取精神。管仲、鲍叔牙、召忽都有为实现理想而积极进取的精神,但相比之下,管仲更为突出。他认为“持社稷宗庙者,不让事,不广(旷)闲”,不管遇上什么挫折都要奋斗不息,不能放过任何一次机会。所以,当鲍叔牙认为自己不受重用而消极称疾不出且召忽又极力赞同时,他坚决反对,坚持鼓励鲍叔牙不能放弃辅佐公子小白的机会,并要求鲍叔牙一心尽力辅佐公子小白,争取成为公子小白的亲信,从而安定齐国社稷。

第二,管仲具有更为敏锐的政治眼光,对实现理想之路有更为全面、更为切合实际的设计能力。当时,对齐国未来发展局势的预计特别是对公子小白的认识,鲍叔牙、召忽都比较模糊,而管仲的识见远远超过二人。他预测到能够稳定齐国局势的国君在公子小白与公子纠之间,并且公子小白比公子纠更有优势。正因为如此,他能未雨绸缪,坚持让鲍叔牙尽心尽力辅佐公子小白,自己辅佐公子纠。这样,无论公子小白与公子纠将来谁做国君,他们都能有治理齐国的机会。古人对这一点早有认识。《韩非子·说林下》载:“管仲、鲍叔相谓曰:不寿君乱甚矣,必失国。齐国之诸公子,其可辅者,非公子纠则小白也。与子人事一人焉,先达者相收。管仲乃从公子纠,鲍叔从小白。国人果弑君,小白先入为君,鲁人拘管仲而效之,鲍叔言而相之。”《吕氏春秋·慎大览·不广》也有相似的记载:“鲍叔、管仲、召忽三人相善,欲相与定齐国,以公子纠为必立。召忽曰:吾三人者于齐国也,譬之若鼎之有足,去一焉则不成。且小白则必不立矣,不若三人佐公子纠也。管仲曰:不可。夫国人恶公子纠之母,以及公子纠;公子小白无母,而国人怜之。事未可知,不若令一人事公子小白。夫有齐国,必此二公子也。故令鲍叔傅公子小白,管子、召忽居公子纠所。公子纠外物则固难必。虽然,管子之虑近之矣。若是而犹不全也,其天邪!人事则尽之矣。”管仲力劝鲍叔牙辅助公子小白,暗含着他对实现理想之路的巧妙规划。这一规划细致而又长远。正是因为这一规划,才有了后来鲍叔牙推荐管仲、桓公任用管仲为相的历史事实。管仲的谋划能力在这里得到了充分体现,这正如《吕氏春秋》所云,管仲对实现理想之路的规划“人事则尽之矣”。

第三,管仲具有当时一般士大夫所不具备的进步的人生价值观。干诸侯、谋社稷、立功业是整个士大夫阶层的共同理想和抱负。这在管仲身上表现得尤为突出。在当时家天下的历史环境条件下,一般来说,要想有建功立业的机会,必须首先得到君主的重用。管仲谋求靠近君主的机会,于今看来,无可厚非。作为人臣要想得到治国平天下的机会就必须如此。不如此,就难以得到治理齐国的机会,就不能充分施展自己的才能,就不能实现自己的政治抱负。不如此,就不成其为管仲!同时我们还应该看到,管仲这样做是为了寻找机会以报效齐国。国家利益高于一切,而不是愚忠于某一君主。在这一点上,他的思想比召忽以及后来的某些忠臣烈士的思想要进步得多。

正因为管仲具有超越当时常人的进步的人生价值观念，所以才形成了对实现理想之路的不同凡响的大手笔设计。①

管仲得以为齐相是鲍叔力荐与齐桓公用人不避私仇的直接结果，但是又有更深层次的原因，那就是管仲的精心规划、奋力进取的精神以及非凡的才干。管仲认为“事君者无二心”，应兢兢业业，尽力于君。不仅鲍叔听从其言得到了桓公的信任，而且管仲本人也在这种思想的支配下，在政治活动中显现出奋发向上的精神和突出的才干。《史记·齐太公世家》载鲍叔在向齐桓公推荐管仲时说：“君且欲霸王，非管夷吾不可。夷吾所居国国重，不可失也。”所以，尽管在公子纠与公子小白争位时，管仲曾经箭射小白，差点要了小白的命，但其才干吸引着欲有所作为的齐桓公。同时管仲这种各为其主、恪尽职守的思想和行为符合君主的根本利益，历来容易被较为开明的君主接受。因此，管仲最终得以被齐桓公谅解、重用。

再就是，管仲入仕不是为了某一位君主，而是为了国家社稷。正是在这种思想的指导下，管仲在预计到未来国君在公子纠与公子小白之间时，便要求密友鲍叔牙一定要辅助小白，并订立互相引荐之约，为将来取得治国机会做了精心的安排。后来管仲又忍辱负重，没有像召忽那样为公子纠死节，而是被囚生还并就任相位。正因为管仲有为社稷而不是为一君的为仕思想，所以才有了以后任齐相的管仲。不然，管仲也不过像召忽一样，只会“自经于沟渎”，多一个忠臣烈士而已。

① 战化军：《管仲评传》，齐鲁书社 2001 年版，第 27 ~ 29 页。

第三章　中国历史上的第一位改革家

管仲很好地继承了姜太公建立齐国时的成功经验，根据春秋初期的时代特点，在齐国进行了全面改革。管仲的改革取得了巨大的成功，使齐国很快实现了富国强兵，为齐国争霸诸侯提供了强大的实力支撑。其改革理论与实践经验为后世的社会发展提供了光辉的典范。管仲作为我国古代第一个卓越的改革家，做出了巨大的历史贡献，对后世产生了重大而深远的影响。

一、管仲改革的历史背景

关于管仲改革的历史背景，学术界长期以来主要关注了以下几个方面：

其一，姜太公建立齐国的基本经验。齐国是姜太公的封国。周武王灭殷后，分封功臣谋士，姜太公首封齐国。齐国处于东夷地区，当时武王灭殷只是推翻了殷商在中原的统治，周的军事力量还没有达到东夷地区。所以，姜太公刚来到齐地的时候就遇到了东夷土著人的抵抗。《史记·齐太公世家》载：

东就国，道宿行迟。逆旅之人曰："吾闻时难得而易失。客寝甚安，殆非就国者也。"太公闻之，夜衣而行，犁明至国。莱侯来伐，与之争营丘。

也就是说，姜太公建立齐国，不仅是周王朝所分封的，也是姜太公用武力打出来的。当时东夷地区不仅在军事上与周王朝若即若离，在礼俗上也有很大不同。姜太公初到齐地，当地居民并没有给予很好的合作。《韩非子·外储说右上》载：

> 太公望东封于齐，齐东海上有居士曰狂矞、华士昆弟二人者，立议曰："吾不臣天子，不友诸侯，耕作而食之，掘井而饮之，吾无求于人也；无上之名，无君之禄，不事仕而事力。"太公望至于营丘，使执而杀之，以为首诛。周公旦从鲁闻之，发急传而问之曰："夫二子，贤者也，今日飨国而杀贤者，何也？"太公望曰："是昆弟二人立议曰：'吾不臣天子，不友诸侯，耕作而食之，掘井而饮之，吾无求于人也；无上之名，无君之禄，不事仕而事力。'彼不臣天子者，是望不得而臣也；不友诸侯者，是望不得而使也；耕作而食之，掘井而饮之，无求于人者，是望不得以赏罚劝禁也。且无上名，虽知不为望用；不仰君禄，虽贤不为望功。不仕则不治，不任则不忠。且先王之所以使其臣民者，非爵禄则刑罚也。今四者不足以使之，则望当谁为君乎？……"

《荀子·宥坐》也有"太公诛华仕"的记载。可见，姜太公在封邦建国之初也曾采取过高压政策，但是他采取的是尊重当地礼俗、因地制宜且兼容并蓄的开放性方针。《史记·齐太公世家》载：

> 太公至国，修政，因其俗，简其礼，通商工之业，便鱼盐之利，而人民多归齐，齐为大国。

这一建国方针主要包含以下几个方面的内容：

一是"因其俗，简其礼"，政治上高度怀柔。姜太公在民族政策与文化政策方面，采取了"因其俗，简其礼"的怀柔政策，尊重东夷族的礼俗，从而迅速稳定了齐国局势。《史记·鲁周公世家》载鲁公伯禽"变其俗，革其礼"，用了三年时间才稳定了鲁国局势，而太公仅用了三个月就稳定了齐国局势。周公问其原因，太公说："吾简其君臣礼，从其俗为也。"周公为此而感叹："呜呼，鲁后世其北面事齐矣！夫政不简不易，民不有近；平易近民，民必归之。"伯禽用周礼去改变当地人的礼俗，当然困难很大。而太公采取因俗简礼的政策,从而迅速稳定了社会秩序。

二是“通商工之业,便鱼盐之利”,经济上因地制宜。姜太公初封齐国时,齐国经济条件很差。《汉书·地理志》说是“负海舄卤,少五谷而人民寡”,《盐铁论·轻重》说当时是“辟草莱而居”。但姜太公封齐建国之前,这里已经形成了较好的鱼盐生产基础。姜太公来到这里以后,采取了“通商工之业,便鱼盐之利”的经济鼓励政策,因地制宜,确立了以工商兴国的方针。《史记·货殖列传》载:“于是太公劝其女功,极技巧,通鱼盐,则人物归之,繦至而辐凑。故齐冠带衣履天下,海岱之间敛袂而往朝焉。”姜太公以工商立国的政策取得了很大的成功。

三是“举贤上功”,在用人方面,重视功利引导。姜太公在用人方面采取了积极的尊贤尚功政策。《汉书·地理志》载:“昔太公始封,周公问:‘何以治齐?’太公曰:‘举贤上功。’”《说苑·政理》《吕氏春秋·长见》《淮南子·齐俗》等都记载了这样一个故事:周公问太公治齐之道,太公说尊贤尚功。太公问周公治鲁之道,周公说尊尊亲亲。太公说鲁国因为尊尊亲亲而国势将日益削弱,周公说齐国因为尊贤尚功而后世必将被他姓篡夺君位。这个故事在说明齐、鲁治国方针不同的同时,显然展现出了尊贤尚功政策更为开明的积极特征。政治上的开明反映到思想上便比较活跃,更具有独立性和创造力。《史记·货殖列传》云齐国“其中具五民”。《史记集解》注曰:“游子乐其俗不复归,故有五方之民。”外地人来到齐国以后乐不思归的社会现象与齐国实行尊贤尚功的政策应该有直接的关系。

由此可见,姜太公的建国方针为齐国强大奠定了社会基础,正如《史记》所说:“人民多归齐,齐为大国。”姜太公的治国方略为管仲的改革提供了宝贵的历史经验。

其二,周王室对诸侯的控制已经逐渐乏力。周幽王是西周的最后一位天子,也是继周厉王之后的又一位昏君。幽王二年,发生了一次罕见的大地震,致使“三川竭,岐山崩”,自然灾害加重了西周统治的危机。虢石父为人奸巧,善于谄媚而贪图私利,周幽王却让他为卿,主持政务,引起了人们的普遍不满。王室内部同时又发生了争夺王位继承权的斗争。幽王宠爱褒姒,褒姒生子伯服。幽王废申后与太子宜臼,立褒姒为后,立伯服为太子。申后是申侯之女，申侯由此怨恨幽王。幽王还沉溺女色，荒淫无度，引起了诸侯的强烈不满。申侯于是串通犬戎和吕、鄫等国于公元前771年举兵攻周，幽王被杀于骊山之下，王都被洗劫一空。申侯与诸侯共立太子宜臼，是为周平王。此时，周王室在犬戎的威胁之下已无法在旧都维系下去，于是在公元前770年迁都洛邑，史称东周。

周王室作为天下诸侯之宗主，本来对各国诸侯有着一定的实际控制权，这就是《诗经》中所说的“溥天之下，莫非王土”。据《周礼》记载，周王朝立“天官冢宰”“地官司徒”“春官宗伯”“夏官司马”“秋官司寇”“冬官司空”，六官帅其属，各司其职，分别从不同的方面辅佐周王治理各邦国，从而对诸侯邦国形成严密的管理控制体系。同时，周王室在诸侯国直接任命监国上卿，据《礼记・王制》记载，当时“大国三卿，皆命于天子”，“次国三卿，二卿命于天子，一卿命于君”。监国上卿具有很高的地位，拥有很大的权力。《左传・襄公二十二年》载：“国卿，君之贰也，民之主也。”他们实际上是代表周天子对诸侯行使监督之责。在这种严密的控制之下，周天子对各国诸侯有生杀予夺的大权，如齐哀公时，周王室即杀齐哀公而改立新君。《史记・齐太公世家》载：“哀公时，纪侯谮之周，周烹哀公而立其弟静，是为胡公。”纪侯到周天子那里说齐哀公的坏话，周天子就杀了齐哀公而改立齐哀公的弟弟为齐胡公。再如鲁武公带长子括、少子戏朝见周宣王，周宣王喜欢少子戏，就改立少子戏为太子。这说明周天子实际掌控着诸侯的废立大权，在周王室的严密控制下，各国诸侯的自主权和独立性都受到严格的限制，实际拥有的自主权是有限的。但是，自平王东迁开始，周王室的实力和威望都一落千丈。子弑父、弟弑兄、臣弑君等种种“礼崩乐坏”的现象不断出现，周王室已经无力干预了。早期十分典型的例子就是周天子与郑国关系的发展变化。《左传・隐公三年》载：

> 郑武公、庄公为平王卿士。王贰于虢，郑伯怨王，王曰“无之”。故周、郑交质。王子狐为质于郑，郑公子忽为质于周。王崩，周人将畀虢公政。四月，郑祭足帅师取温之麦。秋，又取成周之禾。周、郑交恶。

郑武公与郑庄公相继在周王室任卿士，周平王不想让郑伯专权，就想分部分权力给虢公。郑伯知道后，便心生不满。周平王无奈，只好派王子狐至郑，派郑太子忽至周，互为人质，以打消郑伯的怀疑。周平王去世后，周、郑关系继续恶化，郑国强行收割了周已经成熟的庄稼。周桓王三年，周桓王在忍无可忍的情况下，率领陈、蔡、虢、卫等国伐郑，结果被郑国打败。在战斗中，郑国祝聃还射中了周桓王的肩膀。《左传·桓公五年》载：

> 王夺郑伯政，郑伯不朝。秋，王以诸侯伐郑，郑伯御之。……战于繻葛，命二拒曰："旝动而鼓。"蔡、卫、陈皆奔，王卒乱，郑师合以攻之，王卒大败。祝聃射王中肩，王亦能军。

可见，此时的周王室已经彻底失去了对诸侯的生杀予夺权力，面对诸侯国的躁动已经束手无策，除名义上的宗主地位，其对诸侯的操控能力已经今非昔比了。

周王室衰微带来的直接后果是天下大乱，西周时的"礼乐、征伐自天子出"已渐为"礼乐、征伐自诸侯出"所取代，诸侯之间互相征伐、兼并，开启了以强凌弱、以大并小的春秋时代。正如《史记·周本纪》所说："平王之时，周室衰微，诸侯强并弱，齐、楚、秦、晋始大，政由方伯。"天下无主，社会动荡，出现了诸侯之间争夺霸主地位的混乱局面。

周王室对诸侯控制力的不断减弱使诸侯失去了来自周王室的束缚，各诸侯国因此具有了前所未有的自主权，这是管仲能够不顾忌周王室的好恶、根据齐国自身发展的社会实际而放开手脚进行改革的基本政治环境。另一方面，周王室的衰微使诸侯之间的竞争陡然激烈起来，天下无主、以强凌弱、互相兼并的残酷现实同时也为管仲在齐国的改革增强了动力。《管子·大匡》载管仲云："君霸王，社稷定；君不霸王，社稷不定。"争霸就是管仲根据当时的局势提出的改革目标。我们说，当时动荡不安的局势为管仲改革提供了外部条件和时代机遇。

其三，齐襄公之乱后需要拨乱反正。西周灭亡，平王东迁，天下大乱，但是远在东部的齐国一直稳定，处于所谓庄、僖小伯的中兴时期。齐庄公在位长达64年，齐僖公在位33年，在庄、僖两朝长达近百年的时间里，齐国社会稳定。齐庄公二十四年，西周灭亡。在社会大动荡、大转折之时，齐国却一直保持稳定。齐僖公则在齐庄公的基础上，在持续保持自身强盛的同时，开始对外盟会诸侯，已经成为一方霸主。据《左传》记载，僖公十一年，齐、郑盟于石门；十四年与鲁盟于艾，形成了齐、郑、鲁三国同盟；十六年，僖公成功调解了郑、宋、卫三国关系，与三国盟于瓦屋，至此形成了齐、郑、鲁、宋、卫五国联盟，齐国成为一方盟主，所以《国语·郑语》云："齐庄、僖于是乎小伯。"到齐襄公时，齐国一度出现混乱。齐襄公在位12年，如前文所述，他在生活上荒淫无度，竟然与自己的妹妹私通。当私情被鲁桓公发觉后，他竟然杀鲁桓公，然后杀公子彭生当替罪羊。他又性格暴虐，肆行无忌，欺侮大臣，最终导致了宫廷政变，为公孙无知所杀。公孙无知即位后，也随即被杀。乱后思治，齐襄公之乱后，人们势必渴望重新确定国家目标、制定新的政策、整顿社会秩序。齐国内部的混乱为管仲的改革提供了动力。《国语·齐语》载在管仲从鲁国回到齐国后，齐桓公一见到管仲，就迫不及待地问道：

> 昔吾先君襄公筑台以为高位，田狩毕弋，不听国政，卑圣侮士，而唯女是崇。九妃、六嫔，陈妾数百，食必粱肉，衣必文绣。戎士冻馁，戎车待游车之裂，戎士待陈妾之余。优笑在前，贤材在后。是以国家不日引，不月长。恐宗庙之不扫除，社稷之不血食，敢问为此若何？

从齐桓公的话中可见齐襄公给齐国带来的巨大伤害以及重整国政的紧迫程度。

于是，管仲创造性地发挥了姜太公封国治齐的历史经验，及时地抓住了时代机遇，顺应齐国内部乱后思治的社会趋势，在齐国进行了全面的改革，并取得了巨大的成功，成为我国有史以来第一个贡献卓著的改革家。

二、管仲改革的主要举措

管仲的改革举措主要见于《国语·齐语》和《管子·小匡》。从文献记载来看，管仲的改革涉及政治、经济、军事等各个方面，影响极为深远。

(一)行政体制方面的改革

1. 政治体制改革

首先,管仲"参其国而伍其鄙",层层设置官府机构,层层设立官员,形成了各级官员分级负责的政治体制,从而建立起了高效运行的社会管理体系,在保证社会稳定的同时,促进了齐国的快速发展。

"参其国而伍其鄙"也就是三分其国、五分其鄙。所谓的"参其国"是将居住在国都城内的居民分为21个乡,其中有15个士乡,由齐桓公、高子、国子各领五乡。另外,工、商各设三乡,其中设置三虞、三衡,负责管理山、泽。《国语·齐语》载:

> 管子于是制国以为二十一乡:工商之乡六;士乡十五,公帅五乡焉,国子帅五乡焉,高子帅五乡焉。参国起案,以为三官,臣立三宰,工立三族,市立三乡,泽立三虞,山立三衡。

所谓的"伍其鄙"就是将居住在郊野的居民分成五部分,称为五属,设五位大夫,每位大夫各领一属。《国语·齐语》载:"五属,故立五大夫,各使治一属焉;立五正,各使听一属焉。"在国都的乡、鄙野的属中层层设置政府管理机构,任命官吏实施管理,从而形成完整的政府行政管理系统。在国都的乡中,设置轨、里、连、乡四级行政机构,并分别设置轨长、里有司、连长、乡良人各级长官。《国语·齐语》载:"五家为轨,轨为之长;十轨为里,里有司;四里为连,连为之长;十连为乡,乡有良人焉。"从这一记载可以看出,每轨5家,每里50家,每连200家,每乡2000家。齐国都城共有15士乡,应有30000家,从中可以计算出齐国士人阶层人口的大致规模。

在鄙野的属中,设置了邑、卒、乡、县、属五级管理机构,并分别设立邑有司、卒帅、乡帅、县帅、属大夫为各级长官。《国语·齐语》载:"三十家为邑,邑有司;十邑为卒,卒有卒帅;十卒为乡,乡有乡帅;三乡为县,县有县帅;十县为属,属有大夫。"每邑30家,每卒300家,每乡3000家,每县9000家,每属90000家。当时齐国有5属,计有450000家。鄙野的农民数量远远多于国都中的士,不仅每一层机构所管理的人数要多一些,而且所设置的层级也比国都内多一级。这从一个角度说明士是统治阶层,是管理的重点,在管理上比鄙野农民要精细得多。

管仲的三国五鄙是地方行政体制,在朝廷则建立了国家行政机关,依照周王室的六官体制,建立五官。《管子·小匡》载管仲"相三月,请论百官",管仲云:"升降揖让,进退闲习,辨辞之刚柔,臣不如隰朋,请立为大行。垦草入邑,辟土聚粟,多众,尽地之利,臣不如宁戚,请立为大司田。平原广牧,车不结辙,士不旋踵,鼓之而三军之士视死如归,臣不如王子城父,请立为大司马。决狱折中,不杀不辜,不诬无罪,臣不如宾胥无,请立为大司理。犯君颜色,进谏必忠,不辟死亡,不挠富贵,臣不如东郭牙,请立以为大谏之官。"可见,朝廷设立了"大行""大司田""大司马""大司理""大谏"等机构。

由以上所述可见齐国政府的基本行政结构系统,即国君为最高统帅,国君之下有相,统领百官,相当于后来君主之下的总理大臣。在朝廷设有五官,即负责外交事务的大行、负责农业的大司田、负责军事的大司马、负责司法的大司理、负责监察的大谏,五个政府权力机构分工负责,共同管理国家事务。地方官府,在国都从上到下设乡、连、里、轨四级;在鄙野,从上到下设属、县、乡、卒、邑五级。

其次,在健全国家政治管理体系的基础上,建立了各级官吏层层负责的责任制度,以及从上到下层层督促检查的责任追究制度。据《国语·齐语》载,每年正月,国都各士乡的乡长、鄙野的各属大夫都要向齐桓公述职,即所谓的"正月之朝,乡长复事""正月之朔,五属大夫复事",这实际上就是对行政工作的一种检查,同时也是对政绩较差者的一种督促。《国语·齐语》载:

> 桓公择是寡功者而谪之,曰:"制地、分民如一,何故独寡功?教不善则政不治,一再则宥,三则不赦。"

除鞭策后进的措施,齐桓公还特别关注举贤与惩恶的政策规范,在这两个方面,国君还要特别进行单独的问责。《国语·齐语》载:

君亲问焉,曰:“于子之乡,有居处好学、慈孝于父母、聪慧质仁、发闻于乡里者,有则以告。有而不以告,谓之蔽明,其罪五。”有司已于事而竣。桓公又问焉,曰:“于子之乡,有拳勇股肱之力秀出于众者,有则以告。有而不以告,谓之蔽贤,其罪五。”有司已于事而竣。桓公又问焉,曰:“于子之乡,有不慈孝于父母、不长惕于乡里、骄躁淫暴、不用上令者,有则以告。有而不以告,谓之下比,其罪五。”有司已于事而竣。

齐桓公问五属大夫的内容与之相同。不能“蔽明”“蔽贤”“下比”,不然各有“其罪五”,要承担相应的罪责。正月复事之后,各级从上到下,层层督促检查。《国语·齐语》载:

国子、高子退而修乡,乡退而修连,连退而修里,里退而修轨,轨退而修伍,伍退而修家。……五属大夫于是退而修属,属退而修县,县退而修乡,乡退而修卒,卒退而修邑,邑退而修家。

层层负责,层层督查,正如《国语·齐语》所说,“匹夫有善,可得而举也;匹夫有不善,可得而诛也”,举国上下形成了积极向上的社会风气。《国语·齐语》载,当时齐国都城中各士乡的情况是:

政既成,乡不越长,朝不越爵,罢士无伍,罢女无家。夫是,故民皆勉为善。与其为善于乡也,不如为善于里;与其为善于里也,不如为善于家。是故士莫敢言一朝之便,皆有终岁之计;莫敢以终岁之议,皆有终身之功。

在鄙野各属的社会治理也极为成功,《国语·齐语》云各属“政既成矣,以守则固,以征则强”。

管仲的政治体制改革具有十分明显的历史进步意义。

首先,开创了君主秉政的新时代。在此之前,君主主要是宗族的象征,君主的行政权力主要是落实贵族阶层的权利分配。周天子分封诸侯,诸侯分封大夫，天子与诸侯、诸侯与大夫主要是一种大宗与小宗的关系，形成了以血缘关系为纽带的宗法社会。当时的社会组织结构主要是靠血缘关系来联结的大大小小的贵族领地式的宗族结构，各领主是大大小小领地的主宰。随着血缘关系的逐渐疏远，血缘纽带日益松弛，大宗与小宗之间的从属关系逐渐淡薄。特别是随着西周的灭亡，周王室的宗主地位急剧下降，各国诸侯为了自身的生死存亡，如何维护和巩固君主集权开始成为他们的当务之急。梁启超在《管子评传》中论及“管子之时代及其位置”时说：

凡政治进化之例，必须由贵族柄政时代进入君主独裁时代，然后国家机关乃渐完。管子实当其冲者也。①

管仲把握住了社会发展的大趋势，率先在齐国打破了领主制度，开始层层设置官府机构，从而建立起了官僚政治体制的雏形，基本确立了君主集权统治的行政管理模式。当然，君主集权制度以及与之相适应的官僚政治制度完全取代贵族领主制度是一个长期的历史发展过程。管仲建立的君主集权制度由于刚刚从贵族领主制度中脱胎而出，还不可能完全彻底，他的所谓“参其国”，将士乡一分为三，由齐桓公与监国上卿高子、国子各领五乡，正如《国语·齐语》所云：“士乡十五，公帅五乡焉，国子帅五乡焉，高子帅五乡焉。”显然依然是贵族与君主分权的治理模式，但是管仲进一步确立了君主的最高权力，建立了比较完善的政府机构，将国家权力从领主那里剥离出来，实行官僚政治，迈出了艰难的第一步。这一积极努力对改变领主制度进而实行君主集权制的确具有十分重大的社会现实意义和深远的历史意义。

其次，管仲在德治的基础上，率先强调法治。君主集权与依靠血缘关系治理有所不同，依靠血缘关系来治理国家主要强调尊尊亲亲，以德治国；而君主集权主要强调尊贤授能，以法治国。德、法是两大治术，自古以来，统治者皆两者并重，只不过各有所侧重而已。在以血缘关系为纽带的宗法社会中，更强调尊尊亲亲，温情脉脉，因而更侧重以德垂训；而君主集权通过层层

① 梁启超：《管子评传》，上海书店出版社1986年版，第3页。

官府治理社会，更需要惩恶扬善，因此更侧重以法来规范人们的行为。《国语·齐语》载管仲向桓公提出："设象以为民纪。"韦昭注云："设象，谓设教象之法于象魏也。周礼：'正月之吉，悬法于象魏，使万民观焉，挟日而敛之。'所以为民纪纲也。"所谓的"象魏"即古代天子、诸侯宫门外的一对高建筑，亦叫"阙"或"观"，是悬挂、公示教令的地方。所谓"设象以为民纪"就是在象魏公布法令，让人们共同遵守。管仲还提出"劝之以赏赐，纠之以刑罚"，这是指严格执行法令，用赏赐和刑罚两个手段保证法令的贯彻实施。管仲还强调"慎用其六柄"。韦昭注"六柄"："柄，本也。六柄，生、杀、贫、富、贵、贱也。"国君亲自掌握生杀贫富贵贱大权，也就是牢牢掌握执法的最高权力。

值得特别说明的是，管仲强调法治，但并不排斥德治，而是二者并重。《史记·管晏列传》载管仲云："四维不张，国乃灭亡。"《史记集解》："管子曰：'四维，一曰礼，二曰义，三曰廉，四曰耻。'"可见，管仲十分看重礼义教化的作用。管仲在德治的基础上又强调法治，正因为如此，后世将管仲列为法家，称其为齐法家。而以管仲为代表的齐法家与后来秦晋法家最大的不同就是不单纯强调严刑峻法，而是兼重德治。管仲作为中国古代法家学派的开山人物，对后世的影响很大。《韩非子·五蠹》云："今境内之民皆言治，藏商、管之法者家有之。"可见，在战国时期，管仲的治术仍然有着十分广泛的社会影响。

再次，重视官吏队伍建设。这一方面比较突出的措施是建立了对官吏的定期考核制度。所谓的"正月之朝，乡长复事""正月之朔，五属大夫复事"，既是对上述职，也是君主对下属的一年一度的政绩考核。所谓的"国子、高子退而修乡，乡退而修连，连退而修里，里退而修轨，轨退而修伍，伍退而修家……五属大夫于是退而修属，属退而修县，县退而修乡，乡退而修卒，卒退而修邑，邑退而修家"，其核心内容应是上对下的层层督促、考核。所谓的"修"主要指督促检查，其具体内容虽然没有具体记载说明，但据上下文意来推测，应该指效仿齐桓公考核乡长、五属大夫的做法，上下级之间层层述职、考核。

除每年正月的定期考核，还安排专人专门负责官吏的综合考核工作。

《管子·大匡》载："令鲍叔进大夫，劝国家，得之成而不悔，为上举。从政治为次。野为原，又多不发，起讼不骄，次之。劝国家，得之成而悔；从政虽治而不能，野原又多发；起讼骄，行此三者为下。"其中的"发"应是"废"字，荒芜之意。"骄"是骄横，"起讼骄"指办案骄横。安排鲍叔负责考核官吏，考核的内容基本包括三个方面，即政绩、能力与办事态度，考核等级分为上、次、下三等。对政绩、能力与办事态度不好的官吏要治罪，《管子·大匡》载："管仲告鲍叔曰：'劝国家，不得成而悔，从政不治不能，野原又多而发，讼骄，凡三者，有罪无赦。"强调赏罚分明。

管仲强调官吏的办事效率，《管子·大匡》载："凡庶人欲通，乡吏不通，七日，囚。出欲通，吏不通，五日，囚。贵人子欲通，吏不通，二日，囚。"要求极为具体、严格。

管仲强调以法治吏。从《国语·齐语》所载"蔽明，其罪五""蔽贤，其罪五""下比，其罪五"来看，当时的各种规定比较具体，不然不会同一事情有多种罪责，应该是有程度上的区分。

管仲还十分重视对官吏的社会监督。据文献记载，当时有"啧室之议"，《管子·桓公问》载齐桓公问管仲如何才能"有而勿失，得而勿亡"，管仲回答说"毋以私好恶害公正，察民所恶，以自为戒"。据文献记载可知，黄帝有"明台之议"，尧有"衢室之问"，禹"立谏鼓于朝"，汤有"总街之庭"，周武王有"灵台之复"。管仲提出建立"啧室之议"制度：

> 名曰啧室之议。曰：法简而易行，刑审而不犯，事约而易从，求寡而易足。人有非上之所过，谓之正士，内于啧室之议。有司执事者咸以厥事奉职，而不忘焉为。此啧室之事也，请以东郭牙为之。此人能以正事争于君前者也。

"啧"有大声呼喊、争辩、责备之意。建立啧室的目的很明确，就是听取"非上之所过"即批评意见。提出批评意见的人受到鼓励，被称作"正士"。啧室由东郭牙负责管理。东郭牙刚直敢谏，管仲推荐五官时曾说："犯君颜色，进谏必忠，不辟死亡，不挠富贵，臣不如东郭牙，请立以为大谏之官。"由主持监督工作的长官来主持啧室,可见对该项工作的重视。

齐国的“啧室之议”制度并不见于《国语》《左传》等其他文献记载,是否真正实行过这项制度不得而知。但是《管子》一书的记载至少可以让我们通过啧室之议得到一些管仲高度重视社会监督的信息。

管仲重视官吏队伍建设,致力于整肃吏治,不仅对振兴齐国起到了重要作用,也为后来的政治统治提供了重要的历史经验,正如梁启超在《管子评传》中所说:“故吾国数千年历史中,其有能整顿官僚者,其政必小康,否则废弛以底灭亡。然则改良官僚政治,虽谓为中国政治家之第一义焉可也。洵如是也,请师管子。”①梁启超所说正概括指出了管仲重视官吏队伍建设的历史意义。

2. 官吏选拔制度改革

官府要靠官吏来实现运行,层层设置官府机构就必须要层层选拔任用各级官吏。因此,官吏的选拔任用会直接影响吏治,也会直接影响官府的运行,最终必将会影响到社会的治理状况。

管仲对官吏选拔任用的改革充分继承了姜太公尊贤尚功的优良传统,建立了比较完善的人才选拔制度。其改革内容主要包含以下三个方面:

第一,建立了“三选”制度。《国语·齐语》载:

> 正月之朝,乡长复事。君亲问焉,曰:“于子之乡,有居处好学、慈孝于父母、聪慧质仁、发闻于乡里者,有则以告。有而不以告,谓之蔽明,其罪五。”有司已于事而竣。桓公又问焉,曰:“于子之乡,有拳勇股肱之力秀出于众者,有则以告。有而不以告,谓之蔽贤,其罪五。”有司已于事而竣。桓公又问焉,曰:“于子之乡,有不慈孝于父母、不长悌于乡里、骄躁淫暴、不用上令者,有则以告。有而不以告,谓之下比,其罪五。”有司已于事而竣。是故乡长退而修德进贤,桓公亲见之,遂使役官。桓公令官长期而书伐,以告且选,选其官之贤者而复用之,曰:“有人居我官,有功休德,惟慎端悫以待时,使民以劝,绥谤言,足以补官之不善政。”桓

① 梁启超:《管子评传》,上海书店出版社1986年版,第26页。

公召而与之语，訾相其质，足以比成事，诚可立而授之。设之以国家之患而不疚，退问其乡，以观其所能而无大厉，升以为上卿之赞。谓之三选。

“三选”的第一选是乡长推荐，每年正月，在乡长复事时，齐桓公都要求荐贤，不然就是“蔽明”“蔽贤”，要被治罪。可见，地方向朝廷推荐贤明有时间要求，即每年正月推荐；有责任要求，即“有而不以告”，不仅有“蔽明”“蔽贤”的罪名，还罪分五等。这些都表明管仲已经将地方向朝廷荐贤制度化。乡长推荐的人经齐桓公亲自接见后，安排为官吏。第二选是任职一年之后，由职位所在的长官做出书面鉴定，“选其官之贤者而复用之”。第三选是进行全面考察，确实优秀的任命为上卿的助手。

第二，除地方官员定期向朝廷推荐，还安排人员专门负责基层官吏的选拔任用工作。《管子·大匡》载：

桓公使鲍叔识君臣之有善者，晏子识不仕与耕者之有善者，高子识工贾之有善者……令鲍叔进大夫，劝国家，得之成而不悔为上举。从政治为次。野为原，又多不发，起讼不骄，次之。劝国家，得之成而悔，从政虽治，而不能野原，又多发，起讼骄，行此三者为下。令晏子进贵人之子，出不仕，处不华，而友有少长，为上举，得二为次，得一为下。士处靖，敬老与贵，交不失礼，行此三者为上举，得二为次，得一为下。耕者农农用力，应于父兄，事贤多，行此三者为上举，得二为次，得一为下。令高子进工贾，应于父兄，事长养老，承事敬，行此三者为上举，得二者为次，得一者为下。令国子以情断狱，三大夫既已选举，使县行之。管仲进而举言，上而见之于君，以卒年君举。

安排鲍叔、晏子、高子分别从官吏、士与农民、工商中选拔人才。地方推荐与朝廷鉴别应该互相配合，地方推荐后，朝廷进行汇总、鉴别等。鲍叔、晏子、高子的选拔职责应该是朝廷的分司管理，是“三选”制度的具体化。

第三，值得注意的是，管仲把荐贤制度与惩恶制度相结合，在荐贤的同时惩恶。每年正月，地方长官在向朝廷荐贤的同时，也要报告不善之人，《国语·齐语》载："于子之乡，有不慈孝于父母、不长惕于乡里、骄躁淫暴、不用上令者，有则以告。有而不以告，谓之下比，其罪五。""下比"与"蔽明""蔽贤"相同，也是"其罪五"。与荐贤相同，负责选拔"有善者"的鲍叔、晏子、高子同时也具有对不善者进行惩治的职责。《管子·大匡》载：

> 管仲告鲍叔曰："劝国家不得成而悔，从政不治，不能野原，又多而发，讼骄，凡三者有罪无赦。"告晏子曰："贵人子处华，下交，好饮食，行此三者，有罪无赦。士出入无常，不敬老而营富，行此三者，有罪无赦。耕者出入不应于父兄，用力不农，不事贤，行此三者，有罪无赦。"告国子曰："工贾出入不应父兄，承事不敬，而违老治危，行此三者，有罪无赦。"

大概鲍叔、晏子、国子除掌管日常荐善和惩治不善的工作，还要在地方官吏定期举报的基础上，负责核定刑罚的工作，使惩治不善的工作常规化。

第四，开展人才引进。《国语·齐语》载管仲向齐桓公提出："为游士八十人，奉之以车马、衣裘，多其资币，使周游于四方，以号召天下之贤士。"管仲的改革将人才的任用视野扩展到了诸侯各国，安排专人周游列国，招揽天下贤士，以为齐国所用。

管仲的官吏选拔制度改革具有重要的历史意义，最为突出的是打破了尊尊亲亲的用人束缚。在领主制度之下，主要以血缘关系决定身份的尊卑贵贱，所谓的尊贤也基本局限在贵族阶层内部。管仲的改革在很大程度上打破了这一局限。《国语·齐语》说"匹夫有善，可得而举"。管仲的改革把举荐的范围扩展到了一般平民。据《管子·大匡》载，当时除从官吏、"贵人之子"、士中举荐，还从"耕者""工商"中举荐。《国语·齐语》载当时从农民中选拔士："其秀民之能为士者，必足赖也。有司见而不以告，其罪五。""士"是贵族统治阶层中的最底层，农民中的优秀分子可提拔为士，这在一定程度上突破了贵族等级限制，扩大了齐国政坛新鲜血液的输送范围，从而增加了积极向上的社会活力因素。这充分显示了管仲改革的巨大力度。再就是管仲的官吏选拔制度改革开创了从社会基层举荐官吏的先河。管仲从社会基层选拔官吏,不是偶尔为之,其“三选”制度已经将举荐工作常规化。尽管在春秋后期,齐国没有将这一制度延续下来,主流还是世卿世禄制,但是管仲开创的举荐制度依然影响深远,直到科举选拔制度出现以前,管仲创制的举荐制度还是官吏选拔制度的主流。科举选拔制度实施以后,举荐制度虽然退出了主流地位,但仍然是官吏任用制度的重要补充,对中国社会发展有着极其重要的影响。

3. 四民分业定居改革

当时,把民众分为士、农、工、商四类,称为“四民”。管仲将士、农、工、商“四民”看作国家之柱石,称之为“石民”,并认为四民不能杂居,杂居就会使言语混杂,不利于职业稳定,因此有必要实施“四民分业”的定居管理政策。《管子·小匡》载:

> 桓公曰:“定民之居,成民之事奈何?”管子对曰:“士农工商,四民者,国之石民也,不可使杂处。杂处则其言哤,其事乱。是故圣王之处士必于闲燕,处农必就田野,处工必就官府,处商必就市井。

实行分业定居,士、工、商居于国都,农居于田野。“士”是脱离了生产的统治阶层,所以集中居住于“闲燕”之所;“工”从事手工业生产,因而居住在官府附近;“商”从事买卖交易,因而居住在市场;“农”从事农业生产,靠近田野而居,因而居住在国都之外。

四民分业定居,除与身份职业相适应、便于生产,更重要的是有利于职业化发展,“少而习焉,其心安焉,不见异物而迁焉。是故其父兄之教不肃而成,其子弟之学不劳而能”。相同职业的民众集中居住在一起,从小受到职业熏陶,便于子承父业,因而不会轻易改变职业,使“士之子恒为士”“工之子恒为工”“商之子恒为商”“农之子恒为农”。这显然更有利于职业的稳定和职业技术的提升。在分业定居的基础上,管仲将民众编入居民组织,即如《国语·齐语》所说,在国都“五家为轨”,在鄙野“三十家为邑”,从而形成最基层的社会居民组织结构。

管仲这一改革的背景与当时出现的日益严重的流民现象有关。随着周王室的衰微,原有的统治秩序被打乱,社会出现了日益严重的大动荡,很多低层民众(主要是奴隶阶层)不安于现状,纷纷挣脱枷锁,寻找新的出路,从而出现了日益严重的流民现象。这正如《诗经·魏风·硕鼠》所云:“逝将去汝,适彼乐土。”要想富国强兵,必须解决流民问题,使民众能够安居乐业。从《国语·齐语》载管仲说“相地而衰征,则民不移”来看,当时齐国也存在着严重的流民问题。因此,管仲便有针对性地实行了定居政策,使民众的身份得以确定,并把民众编入居民组织,设置基层组织予以管理。

管仲的四民分业定居政策使民众按照职业定居,设置基层组织予以管理,规定四民不能随意迁移,并且要求职业世代相袭,这实际上就是把居民的管理变成了以职业为中心的制度化管理,是我国最早的户籍管理制度,对后世的影响甚为深远。

(二)经济管理制度方面的改革

管仲是我国古代非常具有影响力的经济学家。他采取了一系列经济改革措施,很快实现了国家富强,为争霸诸侯提供了坚实的经济基础。其经济理论与实践成效不仅在中国,而且在世界经济发展史上也有着重要的历史地位。

1. 农业方面的改革

从文献记载来看,管仲的农业改革已经形成了一个非常宽泛的“农业”概念,有了现在的所谓“大农业”的雏形。由此而言,管仲在农业方面的改革主要包括以下内容:

其一是稳定农民队伍。如《国语·齐语》所载,管仲使士、农、工、商四民分业定居,其中“处农,就田野”。农民三十家为一邑,设“邑有司”进行管理,“匹夫有善,可得而举也;匹夫有不善,可得而诛也”,其中的优秀分子可以选拔为士,“其秀民之能为士者,必足赖也”。“赖”是依靠的意思,即优秀分子可以选拔为士,成为政治统治所依靠的基本力量。

管仲强调要“无夺民时”。《国语·齐语》载管仲提出“无夺民时,则百姓富”。农业生产具有很强的季节性,耽误一个节气往往就是耽误一年。此处的“时”应该有两个方面的含义,一是农业生产的季节,一是农业生产的时间。所谓的“无夺民时”也就是不要在农忙季节干扰农业生产活动，并保证农民有足够的时间从事农业生产。

其二是土地使用制度改革。土地制度是调动农民生产积极性的重要因素。因此，管仲在实行农民在田野定居政策的同时，努力推行土地制度改革。管仲的土地制度改革主要体现在以下几个方面：

首先是“地均以实数”。当时普遍实行授田制度，也就是农民在授予的田地上进行耕作，耕作者的劳动所得与授田是否公平有着直接关系。授田是影响劳动者劳动积极性的最重要因素。在土地质量千差万别的情况下，授田是否公平的关键在于均田。管仲在实行授田制度的基础上，抓住了均田这个核心，进行了土地制度改革。《国语·齐语》载：“陆、阜、陵、墐、井、田、畴均，则民不憾。”所谓的陆、阜、陵、墐、井、田、畴指各种各样的土地，韦昭注云：“高平曰陆，大陆曰阜，大阜曰陵。墐，沟上之道也。九夫为井，井间有沟。谷地曰田，麻地曰畴。”可见管仲在均田改革时，按照田地的实际质量将田地划分得很细致，甚至包括了田地上的水沟与道路。《管子·乘马》载：“地之不可食者，山之无木者，百而当一。涸泽，百而当一。地之无草木者，百而当一。楚(樊)棘杂处，民不得入焉，百而当一。薮，镰缠得入焉，九而当一。蔓山，其木可以为材，可以为轴，斤斧得入焉，九而当一。泛山，其木可以为棺，可以为车，斤斧得入焉，十而当一。流水，网罟得入焉，五而当一。林，其木可以为棺，可以为车，斤斧得入焉，五而当一。泽，网罟得入焉，五而当一。命之曰：地均以实数。”将山泽等都折算成土地，更为细致。《管子·乘马》所说是否是历史事实，难以分辨，但“地均以实数”之说的确抓住了管仲均田改革的要点。

其次，延长土地调整周期。井田制中有对私田定期调换的制度，以体现公平。《周礼·地官》：“三年大比则大均。”《公羊传·宣公十五年》何休注：“三年一换土易居，财均力平。”都说每三年对私田调换一次。管仲延续了井田制定期调换私田的做法，但把调整的周期延长了。《管子·乘马》载：“三岁修封，五岁修界，十岁更制，经正也。”所谓的“封”“界”，应是每家田地之间的分界，一般是沟洫和道路，“更制”就是调换、调整每家的田地。我们说，管仲的改革延长了土地调整周期，在均田的改革背景下，是完全有必要的。土地肥沃贫瘠不同，如《管子·乘马》所说是史实，连“山之无木者”“地之无草木者”都折算成了田地,如果调整周期太短,人们就会失去开垦土地、改良土质的积极性。相反,管仲的改革将调整周期由三年延长至十年,显然更有利于垦荒与改善土壤,有利于提高农业生产能力。

其三是农业税制改革。管仲在农业税方面进行改革,主张让利于民。据现有记载,管仲农业税制改革主要体现在以下三个方面:

一是按土地质量有差别地征收赋税。《国语·齐语》载管仲云:“相地而衰征,则民不移。”韦昭注:“相,视也。衰,差也。视土地之美恶及所生出,以差征赋之轻重也。”根据土地的质量、所种植的品种,确定税负。按土地质量实行差别税,显然更有利于增加公平,有利于调动人们垦荒和耕作较为贫瘠土地的积极性,因而有利于提高农业生产的整体水平。

二是按收成确定税负。《管子·大匡》载:“二岁而税一,上年什取三,中年什取二,下年什取一,岁饥不税。岁饥弛而税。”两年交一次税,上等年景收取产量的百分之三十,中等年景收取产量的百分之二十,下等年景收取产量的百分之十,在收成不够糊口的歉年,不征收或延迟征收。当时一般按百分之十收税,正如《谷梁传·宣公十五年》所说,“古者什一”。管仲实行的税负平均到每年还是百分之十,从总体上看没有变化,但是按收成年景的不同实行不同的税负,歉年则实行免税或推迟征税。这种灵活的征税方式相对来说更加人性化,更容易被人们接受。

其四是山泽管理制度改革,也就是传统农耕之外的农业补充产业改革。这一方面的改革比较突出的有两点。一是在朝廷设置专门的管理机构,如《国语·齐语》所说,“泽立三虞”“山立三衡”。“虞”与“衡”是专门的官府机构,分别负责管理川泽与山林。所谓的管理川泽、山林实际上主要是管理牧业、林业、渔业。可见,管仲的改革已经把林、牧、渔纳入大农业的管理范畴,显示出了重视开发利用山泽自然资源的基本态度。二是对山泽资源实行开发与保护并举的政策。从开发角度来看,如《管子·乘马》所载,在“地均以实数”的授田改革中,已经将各种山泽林薮之地纳入均田范围,即已按比例折算成良田进行分配。这对山泽的开发无疑具有十分重要的意义。同时,管仲又十分重视保护山泽资源。山泽资源尽管属于自然资源,但并非取之不尽、用之不竭,如果没有日常养护和利用有度的政策性控制措施,一味地开发索取，势必造成对资源的破坏性开发。《国语·齐语》载:“山泽各致其时，则民不苟。”韦昭注:“时，谓衡、虞之官禁令各顺其时，则民之心不苟得也。”即管理山泽的虞与衡要规定川泽与山林的捕捞、砍伐、放牧等的季节、时间，从而避免过度摄取，实现开发利用与保护并举。在当时人口较少、自然资源相对充足的情况下，管仲的改革就注重保护自然资源，这是十分可贵的，对现代社会发展有着十分明显的启发意义。

管仲实行的农业改革具有十分重大的历史意义，最为突出的是打破了井田制。当时普遍实行井田制。《谷梁传·宣公十五年》载:“古者三百步为里，名曰井田。井田者，九百亩，公田居一。私田稼不善，则非吏;公田稼不善，则非民。”《孟子·滕文公上》载:“方里而井，井九百亩，其中为公田。八家皆私百亩，同养公田;公事毕，然后敢治私事，所以别野人也。”这些文献记载告诉我们，所谓的井田制实际上是在土地公有基础上的一种土地使用方式;所谓公有，也就是在“溥天之下，莫非王土”的基础上，将土地分封给各级领主，大小各级领主拥有一定的管理使用权，但是没有所有权，不能买卖。具体来说，是将田地分成九百亩(约一平方里)一块的方田，四周有经界，中间有纵横交错的沟渠、阡陌，形状像一个“井”字，因此称作井田。在井田内，每一百亩为一田，中间一田为公田①，周围八田为私田，分配给八户耕种。公田由八户共同耕作，收成全部作为租税征收，耕种完公田后，各户才能耕种私田，收成为各户所有。显然，在井田制度下，实行的是劳役地租，即以在公田提供无偿劳动的方式交纳租税，以公田在井田中所占的比例，基本上是十抽一。在这一制度下，人们对公田的耕种没有积极性，尽管“私田稼不善，则非吏;公田稼不善，则非民”，官府予以督促管理，但是仅靠行政手段难以解决问题。随着社会动荡的加剧，人们不断挣脱统治枷锁，开始逃离，造成了公田的大量荒芜。《汉书·食货志》载:“周室既衰，暴君污吏慢其经界，徭役横作，政令不信，上下相诈，公田不治。”在这一历史背景下，管仲及时予以改革，彻底打破了原有的井田制度，其意义是可想而知的。这主要体现在三个方面:

第一，取消了公田，将劳役地租改为实物地租，也就是《国语·齐语》所说

① [汉]班固:《汉书·食货志上》:“八家共之，各受私田百亩，公田十亩，是为八百八十亩，余二十亩以为庐舍。”是说每井共有九百亩，其中公田实际为八十亩，每家十亩。

的“赋禄以粟,案田而税”。取消了公田就是取消了无偿劳动,以收成多少按比例交税,这样就将劳动与收益紧密结合起来,更能体现多劳多得的精神。

第二,重新进行均田,重新授田于民。在均田中,将各种土地进行折算,在数量中增加了质量的因素。这就打破了一户百亩的井田旧制,在增加了公平性的同时,也调动了农民改善土地质量的积极性。

第三,实行“相地而衰征”的差别地租政策。管仲的改革充分考虑了土地质量差别,质量好的土地多交税,质量差的土地少交税,这一政策使人安心于所分配的土地,使社会分配相对更公平,在一定程度上更有效地解决了“流民”问题。

管仲的“相地而衰征”受到了学术界的广泛关注,比较一致的看法是“相地而衰征”标志着以往的井田制度开始被打破。比如郭沫若在《中国史稿》中称“相地而衰征”是“打破井田的限制,按土地的好坏征收贡税”。[①] 范文澜在《中国通史》中说:“管仲废除公田制,改为按土地肥瘠,定赋税的轻重。”[②]翦伯赞在《中国史纲要》中说:“随着农奴种私田积极性的提高,封建领主便逐渐放弃共耕公田的办法,而是代之以实物税。如齐桓公时,实行‘相地而衰征’,即把私田分成等级以征税。”[③]管仲的“相地而衰征”与鲁国后来的“初税亩”是春秋时期土地制度与农业税出现大变革的标志性事件。

由于管仲的改革打破了旧有的井田制度,不仅实现了社会稳定,还极大地调动了农业生产积极性,其结果是提高了耕地质量,也通过垦荒增加了耕地数量,促进了农业生产水平的快速提高。齐国的农业本来比较落后,在姜太公封齐之初,齐地还十分荒凉。《史记·货殖列传》云:“故太公望封于营丘,地潟卤,人民寡。”《汉书·地理志下》亦云:“太公以齐地负海舄卤,少五谷而人民寡,乃劝以女工之业,通鱼盐之利,而人物辐凑。”《盐铁论·轻重》云:“昔太公封于营丘,辟草莱而居焉,地薄人少。”《史记集解》:“潟卤,咸地也。”这是说,姜太公封齐之时,齐地基本上是盐碱地,因地薄而人口稀少,相对比较荒凉,所以姜太公至齐是“辟草莱而居”。在这一自然环境下,姜太公

---

① 郭沫若:《中国史稿》(第一册),人民出版社 1976 年版,第 324 页。

② 范文澜:《中国通史》(第一册),人民出版社 1978 年版,第 118 页。

③ 翦伯赞:《中国史纲要》上册,人民出版社 1983 年版,第 67 页。

劝女工、通鱼盐，以工商立国。尽管姜太公很快改变了贫穷人少的现状，但农业落后的局面并没有多大改变。至管仲改革，促进了齐国农业发展，农业这块短板得到了改善。《左传·庄公二十八年》载，在齐桓公二十年，鲁国遇上灾荒，夏、秋皆无收，“冬，饥，臧孙辰告籴于齐”。这说明，当时齐国不仅能够粮食自给，而且有余，已有能力输出他国了。

2. 工商方面的改革

管仲继承了姜太公以工商兴国的传统，采取了一系列的改革措施，大力发展工商业。管仲采取的措施主要有以下几个方面：

一是建立专业化的工商人员队伍。齐国历来重视工商，姜太公封齐，以工商兴国，奠定了重视工商的传统。这种提倡农工商并重的观念与后来形成的以农为本、以工商为末的重本轻末的传统思想观念不同。《六韬·文韬·六守》载：“大农、大工、大商谓之三宝。农一其乡则谷足，工一其乡则器足，商一其乡则货足。三宝各安其处，民乃不虑。三宝完，则国安。”将农、工、商作为国家缺一不可的“三宝”，三者完备，国家才能安定。管仲提出士农工商是“国之石民”，将工商与士农并提，可见管仲对工商业的高度重视。在这一基本思想观念的指导下，管仲实行四民分业定居制度，让工、商集中居住于国都，“处工，就官府；处商，就市井”；并设立专门机构加强管理，《国语·齐语》载“管子于是制国以为二十一乡，工商之乡六，士乡十五”。韦昭注“工商之乡六”云：“工、商各三也，二者不从戎役也。”《国语·齐语》又载，“工立三族”“市立三乡”。韦昭注：“族，属也。……上言工商之乡六，则各三也。”在国都中设立三个工乡、三个商乡，他们不事耕作①、不服兵役，安心于手工业生产、商业经营，形成专业队伍，即《国语·齐语》所说：“少而习焉，其心安焉，不见异物而迁焉。”当时，工商从业人员众多，齐国国都中共有二十一乡，工商就占了六乡，可见其所占比例之大。据《国语·齐语》载，当时一乡为两千家，以此计算，当时齐国都城中有工商户一万两千家，由此可见队伍之庞大，也可见工商业之发达。这都应当是管仲工商业改革的丰硕

---

① 据《汉书·食货志上》记载，西周时期，“士、工、商受田，五口乃当农夫一人”。这说明在西周时期，士、工、商未完全脱离农业生产。而管仲将工商从农业生产中完全独立出来，这是一重大改革。

成果。

二是采取了一系列促进工商业发展的具体措施。管仲擅长“轻重之术”,《史记·平准书》载:“齐桓公用管仲之谋,通轻重之权。”《史记·齐太公世家》载齐桓公既得管仲,“设轻重鱼盐之利”。《史记·管晏列传》则载管仲“贵轻重,慎权衡”。《汉书·地理志下》载管仲“设轻重以富国”。所谓“轻重”,或注为“钱”,《史记索隐》:“管子有理人轻重之法七篇。轻重谓钱也。又有捕鱼、煮盐法也。”或注为“耻辱”,《史记正义》:“轻重谓耻辱也,权衡谓得失也。有耻辱甚贵重之,有得失甚戒慎之。”这两种不同的解释实际上是本义和引申义之别。“轻重”的本义是“钱”,因铸钱有轻有重,故称。《国语·周语下》载:“景王二十一年,将铸大钱。单穆公曰:‘不可。古者,天灾降戾,于是乎量资币,权轻重,以振救民,民患轻,则为作重币以行之,于是乎有母权子而行,民皆得焉。若不堪重,则多作轻而行之,亦不废重,于是乎有子权母而行,小大利之。今王废轻而作重,民失其资,能无匮乎?若匮,王用将有所乏,乏则将厚取于民。民不给,将有远志,是离民也……’王弗听,卒铸大钱。”这里用的就是轻重的本义,即钱的轻重;由钱的轻重引申为价格,价格低为轻,价格高为重;再引申为控制物价,调控经济的手段和方法,即理财之术;再引申为管理国家,即《史记正义》所说的得失、耻辱。管仲的“轻重”,重点在于理财。所谓的轻重之术实质上就是理财之术,就是政府利用市场供求变化控制物价、掌控货币与物资的流通,是为了实现社会稳定、国家富强;对外则吸纳天下之财,并以经济手段,通过贸易战的方式制服对方。因此,说穿了,轻重之术实际上就是国家干预、掌控商品经济的手段。管仲是轻重之术的鼻祖,对后世产生的影响巨大。《管子》书中有“轻重”部分,共十九篇。其中直接以“轻重”命名的有七篇,对管仲的轻重思想有比较详尽的阐发,这亦是《管子》一书的重要内容。简而言之,管仲的轻重之术主要包含以下几个方面的内容:

第一,设立专门的理财机构。《史记·货殖列传》载:“故太公望封于营丘,地潟卤,人民寡,于是太公劝其女功,极技巧,通鱼盐,则人物归之,繦至而辐凑。故齐冠带衣履天下,海岱之间敛袂而往朝焉。其后齐中衰,管子修之,设轻重九府,则桓公以霸,九合诸侯,一匡天下。”《史记正义》解释“轻重九府”云:“管子云‘轻重’谓钱也。夫治民有轻重之法,周有大府、玉府、内府、外府、泉府、天府、职内、职金、职币,皆掌财币之官,故云九府也。”周王室设九府,管仲在齐也设九府。管仲所设立的九府不见具体记载,难知其详,但我们透过《周礼》所载的周之九府可见其大端。《周礼·天官冢宰》载,“大宰”有管理商业贸易、管理财货的职责。如“以九职任万民”,其“六曰商贾,阜通货贿”,即有管理商业贸易的职责;“以九赋敛财贿”,即有管理各种赋税收入的职责;“以九式均节财用”,即有管理各种支出的职责;“以九贡致邦国之用”,即有管理各种贡品的职责。大宰的这些职责是通过所属机构来完成的。在其所属机构中,有“大府”“玉府”“内府”“外府”“司会”“司书”“职内”“职岁”“职币”九个部门,其中,大府是综合管理机构,其他八个部门各有执掌,如玉府主要负责管理王室财物,内府主要负责国库储备,外府负责财政日常收支,司会负责会计核算,司书主要负责财政收支计划,职内主要负责核定财赋收入,职岁主要负责核定财赋支出,职币主要负责货币管理。透过《周礼》的记载,我们可以推知,管仲设立的九府作为国家的理财机构,各部门的职责划分已经相当细致,理财职能已经相当健全,这对管控国家经济无疑具有重要的现实意义。

第二,官山海。所谓“官山海”就是官府统一管理山林川泽,也就是《史记·平准书》所说“徼山海之业”,求取山林川泽之利。据《管子·海王》所载,在管仲之时,官山海的重点是政府对盐、铁实行专卖制度。管仲提出“官山海”,当齐桓公问“何谓官山海”时,管仲提出了盐铁专卖,实行“官山海”而不予“藉于台榭”“藉于树木”“藉于六畜”“藉于人”。也就是说,官山海在当时还只是针对盐、铁专卖而言。

盐铁专卖的主要目的有二,一是增加国家收入;二是寓税于价,实行隐蔽性税收政策,让人们交了税还觉察不出来。《管子·海王》篇记载管仲给齐桓公算的账是这样的:“十口之家十人食盐,百口之家百人食盐。终月,大男食盐五升少半,大女食盐三升少半,吾子食盐二升少半,此其大历也。盐百升而釜。今盐之重升加分强,釜五十也。升加一强,釜百也。升加二强,釜二百也。钟二千,十钟二万,百钟二十万,千钟二百万。万乘之国,人数开口千万也,禺策之,商日二百万,十日二千万,一月六千万。万乘之国正九百万也。月人三十钱之籍,为钱三千万。今吾非籍之诸君吾子,而有二国之籍者六千万。使君施令曰:吾将籍于诸君吾子,则必嚣号。今夫给之盐策,则百倍归于上,人无以避此者,数也。”盐是生活必需品。人人都要吃盐。政府对盐实行专卖,将税隐藏在盐价中,不仅会有效增加国家税收,还容易被人接受,不易被人们察觉。以万乘之国为例,人口千万,每日增加二百万钱,一月就可增加六千万。但是,如果直接按人口征税,万乘之国,应税人口不过百万,每人每月三十钱,一月不过二千万。并且,“籍于诸君吾子,则必嚣号”,直接征税,数额小,还会有怨恨、反对之声。相反,寓税于价,使人人纳税,数额大,却容易被接受。铁也是人们的生活必需品,实行专卖,效果相同。假如每根针加价一钱,三十根针就是三十钱,相当于一个人的纳税额;每把刀加价六钱,五把刀的加价就相当于一人纳税额;每耜所用的铁件加价十钱,三件耜所用铁件的加价就相当于一个人的纳税额。按此类推,实行“官山海”,凡是生活、劳动之人,就无人不纳税。

“官山海”实质就是对盐、铁实行国家专营。管仲的这一改革举措开创了中国历史上最早的“国有企业”,在国家控制支柱产业的发展历史上有筚路蓝缕之功。

第三,国家控制商品流通。《汉书·食货志下》载:“至管仲相桓公,通轻重之权,曰:‘岁有凶穰,故谷有贵贱;令有缓急,故物有轻重。人君不理,则畜贾游于市,乘民之不给,百倍其本矣。故万乘之国必有万金之贾,千乘之国必有千金之贾者,利有所并也。计本量委则足矣,然而民有饥饿者,谷有所臧也。民有余则轻之,故人君敛之以轻;民不足则重之,故人君散之以重。凡轻重敛散之以时,则准平。守准平,使万室之邑必有万钟之臧,臧繦千万;千室之邑必有千钟之臧,臧繦百万。春以奉耕,夏以奉耘,耒耜器械,种饷粮食,必取澹焉。故大贾畜家不得豪夺吾民矣。’桓公遂用区区之齐合诸侯,显伯名。”从这一段记载中,我们可以得出以下几个方面的认识:首先,管仲主张国家通过买入和卖出货物,运用杠杆手段平抑市场物价。当某一种东西富余时,价格就低,这时国家就以较低的价格收购进来;当某一种东西不足时,价格就高,这时国家就用较高的价格卖出去,从而达到平抑物价的目的。其次,政府通过买入与卖出,建立物资储备,“使万室之邑必有万钟之臧

(藏)”,“千室之邑必有千钟之臧(藏)”。国家凭借物资储备干预市场。国家通过以上手段控制商品余缺及价格,使“大贾畜家”不能肆意豪夺,从而使社会稳定、国家富强。

第四,实施鼓励工商业发展的优惠政策。管仲为促进工商业发展所采取的具体优惠措施主要体现在两个方面,一是税收优惠,一是服务周到。

关于税收优惠,《管子·大匡》载:“桓公践位十九年,弛关市之征,五十而取一。”而《国语·齐语》则载:“通齐国之鱼盐于东莱,使关市几而不征,以为诸侯利,诸侯称广焉。”“几”是盘查,“几而不征”是只盘查不征税。从“弛关市之征,五十而取一”的轻税到“几而不征”的完全免税,看来,管仲实行的优惠政策有一个发展的过程,可能轻税在前、免税在后。管仲的商业税收优惠政策在《管子》一书中有突出的反映,如《管子·问》篇载:“征于关者勿征于市,征于市者勿征于关,虚车勿索,徒负勿入,以来远人。”在关口与市场不重复征税,对不载货的车辆不收税,对步行肩负的小商贩不收税。

关于齐国对工商业者的服务,历来多被关注。来自四面八方的商人众多,所以齐国建立了大量的旅舍,给商人们提供热情周到的服务。《战国策·东周策》:“齐桓公宫中七市,女闾七百。”闾,或以为是社会基层组织,《周礼·地官司徒》:“令五家为比,使之相保,五比为闾,使之相爱。”一闾为二十五家,“女闾七百”,即从事这一行业的有一万七千五百家。据《国语·齐语》载,当时齐都内共有二十一乡,每乡二千家,共有四万二千家。据此分析,“女闾”尽管多,也不应多到如此程度。闾应为门的意思,里巷中有门。鲍彪注:“闾,里中门也。为门为市于宫中,使女子居之。”即宫中设有市场,市场中设有“女闾”,里面有专门从事接待的女子。“女闾七百”指的是“女闾”中总共有七百女子,并非指有多少个“女闾”。“女闾”作为接待场所,既是旅舍,也提供游乐等服务。《韩非子·外储说右下》说齐桓公“被发而御妇人,日游于市”。齐桓公天天游于市的去处应该就是女闾。

对外来商人给予优惠待遇在《管子》一书中还有更为具体的反映。《管子·轻重乙》曰:“请以令为诸侯之商贾立客舍,一乘者有食,三乘者有刍菽,五乘者有伍养。天下之商贾归齐若流水。”这显然也是一项接待外来商人的专门性政策,专门为来齐国的各国商人建立旅舍,并视其经营规模,给予不同的优惠待遇，带一车货物的，用餐免费；带三车货物的，不仅用餐免费，还免费供应牲口饲料；带五车货物的，不仅享受前两项待遇，还提供五名服务人员为之服务。这五名服务人员中可能就有“女闾”中的女子。正因为如此，天下商人云集齐国，而齐国也成为当时最大的商贸中心。

春秋末年，有两个著名的大商人，一个是子贡，一个是范蠡。孔子的弟子大商人子贡据《史记·仲尼弟子列传》载，“卒终于齐”。据《史记·货殖列传》载，越国范蠡在辅佐越王勾践灭吴之后，“乃乘扁舟，浮于江湖，变名易姓，适齐为鸱夷子皮，之陶为朱公”，靠经商成为巨富。他们都来到齐国并发家致富，这并不是偶然，而是因为齐国有浓厚的商业氛围。这也说明管仲制定的商业政策使齐国形成了有利于商业发展的大环境。齐都临淄直到战国时期都是商业大都市。《战国策·齐策一》载，齐都临淄极尽繁华，“临淄之途，车毂击，人肩摩，连衽成帷，举袂成幕，挥汗成雨”。这一大都市的形成与当年管仲采取的商业政策不无关系，应该说，正是管仲的改革为齐国工商业的繁荣奠定了基础。

（三）军事管理制度方面的改革

管仲在军事制度方面的改革最为突出的是重建国家军队，即将国家军队从领主那里独立出来，重建于各级行政组织之中。根据《国语·齐语》以及《管子》的记载，这主要反映在以下两个方面。

其一，作内政而寄军令。管仲认为直接进行军备建设容易引起军备竞赛、增加经济负担。所以，管仲向齐桓公提出，“君若正卒伍，修甲兵，则大国亦将正卒伍，修甲兵，则难以速得志矣。君有攻伐之器，小国诸侯有守御之备，则难以速得志矣。君若欲速得志于天下诸侯，则事可以隐令，可以寄政”，从而确定了“作内政而寄军令”的军事制度。

一是寓兵于民，兵民合一。在居民行政组织的基础上，建立各级军事组织。在国都之中，以十五士乡为基础，建立三军，国君、高子、国子各帅一军。以居民行政组织“轨”为基础，建立军事组织“伍”，即五家为轨，每家出一人，五人为一伍，轨长同时为伍长；十轨为里，每里十个“伍”，计五十人组成“小戎”，由“里有司帅之”；四里为连，每连有四个“小戎”，计二百人组成

"卒","连长帅之"。十连为乡,每乡十个"卒",计两千人组成"旅",由"乡良人帅之";"五乡一帅,故万人为一军,五乡之帅帅之。三军,故有中军之鼓,有国子之鼓,有高子之鼓"。每五乡组成一军,十五士乡共有三军,与齐桓公、国子、高子各领的五乡相适应,齐桓公与国子、高子各帅一军。齐桓公为中军之长,国子、高子分别为左、右军之长。在鄙野五属之中,是否建立军事组织未见明确记载。但从现有记载分析,五属也建立了相应的军事组织。"政既成矣,以守则固,以战则强。"五属既然能够守固战强,没有军事组织应该是不可能的。《管子·小匡》也载,在五鄙之中,"武政听属,文政听乡"。这些都说明,在乡村也采取了寓兵于民的军事制度,五属中的各级机构应该如同十五士乡,是居民组织,同时也是军事组织。可见,五鄙实行农耕与军备相统一的制度。在十五士乡组成的三军是齐国的正规主力军。在五鄙中形成的是亦农亦军的地方补充性军事组织。地方补充性军事组织中的优异者可以通过选拔进入士阶层,即可以补充到正规主力军中。每年"正月之朝,五属大夫复事",都要推荐勇力之人,"于子之乡,有拳勇股肱之力秀出于众者,有则以告。有而不以告,谓之蔽贤,其罪有五"。齐国还明确规定,农民中有可以选拔为士的优秀者,地方官员必须推荐,不然将被问责,"其秀民之能为士者,必足赖也。有司见而不以告,其罪五"。这里所说的"拳勇股肱之力秀出于众者""其秀民之能为士者"被选拔之后当主要补充为军士。

二是政、军合一。如前文所述,在各级居民行政组织中设立各级军事组织,各级居民行政组织的长官同时又是各级军事组织的长官,政教与军教相统一。在这一制度下,兵士从小相识,关系密切,便于协调配合,有利于提高战斗力,"是故卒伍整于里,军旅整于郊。内教既成,令勿使迁徙。伍之人祭祀同福,死丧同恤,祸灾共之。人与人相畴,家与家相畴,世同居,少同游。故夜战声相闻,足以不乖;昼战目相见,足以相识。其欢欣足以相死。居同乐,行同和,死同哀。是故守则同固,战则同强"。政军合一的制度使军队具有了充足的兵源。每家出一人,保证了基本的兵源,尤其是鄙野中的优秀者可以补充到军事组织中来,这就从更大的范围内保证了士兵的基本来源。同时,管仲还进行了政治体制改革,劝善惩恶,"匹夫有善,可得而举也;匹夫有不善,可得而诛","是故士莫敢言一朝之便,皆有终岁之计;莫敢以终岁之议,皆有终身之功”。这一积极向上的社会氛围在政军合一的制度下,对加强军备具有十分重要的意义。其中最为突出的意义是保证了优质兵源,即“罢士无伍”。

其二,轻过而移诸甲兵。军备建设主要体现在两个方面,一是人,二是武器装备。“作内政而寄军令”主要是解决人的问题,而“轻过而移诸甲兵”主要是解决武器装备问题。

所谓“轻过而移诸甲兵”实质上是以兵器、装备赎罪的政策。具体做法是:“制重罪赎以犀甲一戟,轻罪赎以鞼盾一戟,小罪谪以金分,宥间罪。索讼者三禁而不可上下,坐成以束矢。美金以铸剑戟,试诸狗马;恶金以铸鉏、夷、斤、斸,试诸壤土。”根据犯罪的轻重程度,要求犯罪者分别交纳不同质量的兵器、盾甲,小罪不够五刑的,交纳不同数量的金属作为处罚,疑罪不罚;提出诉讼要交纳一束箭。收来的金属,质量好的用来铸造兵器,质量差的用来铸造农具。管仲提出的这一政策见效很快,使齐国很快“甲兵大足”。

管仲实行的“轻过而移诸甲兵”与原有的刑罚政策有极大的不同。《尚书·周书·吕刑》载:“墨辟疑赦,其罚百锾,阅实其罪。劓辟疑赦,其罚惟倍,阅实其罪。剕辟疑赦,其罚倍差,阅实其罪。宫辟疑赦,其罚六百锾,阅实其罪。大辟疑赦,其罚千锾,阅实其罪。墨罚之属千,劓罚之属千,剕罚之属五百,宫罚之属三百,大辟之罚其属二百。五刑之属三千。”吕刑是周穆王时制定的刑法,其中也有关于罚的规定,但规定是有罪治罪,疑罪则罚,而且罚的条目繁多,有三千种。管仲实行的政策与疑罪即罚不同,而是“宥间罪”。韦昭注:“宥,赦也。间罪,刑罚之疑者。”即疑罪则赦,不罚。其积极进步意义是不言而喻的。

总之,管仲实行的“轻过而移诸甲兵”的政策,其积极意义不仅体现在军备建设方面,对整个社会发展都具有积极意义。首先,对于减轻人民的刑罚有积极意义。当时,所谓的五刑,即墨、劓、剕、宫、大辟,均为肉刑,墨刑是在脸上刺字,劓刑是割掉鼻子,剕刑是断足(又称刖刑),宫刑是毁坏生殖器官,大辟是死刑。五刑之下,非死即伤,伤者均是终身残疾,形成终生伤痛。管仲“宥间罪”,有罪以罚减刑,无疑减轻了民众的痛苦。其次,减刑可以使身体少受伤害,而且所收取的金属一部分用来铸造农具,这对促进生产具有明显的重要意义。当然,“轻过而移诸甲兵”的政策开了以罚代刑的先河,而能够承担重罚的永远是那些豪富之人,因此,以罚代刑为豪富之人逃避刑责提供了方便之门,这有悖于“王子犯法与民同罪”的平等理念,这大概是当年管仲所始料不及的。

三、管仲改革的基本经验与深远影响

管仲改革的基本经验主要体现在两个方面,一是“修旧法,择其善者而业用之”,一是“因民为政”。

《国语·齐语》载管仲提出“修旧法,择其善者而业用之”,韦昭注:“百王之法也。”“业,犹创也。”所谓的“修旧法”,就是尊重人类历史上的经验,从中选择对当今社会有用的内容,即“择其善者”。任何改革都不能割断历史,都必须充分吸收借鉴历史经验。社会在发展,历史在进步,任何“旧法”都不能照搬,都要切合当今的社会实际,创造性地赋予新的内容,这就是“业用之”。凡改革必有阻力,改革力度越大,往往阻力越大。管仲有效克服了现实的改革阻力,这与管仲“修旧法,择其善者而业用之”有着直接关系。

管仲的这一经验实际上是妥善解决继承与革新的关系问题,在以往治国方略的基础上,选择那些好的方略,按照当今实际,创造性地予以发挥,从而制定改革举措。我们从上述管仲改革的主要举措中可以看到管仲对原有制度的继承与创新。管仲的改革与姜太公改革的继承关系最为明显,如发展工商业的改革,与姜太公的改革显然有前后继承关系。《史记》对这一点说得甚为清楚。《史记·货殖列传》云:

> 故太公望封于营丘,地潟卤,人民寡,于是太公劝其女功,极技巧,通鱼盐,则人物归之,襁至而辐凑。故齐冠带衣履天下,海岱之间敛袂而往朝焉。其后齐中衰,管子修之,设轻重九府,则桓公以霸,九合诸侯,一匡天下。

司马迁明确说是“管子修之”,由此可见,管仲对姜太公改革措施的继承。《盐铁论·轻重》亦云:“管仲相桓公,袭先君之业,行轻重之变。”这里的先君也当主要指姜太公。另外，如建立“三选”等人才举荐制度，明显继承了姜太公尊贤尚功的用人政策。其他如授田、定期调换田地、农业税十抽一、设立九府、罚以赎金等，都是原来就有的政策。

但是，管仲在“修旧法”过程中的继承不是对原有制度的照搬，而是在原有制度的基础上进行创新，根据时代的发展、社会的变化，赋予新的内容。如在姜太公“通鱼盐”的基础上，全面推进商业发展，设轻重九府，实行国家盐铁专卖政策，并由国家控制货币与商品流通，实行国家垄断政策。其他如在土地政策方面，取消了公田，延长了土地调整期限，改劳役地租为实物地租，相地而衰征，等等，都是在原有制度基础上的创新发展。

管仲的改革注重在继承中创新，在创新中又有继承，将继承与创新完美结合，显示出了一个改革家的高超智慧。继承与创新相结合既符合社会发展规律，又可以借先君、先王之名，行现实改革之实，从而缓解改革阻力。《韩非子・难一》记载管仲当年为了便于治理齐国，曾经公开向齐桓公要名、要富、要地位：“管仲以贱为不可以治国，故请高、国之上；以贫为不可以治富，故请三归；以疏为不可以治亲，故处仲父。”《说苑・尊贤》篇载孔子曾为之大为感叹：“管仲之贤，不得此三权者，亦不能使其君南面而霸矣。”这说明当时管仲改革所遇到的阻力是很大的。但是，管仲最终顺利实施了改革，并取得了巨大的成功。这不仅与齐桓公的鼎力支持有关，与管仲采取的“修旧法”的改革策略也有关。

管仲改革中的“因民为政”也是很有特色的。《史记・管晏列传》云，管仲任政相齐，“与俗同好恶”，“下令如流水之原，令顺民心”，“俗之所欲，因而予之；俗之所否，因而去之”。管仲的改革从民众的好恶出发，为民众兴利除弊，致力于富国富民，因此获得了民众的响应和支持。《史记・齐太公世家》云：“桓公既得管仲，与鲍叔、隰朋、高傒修齐国政，连五家之兵，设轻重鱼盐之利，以赡贫穷，禄贤能，齐人皆说。”因民为政既是管仲改革获得成功的最重要的原因，也是管仲改革经验的精髓之所在。

因民为政实际上也是“修旧法”的一种表现。民是国家的主体。民心向背对国家兴衰存亡有至关重要的影响。所以，民心向背历来为开明的统治者所重视。开明的统治者都将民视为国家为政之本。据记载，早在夏朝，就已经产生了民本思想,《尚书·夏书·五子之歌》载:“民惟邦本,本固邦宁。”到周代,统治者强调敬天保民,而在天与民的关系上,认为天意服从民意,通过民意可以知道天意,强调天意与民意的统一性。如《尚书·周书·泰誓上》云:“天矜于民,民之所欲,天必从之。”《尚书·周书·泰誓中》云:“天听自我民听。”在统治之术上强调仁惠,“仁所以保民”,“惠所以和民”。

因民为政也是当年姜太公封齐时确定的基本治国方略之一。太公在辅佐周武王兴周灭殷的过程中,充分认识到了民心向背的重要性,在封齐之后,实行了因民为政的治国方针,“因其俗,简其礼”,尊重当地习俗,很快就稳定了社会局势。管仲的因民为政全面继承了民为邦本的理念,继承了太公“因其俗,简其礼”的治齐方针。管仲提倡“与俗同好恶”,与太公的“因其俗”有直接的继承关系。但是,管仲的因民为政又不是对原有观念和做法的照搬,而是在原有基础上有所创新。其创新最突出地表现在提出并实施了行之有效的富民政策,也就是说,管仲因民为政的最大亮点在于富民。

管仲有句名言,即“仓廪实而知礼节,衣食足而知荣辱”。我们从这一名言中可以看出,管仲认识到了物质基础对精神意识的决定作用,只有解决了人们的衣、食等基本生理需求,才能让人们产生荣辱意识,只有让人们生活富足,人们才会讲究礼节。因此,管仲将富民作为改革的主要目标之一,致力于富民。《国语·齐语》载管仲提出:“遂滋民,与无财,而敬百姓。”韦昭注:“遂,育也。滋,长也。贫无财者,振业之。”从前文所述管仲的改革举措中,我们可以看出管仲富民政策的大概内容,如在农业改革中,延长授田的调整期、“地均以实数”、“相地而衰征”、“岁饥不税”等,无不体现着富民思想的精髓。我们说,富民是一条主线,始终贯穿在管仲的改革举措中。

管仲的改革在实现国富的同时实现了民富,实现了国富与民富的统一。《汉书·地理志》载,管仲给齐国民众创造了富足的生活:“故其俗弥侈,织作冰纨绮绣纯丽之物,号为冠带衣履天下。”正因为改革给民众带来了实惠,所以得到了民众的支持,《史记·管晏列传》云:“管仲富拟于公室,有三归、反坫,齐人不以为侈。”如前文所述,在当时的历史条件下,管仲生活奢侈有便于治理的因素,但是为什么管仲生活如此奢侈,齐人却不以为侈?《孔子家语·六本》载孔子说:“以富贵而下人,何人不尊?以富贵而爱人,何人不亲?”正是因为管仲给民众带来了富足的生活,从而得到了民众的拥戴,所以人民才不以为侈。这也从一个方面揭示了管仲改革取得巨大成功的原因,即管仲的改革顺从民心,因而得到了民众的坚定支持,从而保证了改革的成功。

管仲的改革具有深远的历史影响。管仲是我国古代有史以来最早、成就最大的一位改革家。其改革不仅对齐国影响巨大,对后世的影响也极为深远。

管仲的改革为齐桓公成为春秋五霸之首提供了坚强有力的支撑。齐桓公争霸需要强大的国力,而管仲改革内政,实现了富国强兵,为争霸打下了雄厚的经济基础。齐桓公在称霸期间,曾南征北战,大的军事行动有齐桓公二十二年为燕国征伐山戎、齐桓公三十年率诸侯征伐楚国、齐桓公三十五年至三十六年平定晋国之乱、齐桓公三十七年为周王室平定戎难,等等,这些都必定兴师动众、耗费巨资。再如存三亡国,即齐桓公二十七年为邢国在夷仪修建新城、齐桓公二十八年为卫国在楚丘修建新城、齐桓公四十年为杞国在缘陵修建新城,让邢、卫、杞三个本来已濒于灭亡的小国能够延续下来。《左传·闵公二年》载:“邢迁如归,卫国忘亡。”这说明齐国为他们提供了很好的生存条件。这些也都必定耗资巨大,据《管子·大匡》载,当时有人担心国力不支,反对为之筑城:“隰朋、宾胥无谏曰:‘不可。三国所以亡者,绝以小。今君蕲封亡国,国尽若何?’”隰朋、宾胥无都是齐桓公的重臣,连他们都反对,可见这已经在国内决策层引起了争议。管仲的改革为齐桓公成就霸业提供了强有力的支撑,对齐国赫赫霸业的形成具有举足轻重的决定性意义。

管仲的改革对齐国的持续强大产生了巨大影响。《史记·管晏列传》云:“管仲卒,齐国遵其政,常强于诸侯。”就是说,在管仲去世之后,齐国延续了他的治国政策,因此而持续强大。而《史记·货殖列传》云管仲修太公之法,“设轻重九府,则桓公以霸,九合诸侯,一匡天下”,“是以齐富强至于威、宣也”。就是说齐国因管仲改革形成的强大国力一直延续到田齐威王、宣王时期。

管仲的改革举措影响深远。如前文所述,管仲采取的许多改革措施对后世产生了深远的影响，如作为齐法家对后世法家的影响、选拔人才制度对选举制度的影响、分业定居政策对户籍制度的影响、盐铁专卖制度对国家专卖的影响，等等。很多政策、制度都由管仲开其端，影响中国历史数千年。而管仲的治国思想、改革经验的影响更为广泛，被人们总结、阐发，还形成《管子》一书，被广泛关注、传播，以至于传播到国外，是人类思想宝库中的重要内容。

第四章　春秋首霸与管仲的争霸谋略

齐桓公之所以成为“春秋五霸”之首，千百年来，历史公认的原因在于管仲之谋。相关历史文献记载很多。比如，《韩非子·难二》载齐桓公“得管仲，为五伯长”。《韩非子·奸劫弑臣》亦云：“桓公得管仲，立为五霸主。”《史记·管晏列传》说得更是直白：“管仲既用，任政于齐，齐桓公以霸，九合诸侯，一匡天下，管仲之谋也。”《汉书·地理志下》也有着明确的概括：“桓公用管仲，设轻重以富国，合诸侯成伯功。”如此等等，管仲在齐桓公成就霸业的过程中发挥了至关重要的作用。齐桓公的霸业成就实际上正是管仲历史功业的一种具体表现。

一、霸业的形成、发展与衰微

（一）霸业的形成

据《管子·大匡》载，齐桓公拜管仲为相后，一开始对管仲“霸诸侯”的一系列政策主张并不是言听计从，而是急于对外用兵，试图通过武力实现“霸天下”的政治目的。因此，文献记载说，齐桓公即位之初，就提出“小修兵革”，管仲不同意，坚持“先与百姓而藏其兵。与其厚于兵，不如厚于人”。齐桓公虽然当即同意，但并没有真正改变自己的主张，仍然我行我素，齐桓公二年伐宋，三年伐鲁，四年又伐鲁，在接连碰壁之后，才不得不改弦易辙，开始听从管仲的意见，“修于政，不修于兵革”。从此以后，齐国才走上了正确的发展道路。《管子·小匡》载：“三岁治定，四岁教成，五岁兵出。”即用三年的时间治理内政，实现了社会安定，第四年完成了军队建设，第五年开始对外争霸。

管仲辅佐齐桓公，从齐桓公五年（前681）开始争霸，用了三年时间，至齐桓公八年（前678），基本成就霸业。霸业形成的基本过程如下：

1. 齐桓公争霸。齐桓公从齐桓公五年（前681）北杏之会平定宋乱开始争霸。齐桓公四年秋，宋国发生内乱，南宫万弑宋闵公。南宫万，宋国大夫。齐桓公二年（前684），齐国、宋国伐鲁时，南宫万曾中箭被俘。齐桓公三年（前683），南宫万与宋闵公一同打猎，与宋闵公争夺猎物，宋闵公为之发怒，以被俘一事羞辱南宫万，南宫万由此怨恨宋闵公。于是，南宫万弑宋闵公，并杀大夫仇牧、太宰华督，改立公子游为国君。众公子逃亡至萧邑，宋闵公之弟公子御说逃亡至亳邑。南宫万的弟弟南宫牛包围亳邑。萧邑大夫萧叔大心与诸公子讨伐叛乱，杀南宫牛、公子游，立公子御说为宋桓公，南宫万出逃陈国。宋国由此而大乱。宋国之乱为齐桓公提供了对外争霸的机会。齐桓公五年，以平定宋乱为名，齐桓公首次与诸侯盟于北杏，宋、陈、蔡、邾四国参加盟会，然后伐宋。大军至宋郊而还，使宋国内乱得以平息，稳定了宋国局势，巩固了宋桓公的君主之位。

2. 灭遂收鲁。北杏之会是齐桓公盟会诸侯的开始，与会的诸侯除宋国为当事国，仅有陈、蔡、邾三国，而鲁、遂等国并未响应与会。可见当时齐桓公的号召力还比较弱，距取得盟主地位还有相当距离。为了取得霸主地位，齐国区别鲁、遂两国的不国情况，恩威并用。因为鲁国是大国，所以齐国采取了武力威逼与利益笼络并重的手段。齐桓公五年冬，伐鲁，鲁师将败，鲁国向齐提出献遂邑以讲和的请求，齐国同意，齐桓公与鲁庄公盟于齐地柯。遂国是小国，不听号令。所以齐国采取了直接征服的方式，于齐桓公五年六月灭遂。

齐鲁柯之盟对赢得诸侯更广泛的支持具有重要意义。本来，鲁庄公在与会前心中充满了忧虑，在齐国军事重压之下，心灰意冷。《公羊传·庄公十三年》载："庄公将会乎桓，曹子进曰：'君之意何如？'庄公曰：'寡人之生则不若死矣。'"鲁庄公竟然感到生不如死，可见其承受着巨大的心理压力。但是，齐国并没有继续用武力威逼鲁国，而是采取了恩惠笼络的手段。在柯之会上，鲁国曹沫手持匕首劫持齐桓公，要求归还鲁国侵地汶阳之田。管仲让齐桓公同意曹沫的要求，并与他订立盟约。按照当时约定俗成的社会规则，在被要挟情况下签订的盟约可以不遵守。事后，齐桓公也想悔约，并想杀曹沫，但被管仲劝止。《史记·齐太公世家》载："管仲曰：'夫劫许之而倍信杀之，愈一小快耳，而弃信于诸侯，失天下之援，不可。'于是遂与曹沫三败所亡地于鲁。"管仲采取的笼络手段不仅赢得了鲁国的拥戴，对取得诸侯的拥护也起到了意想不到的重要作用。《史记·齐太公世家》云："诸侯闻之，皆信齐而欲附焉。"《公羊传·庄公十三年》云："要盟可犯，而桓公不欺。曹子可仇，而桓公不怨，桓公之信著乎天下，自柯之盟始焉。"

3. 齐桓公六年(前680)，周王室对齐国主持盟会的行为表示认可。因宋国背叛北杏之盟，该年春，齐国与陈、曹联合伐宋。这次军事行动取得了周王室的认可和支持，周王室派单伯帅师一同伐宋。该年冬，单伯与齐桓公、宋桓公、卫惠公、郑厉公会于鄄。鄄之会对齐桓公争霸具有重要意义，不仅使宋国叛后重归，而且增加了卫、郑二国，更重要的是周王室使单伯与会，表明周王室已认同齐桓公称霸。尽管周王室已经衰微，但名义上还是天下宗主，取得周王室的认同，就在舆论上为齐桓公称霸铺平了道路。

4. 齐桓公七年(前679)，齐桓公与宋、陈、卫、郑盟于鄄，标志着齐桓公霸业初成。鄄，《史记》作甄。《左传》与《史记》都认为鄄之会标志着齐桓公霸业的开始。《春秋·庄公十五年》载："十有五年春，齐侯、宋公、陈侯、卫侯、郑伯会于鄄。"《左传》："十五年春，复会焉，齐始霸也。"《史记·齐太公世家》载："(齐桓公)七年，诸侯会桓公于甄，而桓公于是始霸焉。"但是，此时尚属于霸业初成，各盟国对盟约并不十分在意，盟国之间甚至会出现私自征伐之事，如该年秋天，齐、邾为宋国伐郳，而郑国乘机侵宋。《左传·庄公十五年》："秋，诸侯为宋伐郳，郑人间之而侵宋。"显然，郑国对鄄之盟并不专一，反映了齐桓公之霸业还刚刚开始，其权威尚未真正建立起来，还没有真正成为号令诸侯的盟主。

5. 齐桓公八年(前678)，齐桓公与诸侯"同盟于幽"，标志着霸业基本形成。齐桓公七年，郑国背盟侵宋，齐国、宋国、卫国联合伐郑，郑服。齐桓公八年冬天，齐桓公、鲁庄公、宋桓公、陈宣公、卫惠公、郑厉公及许、滑、滕等国君主同盟于宋地幽。《春秋·庄公十六年》载："冬十有二月，会齐侯、宋公、陈侯、卫侯、郑伯、许男、滑伯、滕子同盟于幽。邾子克卒。"邾子卒，因丧未与会，盟国中应该包含郳。这次参加盟会的诸侯比以往每一次都多，这说明齐桓公的霸业在扩大，除了秦、晋、楚、燕，主要的诸侯国基本上都纳入了齐桓公的霸业范围。另外，参加盟会的诸侯空前团结。《公羊传·庄公十六年》解释“同盟”云：“同盟者何？同欲也。”同欲也就是同心，这表明齐桓公的霸业开始由松散走向牢固。因此我们说，齐桓公与诸侯“同盟于幽”标志着齐国霸业的形成。

总之，管仲辅佐齐桓公先改革内政，实现富国强兵，然后对外争霸，以平定宋乱为契机，争取周王室支持，以武力征服的同时，以恩惠笼络诸侯。从齐桓公五年开始，经过北杏之会、柯之会、鄄之会，到齐桓公八年，与诸侯“同盟于幽”，历时三年，齐桓公终于成就了霸业。

（二）霸业的发展

从霸业形成之后算起，直到齐桓公四十三年齐桓公去世，在这三十多年间，齐国的霸主地位十分牢固。在这一期间，齐桓公团结、率领各诸侯国，以尊王攘夷、维护社会秩序为核心，为维护社会稳定、保卫华夏文明做出了重要的积极贡献。这一期间的主要活动如下：

1. 齐桓公十二年（前674）冬，伐戎。当时，戎侵扰不休。齐桓公十年，戎军大举侵扰鲁国，鲁国军队追至济西。《春秋·庄公二十年》载：“冬，齐人伐戎。”大概此处的戎距齐、鲁不远，故频频来犯，齐国伐戎也是为鲁国解除戎难。

2. 齐桓公十九年（前667），与鲁、宋、陈、郑等国诸侯第二次同盟于幽。《谷梁传·庄公二十七年》载：“同者，有同也，同尊周也，于是而后授之诸侯也。其授之诸侯何也？齐侯得众也。桓会不致，安之也。桓盟不日，信之也。信其信，仁其仁。衣裳之会十有一，未尝有歃血之盟也，信厚也。兵车之会四，未尝有大战也，爱民也。”这次同盟于幽是一个重要标志，标志着中原诸侯归心于齐，标志着桓公霸业的进一步巩固。

3. 齐桓公二十年（前666），奉王命伐卫。早在九年前，即周惠王二年（前675），五大夫作乱，拥立王子颓，失败后出逃到卫国。卫惠公对周惠王收容公子黔牟不满，因而出兵伐周，立王子颓为王。周惠王被迫出亡。直到周惠王四年（前673），郑、虢联合出兵伐周，杀王子颓及五大夫，周惠王才复位。这场王室内乱史称子颓之乱。为了报复卫国支持子颓之乱，齐桓公十九年，周惠王赐命齐桓公伐卫。齐桓公二十年春，齐桓公伐卫。《左传·庄公二十八年》："春，齐侯伐卫，战，败卫师，数之以王命，取赂而还。"周惠王"赐齐侯命"表明周惠王已经认可齐桓公的霸主地位。

4. 齐桓公二十二年（前664），为救燕而伐山戎。山戎，又称北戎，是燕北的一个部落，当时力量比较强大，经常侵扰中原。齐桓公伐山戎，《左传》说在齐桓公二十二年，《史记·齐太公世家》说在齐桓公二十三年。当时，山戎伐燕，燕国向齐国告急。齐国为了救燕，决定伐山戎。在出兵之前，齐桓公与鲁庄公会于鲁济。《左传·庄公三十年》载："冬，遇于鲁济，谋山戎也，以其病燕故也。"这次相会是为了取得鲁国的支持，极有可能是相约共同出兵，但鲁国畏于路途险远，没有如约出兵。《说苑·权谋》载："齐桓公将伐山戎、孤竹，使人请助于鲁。鲁君进群臣而谋，皆曰：'师行数千里，入蛮夷之地，必不反矣。'于是鲁许助之而不行。"鲁国失约加重了齐国伐山戎的困难。当时确实危险重重。《韩非子·说林上》载："管仲、隰朋从于桓公而伐孤竹，春往冬反，迷惑失道。管仲曰：'老马之智可用也。'乃放老马而随之，遂得道。行山中无水，隰朋曰：'蚁冬居山之阳，夏居山之阴。蚁壤一寸而仞有水。'乃掘地，遂得水。"齐国不畏艰险，伐山戎，至孤竹，大获全胜而返。燕国对齐国十分感激。燕庄公亲自送齐桓公，一直送到齐国境内。齐桓公趁机要求燕庄公纳贡于周室。《史记·齐太公世家》："桓公曰：'非天子，诸侯相送不出境，吾不可以无礼于燕。'于是分沟割燕君所至与燕，命燕君复修召公之政，纳贡于周，如成康之时。诸侯闻之，皆从齐。"齐桓公为燕伐山戎，标志着齐桓公霸业的范围扩大到了燕国。

5. 齐桓公二十六年（前660），平定鲁国庆父之乱。鲁庄公的夫人哀姜是齐桓公的妹妹，她与鲁公子庆父私通。鲁庄公去世后，公子斑即位。庆父杀公子斑，鲁闵公二年，又弑鲁闵公。哀姜欲立庆父为国君，鲁国因此连年混乱。齐桓公关心鲁国局势，于鲁闵公元年派仲孙湫到鲁国省难。仲孙湫回国后向齐桓公报告说："不去庆父，鲁难未已。"齐桓公于是召回并处死哀姜，派高子率领驻扎在南阳的军队，至鲁国，平定鲁乱，立鲁僖公，并帮助鲁国修复了城墙。此事被鲁人传诵，“犹望高子”的成语即出于此。

6. 齐桓公二十七年（前659），存邢。齐桓公二十五年，狄人攻伐邢国。当时管仲力劝齐桓公救邢。《左传·闵公元年》载管仲说：“戎狄豺狼，不可厌也；诸夏亲昵，不可弃也。”齐国于是出兵救邢。齐桓公二十七年，狄人又攻邢，齐与宋、曹联合救邢，但当赶到邢地聂北时，邢国已经灭亡。齐国率领诸侯驱逐狄人，并于该年夏天在夷仪为邢国修筑新城，使邢国得以延续。

7. 齐桓公二十八年（前658），存卫。卫国于两年前被狄人灭。齐桓公二十六年，狄人伐卫。卫懿公荒淫无道，引起了百姓的极度不满。卫懿公喜欢养鹤，以至于让鹤乘车。战前国人无斗志，说应该让卫懿公的爱鹤去迎敌。《左传·闵公二年》谓之“鹤实有禄位，余焉能战”。卫与狄人交战，结果大败，卫懿公被杀，卫国灭亡。其遗民聚集于曹邑。齐国派公子无亏帅师戍守曹邑，并赠送家畜、车马等大量物资。齐桓公二十八年春，齐桓公又率领诸侯在楚丘为卫国修建新城。

8. 齐桓公三十年（前656），伐楚。楚国是南方大国，本来是周成王所封，但长期以来一直以蛮夷自居，与周王室分庭抗礼。据《史记·楚世家》载，周成王时“以子男之田”封熊绎于楚。周夷王时，“王室微，诸侯或不朝，相伐”。楚国国君熊渠借机征伐周边小国，扩大地盘，称“我蛮夷也，不与中国之号谥”，开始僭称王号，立其三子为王。到周厉王时，因为周厉王暴虐，熊渠畏惧周厉王伐楚，主动取消了王号。至楚武王三十五年（前706），楚伐随，要求随国至周室，要求周王室提高楚国封爵，但王室不听。楚武王为之大怒，“王不加位，我自尊耳”，于是自立为武王。楚武王去世后，其子文王即位，继续开疆扩土，国力日强，“陵江汉间小国，小国皆畏之”。楚文王扩张之时正是齐桓公争霸之际，所以说“齐桓公始霸，楚亦始大”。

楚文王去世后，楚成王即位，继续往北扩张。郑国处于南北之间，楚国北下，郑国首当其冲。从齐桓公二十七年到齐桓公二十九年，三年间楚国接连三次伐郑，郑国不堪战争之苦。郑文公曾想背齐亲楚，被大夫孔叔劝止。当时，楚国是来自南方的对齐桓公称霸威胁最大的军事力量，若不扼制住楚国北侵的势头，齐桓公在中原地区的霸业势必会动摇。

在这一背景下，齐国积极谋划伐楚大计。齐桓公二十七年，楚国伐郑，齐与鲁、宋、郑、曹、邾等国会于宋地柽。《左传·僖公元年》云:“谋救郑也。”齐桓公二十八年,为卫国城楚丘。僖公二年九月,齐桓公与宋、江、黄的国君盟于贯。《左传》说:“服江、黄也。”江、黄本来亲附楚国,齐国与江、黄盟显然是为了对付楚国。齐桓公二十九年秋,齐桓公又与宋、江、黄的国君盟于齐地阳谷,《左传》云“谋伐楚也”,进一步谋划伐楚大计。

齐桓公三十年春,齐桓公率领诸侯的军队侵蔡,蔡国很快溃败,然后挥师伐楚。《左传·僖公四年》生动记述了齐楚之间的阵前对话。楚成王派人质问为何伐楚,管仲代表齐桓公回答说:“昔召康公命我先君大公曰:‘五侯九伯,女实征之,以夹辅周室。’赐我先君履,东至于海,西至于河,南至于穆陵,北至于无棣。尔贡包茅不入,王祭不共,无以缩酒,寡人是征。昭王南征而不复,寡人是问。”而楚使者说:“贡之不入,寡君之罪也,敢不共给。昭王之不复,君其问诸水滨。”周昭王巡狩南方,乘坐的船只被人做了手脚,用木胶粘合,船行水中而解体,周昭王溺死。管仲以楚国不向周室纳贡、当年周昭王南巡而溺死为由问罪于楚,楚使者则表示愿意向周王室纳贡,但不承认对周昭王溺死有责任,态度比较轻慢。于是,军队继续前进,到达楚地陉。

该年夏,楚成王使屈完前来讲和,齐桓公将军队后退,驻扎在召陵。《左传·僖公四年》载,齐桓公让诸侯之师列阵,然后与屈完乘车观看,提出“与不穀同好”的要求,屈完说:“君若以德绥诸侯,谁敢不服?”最终,楚国迫于强大的军事压力,只好屈服,承认齐桓公的盟主地位。

齐桓公伐楚标志着齐国扼制住了楚国北侵的势头,尽管楚国还时常侵扰小国,但也畏惧齐国,不敢深入中原,齐国的霸主地位由此得到了进一步巩固。

9. 齐桓公三十四年(前652),一匡周室;齐桓公三十九年(前647),平定王室戎难。太子郑生母早死,其继母生王子带。周惠王喜欢小儿子王子带,便想废掉太子郑,改立王子带为太子。这种做法不符合当时的宗法秩序,废长立幼往往引发继承之争,从而造成统治混乱。因此,齐桓公不赞成周惠王的做法,为了巩固太子郑的地位、安定周王室,齐桓公三十一年,与宋、陈、卫、郑、许、曹等国君主与太子郑盟于首止。《左传·僖公五年》:“谋宁周也。”周惠王对此做法极为不满,便在背后挑唆郑国背齐亲楚。《左传·

僖公五年》载:“王使周公召郑伯,曰:‘吾抚女以从楚,辅之以晋,可以少安。’郑伯喜于王命而惧其不朝于齐也,故逃归不盟。”我们从中可以看出周惠王对齐国的不满情绪。

齐桓公支持太子郑,虽然违背王命,但符合当时的宗法秩序,再加上具有牢固的盟主地位,因而能够得到诸侯的响应。尽管周惠王对齐桓公不满,却又无可奈何。齐桓公三十三年冬,周惠王去世,太子郑担心王子带争位,秘而不宣,而向齐国告难。齐桓公三十四年春,与诸侯盟于洮。《左传·僖公八年》载:“八年春,盟于洮,谋王室也。郑伯乞盟,请服也。襄王定位而后发丧。”齐桓公率领诸侯,使太子郑顺利即位,是为周襄王。周襄王即位之后,王子带尚存争位之心。齐桓公三十七年,王子带与戎勾结,联合攻打京师,入王城,焚东门。秦、晋伐戎救周,但诸戎势力强盛,不仅未能解除戎患,反而致使戎兵攻打晋国。齐桓公三十九年冬,齐桓公使管仲平戎于周,使隰朋平戎于晋。管仲平定了周王室的诸戎之乱,稳定了周襄王的统治。而且,为了使周王室不受戎狄侵扰,齐桓公与诸侯会于咸,组织各国诸侯出兵戍守周王室。所谓的齐桓公“一匡天下”,当指帮助周襄王顺利即位并稳定了周襄王的统治。

10. 齐桓公三十五年(前651),平定晋乱。该年,晋献公卒。晋献公在世时,宠爱骊姬。太子申生是齐桓公之女齐姜的儿子,但齐姜早死,晋献公欲废太子申生,而立骊姬生的儿子奚齐为太子。骊姬一方面假装不同意,一方面设计陷害申生,逼迫申生自杀,公子重耳、公子夷吾出亡他国。晋献公死前,嘱托荀息,立奚齐为国君。晋献公去世后,人们对骊姬不满,大夫里克杀奚齐,荀息又立骊姬妹妹之子悼子(《左传》作“卓子”),里克又杀悼子,晋国大乱。此时,秦穆公送公子夷吾归晋,齐国也因晋国内乱,率领诸侯至晋地高梁,并派隰朋率兵与秦国一起送公子夷吾入晋,以立夷吾国君。《左传·僖公九年》载:“齐隰朋帅师会秦师,纳晋惠公。”次年四月,隰朋与周公忌父、王子党共同确立了晋惠公的国君之位,稳定了晋国的政治局势。《左传·僖公十年》载:“夏四月,周公忌父、王子党会齐隰朋,立晋侯。”史籍中未有晋国参加齐桓公盟会的记载。但据史籍记载可知,齐桓公三十五年,晋献公参加葵丘之会,但因病迟到,未至而返。齐国派隰朋护送公子夷吾返晋,并与周王室一起确立新君，这标志着齐桓公的霸业已经扩大到晋国。

11. 齐桓公四十年（前646），迁杞。齐桓公三十九年，由于杞国受到淮夷的威胁，该年夏，齐桓公与诸侯会于咸，谋划救杞，同时组织诸侯戍守周王室。《左传·僖公十三年》载："夏，会于咸，淮夷病杞故，且谋王室也。"齐桓公四十年，齐国与诸侯在缘陵建造新城，将杞国迁至缘陵。《左传·僖公十四年》载："十四年春，诸侯城缘陵而迁杞焉。"齐国于齐桓公二十七年存邢、二十八年存卫、四十年迁杞，使本来已经被戎夷灭亡的三个国家得以延续并获得一时安定，正如《左传·闵公二年》所云："邢迁如归，卫国忘亡。"齐桓公也因此被人赞颂。《谷梁传·僖公十七年》云："桓公尝有存亡继绝之功。"《史记·齐太公世家》说得更为详细："是时周室微，唯齐、楚、秦、晋为强。晋初与会，献公死，国内乱。秦穆公辟远，不与中国会盟。楚成王初收荆蛮有之，夷狄自置。唯独齐为中国会盟，而桓公能宣其德，故诸侯宾会。于是桓公称曰：'寡人南伐至召陵，望熊山；北伐山戎、离枝、孤竹；西伐大夏，涉流沙；束马悬车登太行，至卑耳山而还。诸侯莫违寡人。寡人兵车之会三，乘车之会六，九合诸侯，一匡天下。'"召陵为楚地，在今河南郾城东南；离枝即令支，令支、孤竹为古国名，在今河北迁安、迁西和滦县北部一带；大夏，即今山西晋阳；卑耳山在山西平陆县西北。我们由此可见齐桓公称霸的大致范围。

（三）霸业的衰微

齐桓公三十五年的葵丘之会标志着齐国霸业发展到了顶峰。齐、鲁、宋、卫、郑、许、曹等国诸侯同盟于葵丘，盛况空前。周襄王也非常重视，专门委派宰孔赐胙、弓矢及车马，并命齐桓公不必行下拜礼。此时，齐桓公作为中原霸主已近三十年，九合诸侯，一匡天下，特别是率领诸侯助周襄王顺利即位，从而获得了周襄王的绝对信赖，而与此同时，也获得了各国诸侯的信任，使天下诸侯空前团结。《谷梁传·僖公九年》云："葵丘之盟，陈牲而不杀，读书加于牲上，壹明天子之禁。"《孟子·告子下》亦云："葵丘之会，诸侯束牲，载书而不歃血。"诸侯在友好、信任的氛围中订立了友好盟约。

葵丘之会既是霸业的顶峰，也是霸业由盛而衰的转折点。齐国霸业从葵丘之会开始走下坡路。

首先，齐桓公开始志得意满，在一派大好形势中，面对自己取得的赫赫功业自我陶醉。他自认为夏禹、商汤、周文王与周武王所建立的功业也不过如此。因此，他提出要封禅。《史记·齐太公世家》载，齐桓公在历数自己"九合诸侯，一匡天下"的功业后说："昔三代受命，有何以异于此乎？吾欲封泰山，禅梁父。"三代，指夏、商、周。封泰山，即在五岳之首泰山顶上筑坛，举行祭祀上天的活动；禅梁父，即在泰山南边的梁父山上祭地。封泰山、禅梁父是古代帝王的祭祀大典。一般来说，只有在改朝换代、江山易主之后，或者在久乱之下，重整乾坤，使天下大治之后，统治者才会封泰山、禅梁父，以向天地报告自己的功业，表示接受天命而治理天下。封泰山、禅梁父显然是帝王的祭祀活动，而且一般的帝王也无此资格，只有那些有重振乾坤之功的帝王才有资格封泰山、禅梁父。如果齐桓公封泰山、禅梁父，其僭越之心就会昭然若揭。因此，管仲极力劝阻齐桓公，不要做这件事情。《史记·封禅书》载：

> 秦缪公即位九年，齐桓公既霸，会诸侯于葵丘，而欲封禅。管仲曰："古者封泰山禅梁父者七十二家，而夷吾所记者十有二焉。昔无怀氏封泰山，禅云云；虑羲封泰山，禅云云；神农封泰山，禅云云；炎帝封泰山，禅云云；黄帝封泰山，禅亭亭；颛顼封泰山，禅云云；帝俈封泰山，禅云云；尧封泰山，禅云云；舜封泰山，禅云云；禹封泰山，禅会稽；汤封泰山，禅云云；周成王封泰山，禅社首：皆受命然后得封禅。"桓公曰："寡人北伐山戎，过孤竹；西伐大夏，涉流沙，束马悬车，上卑耳之山；南伐至召陵，登熊耳山以望江汉。兵车之会三，而乘车之会六，九合诸侯，一匡天下，诸侯莫违我。昔三代受命，亦何以异乎？"于是管仲睹桓公不可穷以辞，因设之以事，曰："古之封禅，鄗上之黍，北里之禾，所以为盛；江淮之间，一茅三脊，所以为藉也。东海致比目之鱼，西海致比翼之鸟，然后物有不召而自至者十有五焉。今凤皇麒麟不来，嘉谷不生，而蓬蒿藜莠茂，鸱枭数至，而欲封禅，毋乃不可乎？"于是桓公乃止。

管仲从正面劝谏,齐桓公不听,自认为功业不亚于夏、商、周三代开国帝王,坚持封禅,管仲只好借祭品难得来阻止齐桓公。

齐桓公内心志得意满,自然难免表现出骄横之气。《史记·齐太公世家》载:“秋,复会诸侯于葵丘,益有骄色。周使宰孔会。诸侯颇有叛者。晋侯病,后,遇宰孔。宰孔曰:‘齐侯骄矣,弟无行。’”《史记集解》引《公羊传》云:“葵丘之会,桓公震而矜之,叛者九国。”齐桓公的骄傲自满引起了其他诸侯的不满,从而直接影响到齐桓公的威望,使诸侯的向心力松动,动摇了齐桓公的霸主地位。

其次,随着时间的推移,管仲年事已高,特别是在齐桓公四十一年,管仲去世以后,齐桓公失去了最得力的辅佐者,齐国的霸业大厦实际上已经开始倾斜。从文献记载来看,鲍叔应该早于管仲去世。《说苑·复恩》载:“鲍叔死,管仲举上衽而哭之,泣下如雨。”但在管仲病重时,鲍叔应当健在,因为齐桓公在与管仲商讨管仲死后谁可为相时,还有文献提到齐桓公有意让鲍叔继任管仲为齐相。鲍叔生病应该比管仲晚,但去世比管仲早,二人去世的时间应相距不远。齐桓公的另一个主要辅佐者隰朋当与管仲同一年去世。《史记·齐太公世家》载:“(齐桓公)四十一年……是岁,管仲、隰朋皆卒。”《管子·戒》载管仲“卒十月,隰朋亦卒”。看来,管仲当卒于年初,隰朋当卒于岁尾。鲍叔、管仲、隰朋相继去世,对齐国霸业造成了不可估量的重大影响。这从历史记载中可见一斑。据《左传》载,齐桓公四十一年冬,“宋人伐曹”。齐桓公称霸以来,几十年间,盟国之间不擅自征伐,而此年,宋国擅自伐曹,说明齐桓公对诸侯的控制力开始减弱。

第三,齐桓公宠信易牙、竖刁、卫公子开方等奸佞之臣,导致齐国霸业毁于一旦。齐桓公有三位近臣,极得齐桓公信任。一是易牙。据说易牙厨艺高超,曾做齐桓公的厨师。有一次齐桓公说,天下美味均已尝遍,唯独没有吃过人肉。易牙听后,就把自己的儿子蒸了给齐桓公吃。齐桓公因此极信任他。一是竖刁(又作竖刀、竖貂)。齐桓公多内宠,为了帮助齐桓公治理内宫,竖刁不惜自宫净身。他也因此得到了齐桓公的高度信任。一是卫公子开方。从齐国到卫国,不过十几日的路程,但他为了跟随齐桓公,竟然十五年没有回卫国看望父母。所以,齐桓公也十分信任他。齐桓公觉得这三个人最忠心、最值得信赖。齐桓公甚至在管仲病重之时，提出日后让他们接替管仲为相。管仲却认为三人都是奸佞之臣，不仅不能继任为齐国国相，还必须要予以驱逐。他对齐桓公这样解释说："人之情莫不爱其子，（易牙）今蒸其子以为膳于君，其子弗爱，又安能爱君乎？""夫人之情，莫不爱其身。……（竖貂）其身不爱，又安能爱君？""齐卫之间，不过十日之行，开方为事君，欲适君之故，十五年不归见其父母，此非人情也。其父母之不亲，又能亲君乎？"管仲以深邃的洞察力、辩证的认识方法准确地看出，他们这些超出常人的亲近齐桓公之举背后一定隐藏着不同寻常的利益追求，这必将危害齐国的利益。所以他坚持驱逐这三人。齐桓公随即将他们驱逐了出去，但身边少了奉承之人，很不舒心。在管仲死后，齐桓公想，仲父所说不一定都对，便又将三人召了回来。三人再次成为被宠信的近臣。《史记·齐太公世家》载："管仲死，而桓公不用管仲言，卒近用三子，三子专权。"

另外，齐桓公"好内，多内宠"，因此引发了诸子争位之乱。齐桓公本来有三位夫人，但均无子。另有六位如夫人，生无诡（又作无亏）、惠公元、孝公昭、昭公潘、懿公商人、公子雍，诸公子皆有继承君位之心。管仲建议早确立继承人，齐桓公立孝公昭为太子。管仲在世时，恐怕日后有诸公子争位之乱，便与齐桓公将孝公昭即位之事托付给宋襄公。

齐桓公四十三年，桓公病重，无诡等五公子各树党争位，而易牙等人也相与作乱。《史记正义》引颜师古曰："明年，公有病，易牙、竖刀相与作乱，塞宫门，筑高墙，不通人。有一妇人逾垣入，至公所。公曰：'我欲食。'妇人曰：'吾无所得。'公曰：'我欲饮。'妇人曰：'吾无所得。'公曰：'何故？'曰：'易牙、竖刀相与作乱；塞宫门，筑高墙，不通人，故无所得。'公慨然叹，涕出，曰：'嗟乎，圣人所见岂不远哉！若死者有知，我将何面目见仲父乎？'蒙衣袂而死乎寿宫。虫流于户，盖以杨门之扇，二月不葬也。"一代霸主，最终却为宠臣所困，死于饥饿之中。齐桓公去世后，易牙与竖刁联手，杀群吏，立公子无诡，孝公昭出奔宋国。当时，群公子为争位，相互攻打，竟然无人理会死去的齐桓公。《史记·齐太公世家》载："桓公病，五公子各树党争立。及桓公卒，遂相攻，以故宫中空，莫敢棺。桓公尸在床上六十七日，尸虫出于户。"直到无诡立为国君后，齐桓公才得以入殓。

宋襄公按照当年所受嘱托，率诸侯伐齐，送孝公昭归国，于是杀无诡，将立太子昭。但四公子之徒攻太子昭，太子昭无法立足，又出奔宋国。宋国出兵打败四公子之徒，立太子昭，是为齐孝公。孝公之后是昭公，昭公之后是懿公，懿公之后是惠公，六公子中有五公子相继为君，争夺不休，使齐国的局面持续混乱。

齐国称霸三十多年，若无内乱，在齐桓公去世之后，霸业维持一段时间是极有可能的。但是，由于内乱频频，齐桓公去世后，齐国霸业也随之而去。历史进入了宋襄公争霸的新的一页。

二、争霸谋略

管仲的争霸谋略体现在政治、经济、军事等各个方面，实际上整个的内部改革都贯穿着争霸的大智大勇，如“作内政以寄军令”“轻过而移诸甲兵”等。有关内政的内容在第三章中已作论述，不再赘述，本部分仅就管仲实行的对外宏观争霸谋略做简要归纳。

（一）尊王攘夷

对内富国强兵，对外尊王攘夷，这是管仲争霸战略的两个基本点。尊王攘夷是管仲对外树立的争霸大旗。在这一旗帜下，团结、号令诸侯，以形成、巩固、发展自己的霸业，这是管仲争霸最为基本的宏观战略。

所谓尊王，从表面上讲，即尊奉周王室。当时，周王室对天下的控制能力已经大大减弱，但作为天下宗主的地位尚在，违抗王室的行为依然被人们视为无礼、犯上之举。在这一背景下，以尊奉王室为号召，名正言顺，在社会舆论方面容易得到响应和支持。同时，我们还应看到，尊王的意义不仅仅在于尊奉周王室，还在于维护西周以来形成的宗法秩序。东周以来，随着周王室威望的衰弱，礼崩乐坏，固有的宗法秩序受到严重冲击，国君随意废立太子、子弑父、弟弑兄、臣弑君等现象此起彼伏，造成了社会的混乱、动荡。尊王更深层次的意义是维护现有的社会政治秩序。这符合贵族统治的根本利益，自然能够得到各国诸侯的拥护和响应。

管仲提出的“尊王”充分体现在齐国霸业形成、发展的整个过程中。如齐桓公北杏之会是齐桓公争霸之始,第一次盟会诸侯的原因是平定宋国内乱。宋国因发生了南宫万弑宋闵公的臣弑君事件而内乱。齐桓公以平定宋国内乱为由,召集诸侯会盟,共同商讨平乱大计,然后与诸侯一起伐宋。齐桓公师出有名,得到了诸侯的支持。而且,由于遂国拒不参加北杏之会,是不主张正义的行为,这为齐桓公灭遂提供了冠冕堂皇的理由。齐桓公六年,由于宋国背盟,诸侯再次伐宋时,“齐请师于周”(《左传·庄公十四年》),周王室派单伯一同伐宋,并于该年冬天与诸侯会于鄄。向周王室请师并不是因为自身兵力不足,也不是因为周王室兵力强盛,而是为了借用王室的名义,即假王命以示大顺,从而使诸侯归心。事实上,周王室的支持确实对齐桓公霸业的形成起到了至关重要的作用。齐桓公七年春天,齐桓公与诸侯第二次会于鄄时,《左传》即说“齐始伯也”。

再如齐桓公三十年伐楚,其真正原因是楚国接连伐郑,向中原扩张的意图十分明显,齐国要维持霸业,必须扼制住楚国北下的势头。也就是说,齐国伐楚实质上是齐、楚霸主地位之争。但是,据《左传·僖公四年》记载,在伐楚时,管仲给出的理由是“尔贡包茅不入,王祭不共,无以缩酒”,“昭王南征而不复”。在名义上,齐国是为了周王室的利益而兴兵伐楚。这就将争夺盟主的行为转变为尊奉周王室的行为,为伐楚找到了最正当的理由,不仅师出有名,而且把楚国推上了不尊周王的位置而使之理屈,从而在舆论上先胜一筹。

所谓的攘夷,就是抗击周边势力集团的入侵。当时,华夏族周边的势力集团有南蛮、北狄、西戎、东夷,一般统称为戎狄。周王室随着自身的衰微,逐渐失去了带领各国诸侯抗击周边势力入侵的能力。周边势力逐渐强大起来。各国诸侯各自为政,使得周边势力能够各个击破。在这一背景下,各诸侯国都深受侵扰之苦,特别是那些小国,直接面临着濒临灭绝的危险。以攘夷为旗帜,号令诸侯,显然能够取得诸侯的响应和支持。

攘夷始终是齐桓公霸业的重要内容,如齐桓公十二年伐戎,二十二年救燕伐山戎,二十七将邢国迁至夷仪,二十八年将卫国迁至楚丘,三十九年管仲平戎于周、隰朋平戎于晋,四十年筑缘陵而迁杞,等等。《左传·闵公元年》载管仲对齐桓公说:“戎狄豺狼,不可厌也;诸夏亲昵,不可弃也;宴安鸩毒,不可怀也。”管仲主张不遗余力地保护中原地区的华夏民族,抗击戎狄。当时,齐桓公通过攘夷,赢得了各国诸侯的信赖,特别是其存三亡国的行为使已经灭亡的一些小国家存续下来,大大增强了各国诸侯的凝聚力。《国语·齐语》云:“狄人攻邢,桓公筑夷仪以封之,男女不淫,牛马选具。狄人攻卫,卫人出庐于曹,桓公城楚丘以封之。其畜散而无育,桓公与之系马三百。天下诸侯称仁焉。于是天下诸侯知桓公之非为己动也,是故诸侯归之。”在戎狄十分猖獗的情况下,齐桓公旗帜鲜明地以攘夷为号召,团结率领诸侯抗击戎狄、保卫华夏各国,从而赢得了诸侯的真心归附。

总之,尊王攘夷是审时度势之举,符合周王朝和各诸侯国的根本利益,顺应了民众盼望和平安定的愿望。因此,以尊王攘夷为旗帜,能够迅速得到响应和支持,对齐桓公霸业的形成与发展具有十分重要的意义。

(二)择乱而征

择乱而征是管仲确定的对外用兵的基本原则。据《国语·齐语》记载,管仲辅佐齐桓公,在完成“定民之居”“成民之事”“作内政而寄军令”等一系列内部改革后,便开始结交四邻,然后提出了“择天下之甚淫乱者而先征之”的用兵原则。

择乱而征对建立和巩固霸业具有重要的现实意义。首先,择乱而征能够师出有名,有利于得到人们的拥护和支持,从而达到胜一而服百的效果。其次,择乱而征能够以强击弱,胜于易胜。总之,择乱而征既可以争取道义上的支持,从而有利于争取诸侯盟主的地位,又不至于穷兵黩武,胜于易胜,有效地减轻了战争带来的经济负担。据《国语·齐语》记载,择乱而征的用兵原则取得了良好的效果:“即位数年,东南多有淫乱者,莱、莒、徐夷、吴、越,一战帅服三十一国。”“一战帅服三十一国”之事不见具体记载,故其事不详,但从《左传》等史料中的相关记载来看,择乱而征的用兵谋略运用得非常成功。如齐桓公争霸用兵首先是伐宋,而当时宋国发生了南宫万弑君之乱,是择乱而征。臣弑君是大逆不道之事,为各国诸侯所深恶痛绝,选择对宋国用兵,显然是争霸的最好突破口。事实也证明,伐宋得到了诸侯的支持,也轻而易举地取得了全胜,成为齐桓公称霸的良好开端。再如齐桓公三十五年，晋献公去世后，晋国接连发生弑君事件，晋国大夫里克弑奚齐、悼子两位新君，顾命大夫荀息自杀，晋国大乱。齐桓公率领诸侯伐晋，至晋地高梁，然后又派隰朋与秦国一起送公子夷吾归晋。这一军事行动完全是为了平息晋国内乱，帮助晋国确定新国君。在这种背景下伐晋，因为晋国的抵抗能力不强，所以容易取得成功；同时，不仅可以有效提高齐桓公在诸侯中的威望，还能迅速扩大齐桓公称霸的范围。晋国是当时的大国，一直未参加齐桓公主持的会盟。齐桓公三十五年葵丘之会时，晋献公因病迟到，途中遇上宰孔，宰孔对他说不必与会，他未到会即返回。这次的伐晋行动不仅突出了齐桓公的霸主地位，也使齐桓公轻而易举地将称霸范围扩大到晋国。

择乱而征，胜于易胜，实际上有效地避免了武力征服。《国语·齐语》云齐桓公“兵车之属六，乘车之会三，诸侯甲不解櫜，兵不解翳，弢无弓，服无矢。隐武事，行文道，帅诸侯而朝天子”。“櫜”用来盛甲，“翳”用来蔽兵，“弢”“服”用来盛弓箭。因为择乱而征，不必用武，所以无须使用兵甲弓矢，也使中原诸侯国之间出现了“隐武事，行文道”的和平局面。

（三）以予为取

以予为取是管仲为政的基本原则。这一原则不仅体现在齐国内政上，也体现在对外关系上。① 所谓的“予”就是给予，所谓的“取”就是取得。“以予为取”就是通过给予而取得，也就是给予诸侯一定的利益，通过这种给予使齐国得到利益。管仲提出的“以予为取”的谋略实际上就是将“以予为取”作为处理对外关系的基本原则。《史记·管晏列传》载：“于柯之会，桓公欲背曹沫之约，管仲因而信之，诸侯由是归齐。故曰：‘知与之为取，政之宝也。’”

以予为取实质上是以给予利益而换取支持。这在齐国处理与鲁国的关系上表现得很明显。齐鲁本是近邻，是世代通婚的甥舅之国，但在齐桓公即位之初关系一度非常紧张。其原因主要是：第一，齐襄公与鲁桓公的夫人文姜私通，被鲁桓公发觉后，齐襄公竟使公子彭生杀鲁桓公。第二，公子纠出

---

① 战化军：《论管仲“予之为取”的为政原则》，《山东理工大学学报（社会科学版）》2008 年第 1 期，第 46 ~ 48 页。

奔鲁国,后来,鲁国派军队送公子纠归齐,与齐桓公争夺君位,被齐桓公打败。鲁国在齐桓公的军事压力下杀公子纠。第三,齐桓公在即位之初,不听管仲的劝说,执意伐鲁。齐桓公二年,败于长勺;同年六月,又与宋国伐鲁,鲁国打败宋国,齐国无功而返。但齐桓公图霸又必须取得鲁国的支持。齐桓公五年,鲁国未参加齐桓公首次召集的北杏之会,表明了不合作的态度。在这种情况下,齐国伐鲁,鲁国将败。鲁国不得已提出以献出遂邑为条件与齐国讲和。于是,齐、鲁盟于柯。鲁大夫曹沫劫盟,要求齐桓公归还鲁国侵地。管仲让齐桓公答应曹沫的要求,并与之签订盟约。按照当时的规则,在被要挟情况下签订的誓约可以不遵守,即"要盟可犯",但是管仲让齐桓公履行约定,将鲁国三败所亡之地全部归还鲁国。鲁国从此尊齐桓公为盟主。齐国在占据绝对优势的情况下,不仅没有索要鲁国的遂邑,而且还返还了鲁国侵地。实际上,这就是在实施管仲以予为取的谋略。返还侵地是"予",得到鲁国的支持是"取",这也就是人们所说的"捐小利以收鲁"。这种以予为取的行为取得了很好的效果,不仅使鲁国归心于齐,也为齐桓公争霸赢得了舆论支持,正如《史记·齐太公世家》所说"诸侯闻之,皆归齐"。

显然,以予为取能够给予对方实实在在的利益,也能够取得对方真心实意的信任和支持,有利于增强盟主的凝聚力、号召力,有利于形成坚强牢固、团结和谐的盟国集团。孔子在《论语·宪问》中评价说:"晋文公谲而不正,齐桓公正而不谲。"齐桓公之所以能够获得如此高的评价,正因为采取了"以予为取"的为政原则。

(四)义于名而利于实

《韩非子·外储说左上》载,齐桓公为蔡姬坚持伐蔡,管仲力谏,齐桓公不听,管仲于是就找了一个理由,说:"必不得已,楚之菁茅不贡于天子三年矣,君不如举兵为天子伐楚。楚服,因还袭蔡,曰:'余为天子伐楚,而蔡不以兵听从,遂灭之。'此义于名而利于实,故必有为天子诛之名,而有报仇之实。""义于名而利于实"也是管仲确立的处理对外关系的一项重要策略。

所谓的"义于名",就是"有为天子诛之名",就是要师出有名、符合道义,只有符合道义,才能得到人民的广泛理解和支持。所谓的"利于实",就是能够从中取得实实在在的利益。管仲认为必须要处理好“义于名”与“利于实”的关系，“义于名”是为了“利于实”，“利于实”必须以“义于名”为基础。在尊王与争霸的关系上，尊王是“义于名”，争霸是“利于实”。尊王并不是为了恢复周王室的昔日权威，而是通过尊王巩固自身的霸主地位，即尊王是为了称霸，而为了实现称霸，必须要尊王。这才是齐国推行“义于名而利于实”战略的本质所在。

管仲强调“义于名”与“利于实”的统一，即在符合道义的前提下，壮大齐国实力。据《左传·庄公二十八年》记载，齐桓公二十年，周惠王命齐桓公伐卫，齐桓公在打败卫师之后，“数之以王命，取赂而还”。“数之以王命”是“义于名”，“取赂而还”则是“利于实”。管仲以“义于名而利于实”的谋略处理对外关系，有比较突出的表现，如因蔡而伐楚。齐桓公二十九年，齐桓公与夫人蔡姬在船上嬉戏，蔡姬摇晃船只，齐桓公制止，蔡姬任性不听，齐桓公一时恼怒，便将蔡姬逐回蔡国。蔡国国君也非常生气，立马就把蔡姬改嫁了。齐桓公与蔡姬只是夫妻之间的一时争吵，情意未绝。齐桓公因蔡国改嫁蔡姬而勃然大怒，断然执意动兵伐蔡。《韩非子·外储说左上》载管仲力劝齐桓公说：“夫以寝席之戏，不足以伐人之国，功业不可冀也，请无以此为稽也。”在力谏不从的情况下，管仲提议因伐蔡而伐楚，责问楚国不向周王室纳贡，将齐桓公发泄个人恩怨的行为变成了夹辅周室的行为，从而实现了“义于名”；伐蔡让齐桓公发泄了怨气，伐楚阻止了楚国北下的势头，又进一步实现了“利于实”。

（五）拘之以利，结之以信，示之以武

《国语·齐语》载管仲对诸侯实施的策略是：“拘之以利，结之以信，示之以武，故天下小国诸侯既许桓公，莫之敢背，就其利而信其仁，畏其武。”管仲反对单纯使用武力征服诸侯，主张在展示武力的基础上，注重以利、信结交诸侯，即以武力为后盾，以外交为手段，在尽最大可能不使用武力的情况下，使诸侯心甘情愿亲附齐国。

在处理对外关系时，管仲十分重视外交手段的运用。据《国语·齐语》记载，管仲曾向齐桓公提出亲四邻之策，而亲四邻的做法主要表现在两个方

面：一是审定疆界，将侵占的土地返还，不接受邻国的资产；二是安排专人，多带礼物，出使诸侯，加强交往。据《管子·小匡》记载，管仲安排专人常驻各诸侯国，如“曹孙宿处楚，商容处宋，季劳处鲁，徐开封处卫，匽尚处燕，审友处晋”，这种安排类似于现今之驻外使节。据《管子·大匡》记载，管仲向齐桓公提出以利、信结交诸侯，主要的做法有：“弛关市之征”，以为诸侯利；礼遇诸侯，“诸侯之礼，令齐以豹皮往，小侯以鹿皮报，齐以马往，小侯以犬报”；赏于诸侯“诸侯之君，有行事善者，以重币贺之，从列士以下有善者，衣裳贺之；凡诸侯之臣，有谏其君而善者，以玺问之，以信其言”；选派使者常驻各诸侯国，“游公子开方于卫，游季友于鲁，游蒙孙于楚”。以上措施大见成效，“五年，诸侯附”。

管仲重视运用外交手段，将外交手段作为军事手段的重要补充，不仅体现在上述国家大政方针上，也体现在一些具体事件的处理上。最有代表性的事件即齐鲁柯之会。齐国伐鲁，用武力逼迫鲁国求和，这是“示之以武”；但是，齐国并不是单纯以武力压服鲁国，而是在“要盟可犯”的情况下，主动履行盟约，这是“结之以信”；在占据优势的情况下，返还鲁国三败所亡之地，这是“拘之以利”。管仲将武、信、利相结合，使鲁国归附，也使天下诸侯信服，即《史记·齐太公世家》所说“诸侯闻之，皆信齐而欲附焉”。

管仲将武、信、利三种手段完美结合起来，在具有强大武力的前提下，不单纯使用武力征服的手段，而是利用武力的威慑作用，用外交手段以利、信结交诸侯，从而达到不战而胜的效果。这对保存实力、团结诸侯、巩固霸业具有十分重要的意义。

管仲“拘之以利，结之以信，示之以武”的争霸谋略取得了很大成功。在他的辅佐下，齐桓公作为盟主，多采用和平的外交方式号令天下诸侯。《国语·齐语》云齐桓公“兵车之属六，乘车之属三”。所谓“兵车”即战车，“兵车之属”指用武力会盟；而“乘车”即日常生活中乘坐的一般的车，“乘车之属”指不动用武力，用和平的方式会盟，与战争不沾边，纯属外交活动。《史记·齐太公世家》载齐桓公“兵车之会三，乘车之会六”，《谷梁传·庄公二十七年》载齐桓公“衣裳之会十有一，未尝有歃血之盟也”“兵车之会四，未尝有大战也”。“衣裳之会”如同乘车之会，是用和平的方式会盟。《史记》

与《谷梁传》都强调乘车之会或衣裳之会多于兵车之会，可见对和平之会的肯定。而孔子在《论语·宪问》中直接说："桓公九合诸侯，不以兵车，管仲之力也。""不用兵车"是夸张的说法，孔子借以突出和平之会，是对管仲称霸战略的一种高度赞赏。

三、齐国霸业的历史地位与影响

我们说齐桓公是春秋五霸之首，其中包含着两层含义。"五霸之首"除了有"在五霸中时间最早"的含义，主要当指"五霸当中，桓公霸业最盛"。《孟子·告子下》载孟子云："五霸，桓公为盛。"齐桓公在春秋五霸中，就霸业成就而言（无论其规模、业绩还是影响），确是当之无愧的第一名。

齐桓公作为五霸之首，具有重要的历史影响，概括言之，主要体现在以下四个方面：

（一）开创了霸道时代

春秋五霸，或指齐桓公、晋文公、楚庄王、吴王阖闾、越王勾践；或指齐桓公、宋襄公、晋文公、秦穆公、楚庄王。无论哪一种说法，齐桓公都是第一个霸主。明代赵用贤《管子书序》云："吾以为周公经制之大备，盖所以成王道之终。管子能变其常而通其穷，亦所以基伯道之始。"①

霸，又作伯。所谓霸主，就是盟主。所谓争霸，也就是争夺盟主地位。在当时的历史背景下，周王室虽无力控制诸侯，但其天下宗主的名分还在。各国诸侯各自为政，社会秩序混乱。从客观上讲，这一历史现实需要一个势力比较强的诸侯来号令、率领其他诸侯上尊天子、下令诸侯。齐桓公称霸符合这一社会现实需要。齐桓公率先采取会盟的形式，以盟主的身份，号令诸侯尊奉天子。在齐桓公之后，宋襄公、晋文公等，直到春秋末期，皆以争夺盟主的形式来争夺天下。所以说，齐桓公称霸开创了一个诸侯通过争夺盟主来争夺主导天下局势的新时代。

另外，古人有王道、霸道之说。王道主要是突出仁政，强调修德，以仁德

① 戴望：《管子校正》，中华书局 1978 年版，第 2 页。

让天下归心；霸道主要是突出刑法、权势，强调功业，以武力征服天下。王道与霸道实际上是两种政治追求，儒家的孟子追求王道，对霸道不屑一顾。战国时期的儒家认为，周文王、周武王实行的是王道，自春秋以降实行的是霸道，而齐桓公正是霸道之始。

管仲被认为是辅君齐桓公成就霸业的第一能臣。《汉书・董仲舒传》载刘向云："董仲舒有王佐之材，虽伊、吕亡以加，管、晏之属，伯者之佐，殆不及也。"伊即伊尹，商汤的得力辅佐者。他辅助商汤消灭夏朝，在建立商朝的过程中立下了汗马功劳。吕即吕尚，也就是姜太公，周文王、周武王的得力辅佐者。他辅佐文、武消灭殷商，在建立周朝的过程中发挥了重要作用。刘向将伊尹、吕尚作为王者之佐的代表，将管仲、晏婴作为霸者之佐的代表，这反映了当时人们的一般看法。而管仲正是辅君成霸的第一人。

（二）保护了华夏文明

当时，由于周王室衰微，诸侯各自为政，形成了华夏各国四分五裂的局面，从而削弱了抗击戎狄的能力。而戎狄趁机发展起来，大举入侵中原，使华夏文明受到了很大威胁。《公羊传・僖公四年》云："南夷与北狄交，中国不绝若线。"在这一形势下，管仲辅佐齐桓公团结、率领诸侯，奋力攘夷，如为燕国伐戎，一直打到令支、孤竹；管仲曾平戎于周，隰朋曾平戎于晋；齐桓公曾率领诸侯为已灭亡的邢、卫、杞三国分别修建新城，兴亡国，继绝世，等等，为保卫华夏文明做出了突出贡献。孔子在《论语・宪问》中说："管仲相桓公，霸诸侯，一匡天下，民到于今受其赐。微管仲，吾其被发左衽矣。""被发左衽"是戎狄等周边民族的装束。如果没有管仲，我们都将是戎狄的装束打扮了，意思就是，如果没有当年管仲攘夷、保卫华夏文明，那么华夏文明就早已被戎狄同化了。由此可见，管仲攘夷对华夏文明的深远影响。

（三）维护了社会秩序

齐桓公称霸，以尊王为号召，团结、带领诸侯尊奉周王室、平定各国之乱，有力地维护了社会秩序。尊王，除尊奉周王室，更重要的内容是维护当时的宗法秩序，从而维护社会稳定。管仲辅佐齐桓公，在这一方面做出了重要贡献,如伐楚责问不贡苞茅、为燕伐山戎而要求燕国复修召公之政、率领诸侯确立周襄王、平定宋国南宫万弑君之乱、平定晋国弑君之乱、伐卫“数之以王命”,等等,都是致力于维护社会稳定。

另外,齐桓公用盟约规范、约束诸侯的行为,从而维护了社会稳定。《孟子·告子下》记载了葵丘之会的盟约:

> 初命曰,诛不孝,无易树子,无以妾为妻。再命曰,尊育贤才,以彰有德。三命曰,敬老慈幼,无忘宾旅。四命曰,士无士官,官事无摄,取士必得,无专杀大夫。五命曰,无曲防,无遏籴,无有封而不告。曰:凡我同盟之人,既盟之后,言归于好。

与诸侯订立的盟约的内容很大一部分是关于维护社会稳定的,如在家庭关系方面,提出“无易树子,无以妾为妻”。在当时家天下的背景下,随意更换太子会引发争位之乱,所以当时有“立嫡不立庶,立长不立幼”的立嗣规则,要求“无易树子”就是为了防止随意更立太子引起内乱;国君往往妻妾众多,但妻就是妻、妾就是妾,名分分得很清楚,但是往往母以子贵、子以母贵,如果乱了名分,以妾为妻,嫡、庶关系就会发生变化,就会引发公室混乱,所谓的“无以妾为妻”就是为了防止嫡庶之争。其他如选拔、培养人才,表彰有德之士,尊老爱幼,不擅自杀害大夫,等等,都是社会统治的一般规则。用盟约的形式订立统治规则,让诸侯共同遵守,对维护社会稳定无疑具有重要的现实意义。

另外,齐桓公会盟诸侯,有利于协调诸侯间的关系,如葵丘之会所立盟约说:“凡我同盟之人,既盟之后,言归于好。”齐桓公称霸三十余年,在此期间,盟国之间基本无战事,这充分说明齐桓公称霸对维护社会稳定具有重要作用。

(四)促进了经济发展

随着周王室对诸侯控制力的减弱,诸侯之间互相征伐,战事接连不断,这对经济发展势必是一个巨大的冲击。齐桓公称霸维护了社会稳定,对经济发展无疑具有重要的积极意义。

另外,齐桓公盟会诸侯,通过订立盟约的形式,提出了一些发展经济的具体措施,对促进经济发展具有重要作用。如葵丘之会的盟约中就有"无曲防,无遏籴"的规定,要求诸侯不能随意到处修建水堤而阻塞水源,不能禁止采购粮食。由于当时各诸侯国相邻,国土面积并不大,随意修建水堤容易导致旱时蓄水而专享其利、涝时排水而伤及他国的问题,不仅会影响农业生产,还会使邻国产生矛盾。这一类的规定既是统治规则,也是促进生产的措施,对发展生产具有明显的促进作用。

第五章　管仲相齐的启示

管仲曾辅佐齐桓公的政敌公子纠，还箭射齐桓公，使齐桓公差点送了命。但是，齐桓公不记私仇，任用管仲为相，并充分信任管仲，终于成就了千秋霸业。管仲与鲍叔、隰朋、宾胥无、宁戚等人各发挥其所长，形成了一个新型的、充满活力的领导集团，在齐桓公成就霸业的过程中发挥了举足轻重的作用。但是，齐桓公晚年宠信奸佞之臣，又使霸业毁于一旦，一代霸主死于饥渴之中，以至于尸虫爬出户外而不葬。其中缘由千百年来让人深思不已。

一、君臣知遇的楷模

齐桓公成为春秋五霸之首主要赖于管仲。但是，我们还必须看到，管仲之所以能够施展才能，主要是因为获得了齐桓公的信任。没有齐桓公的高度信任，管仲就不可能有充分展现才能的机会。古人对此早有评价。《晏子春秋·内篇问下》第二章云："管仲君之贼也，知其能足以安国济功，故迎之于鲁郊。"《韩诗外传》卷七亦云："管夷吾束缚自槛车，以为仲父，则遇齐桓公也。"《说苑·杂言》亦云："管夷吾束缚胶目，居槛车中，自车中起为仲父，则其遇齐桓公也。"如果齐桓公没有治国不避私仇的胸怀和气度，那么管仲就不会有从槛车之囚到齐国之相这种天壤之别的戏剧性变化。

齐桓公不仅直接任命曾为槛囚的管仲为齐相，还给管仲施政创造了十分优越的条件。《韩非子·难一》载：

> 桓公解管仲之束缚而相之。管仲曰："臣有宠矣，然而臣卑。"公曰："使子立高、国之上。"管仲曰："臣贵矣，然而臣贫。"公曰："使子有三归之家。"管仲曰："臣富矣，然而臣疏。"于是立以为仲父。霄略曰："管仲

以贱为不可以治国，故请高、国之上；以贫为不可以治富，故请三归；以疏为不可以治亲，故处仲父。管仲非贪，以便治也。”

《说苑》等对此事也多有记载。齐桓公为了使管仲能够放开手脚施政，充分理解并努力解决妨碍施政的困难，为管仲提供尽可能方便的条件，其中较重要的有：

一是针对管仲身份卑下的实际情况，任命管仲为上卿，提高了管仲的政治地位。当时，齐国有三卿，其中二卿命于天子，即高子、国子。一卿命于国君，齐桓公任命管仲为上卿，这是齐桓公所能给予的最高身份，极大地提高了管仲的政治地位。

二是针对管仲家境贫困的情况，给予管仲“三归”之家。当时，管仲跟随公子纠流亡在鲁国，在公子纠与齐桓公争位失败后，又以囚徒身份被押解归齐，其初回齐国时的贫困景况是可想而知的。人们对“三归”的理解不同，杨伯峻在《论语译注》中将旧说概括为四种：“国君一娶三女，管仲也娶了三国之女。”“三处家庭。”“管仲的采邑。”“藏泉币的府库。”而杨伯峻认为以上这四种解释都不正确。他引郭嵩焘《养知书屋文集》卷一《释三归》云：“此盖《管子》九府轻重之法，当就《管子》书求之。《山至数篇》曰：‘则民之三有归于上矣。’三归之名，实本于此。是所谓三归者，市租之常例之归之公者也。桓公既霸，遂以赏管仲。”①从“臣贫”而赐给“三归之家”来看，“三归”应该与财富有关。“三归”应该指市租，《说苑·尊贤》载“桓公赐之齐国市租”。《荀子·仲尼》载齐桓公为了使富人不阻扰管仲治齐，赐给管仲财富：“与之书社三百，而富人莫之敢拒也。”古代二十五家为一社，每社的人名都要登记造册，故称书社。“书社三百”可能就是给管仲三百社的地租。此之谓“书社三百”大约与“三归”的性质差不多。

三是针对管仲出于异姓，因关系疏远而难以治理公室贵族的情况，齐桓公将管仲尊为仲父。

以上三条，每一条都极有力度。在中国古代两千多年的专制社会中，从

① 杨伯峻：《论语译注》，中华书局1980年版，第31～32页。

古到今,将囚徒直接提拔为相者绝无仅有,能够以如此大的力度为国相创造如此优越的条件让国相放手执政的,恐怕也仅有齐桓公一人。

管仲任相之后,齐桓公对管仲极为信任。《管子·中匡》载:

> 管仲会国用,三分二在宾客,其一在国,管仲惧而复之。公曰:"吾子犹如是乎?四邻宾客,入者说,出者誉,光名满天下。入者不说,出者不誉,污名满天下。壤可以为粟,木可以为货。粟尽则有生,货散则有聚。君人者,名之为贵,财安可有?"管仲曰:"此君之明也。"

管仲核算国家财政日用支出,竟然将三分之二的支出用到对外关系方面,用在国内事务上的支出仅占三分之一。管仲担心齐桓公不理解,赶紧向齐桓公报告。齐桓公却非常理解,认为粟尽可再生,货散可再聚,作为国君,名声最重要,不必恋财。管仲听后,佩服地说"此君之明也"。

《管子·小称》载齐桓公云:

> 仲父命寡人东,寡人东;令寡人西,寡人西。仲父之命于寡人,寡人敢不从乎?

《吕氏春秋·任数》载:

> 有司请事于齐桓公,桓公曰:"以告仲父。"有司又请,公曰:"告仲父。"若是三。习者曰:"一则仲父,二则仲父,易哉为君。"桓公曰:"吾未得仲父则难,已得仲父之后,曷为不易也?"

我们从中也可见齐桓公对管仲的尊重与信任程度。齐桓公让管仲全权处理国家事务,规定官府所有需报告之事,都要先报告管仲,自己不越过管仲去听取官府的报告,由此可见齐桓公对管仲的绝对信任。我们从《吕氏春秋》所载此事也可见齐桓公信任管仲一直是后世津津乐道的话题。

另外,齐桓公虽然有诸多缺点,如好女色等,但他具有的长处也是许多君主所不具备的。齐桓公除爱才、用才，还善于听取批评意见，能施惠于人。《史记·楚世家》载晋国叔向曾评论齐桓公“从善如流，施惠不倦”。

管仲对齐桓公的态度也值得人们关注。首先，管仲对君主不愚忠。在管仲的心目中，国家至上的理念根深蒂固。《管子·大匡》载管仲云：

夷吾之所死者，社稷破，宗庙灭，祭祀绝，则夷吾死之。非此三者，则夷吾生。夷吾生则齐国利，夷吾死则齐国不利。

如果国家灭亡，将为之而死，除此之外的任何人（当然也包括某一个君主）或事都不能使管仲为之而死。管仲对自己充满自信，认为自己活着对齐国有利，而自己为某一君主而死，将对国家不利。管仲将国家放在首位，而不是将君主放在首位。正是在这一思想的支配下，管仲一直把自己作为国家社稷的奉献者，而不是某一国君的附属品。因此，管仲既不像召忽那样为公子纠而死，也不因为齐桓公对他的特别礼遇而对齐桓公随声附和。管仲的行为体现了自己的独立品性，不带有任何唯唯诺诺的愚忠色彩。

其次，管仲主张要为国家不遗余力地努力工作，为了国家利益，要不放弃任何机会，要当仁不让，不能图清闲。《管子·大匡》载管仲云：“持社稷宗庙者，不让事，不广闲。”这种为国家勤勤恳恳的主动奋斗精神显示了管仲的强烈责任心。正是因为管仲具有这样的精神和责任心，所以他不仅能够接受齐桓公的任用，而且能够牢牢抓住这一施展才能的机会，尽其所能，大展宏图。

第三，管仲有尽力辅佐君主的意识。《管子·大匡》载管仲云：“为人臣者，不尽力于君则不亲信，不亲信则言不听，言不听则社稷不定。夫事君者无二心。”管仲认为臣与君、臣与社稷的关系是相辅相成的，臣任事的目的是安定社稷。但是，臣不尽力于君，就得不到君主的信任；得不到君主的信任，自己的意见或建议就不会被君主采纳；自己的意见或建议不被采用，对于臣子而言，安定社稷的任何努力都是妄想。在家天下的情况下，大臣要想有施展才能的机会，必须首先得到君主的信任。如果没有君主的信任，大臣再有才能也难以施展。因此，管仲认为要想实现安定社稷的理想，必须尽力于君，力争得到国君的信任。

管仲尽力辅佐齐桓公，一方面为了齐国利益，管仲对齐桓公多有匡正；另一方面，管仲又能充分顾及齐桓公的好恶，注意劝谏方式，始终能够得到齐桓公的信任。前一方面如管仲在接受齐桓公的任用时，提出要建立霸业，而齐桓公一开始不同意，觉得齐国只要稳定就行，无须争霸。管仲坚持，最后以辞职相争。按照《管子·大匡》的记载，管仲认为“君霸王，社稷定；君不霸王，社稷不定”。建立霸业与安定社稷有着密不可分的关系。仅仅安定社稷实际上类似于苟且偷生，必将为动荡的天下大势所湮没。这与管仲振兴齐国的理想与追求相去甚远，所以管仲就以死相争。后一方面如齐桓公在葵丘之会上，因盛况空前，不觉飘飘然，提出要封泰山、禅梁父。管仲正面劝谏，但齐桓公还是继续坚持。在这种情况下，管仲不再直接反对，而是假托祭品不具备，从而委婉地打消了齐桓公的封禅念头。管仲机智多谋，“善因祸而为福，转败而为功”，在劝谏不成的情况下，不与齐桓公直接抗争，而是及时转化矛盾，瞬间将坏事转变为好事。如齐桓公因蔡姬而伐蔡，管仲在劝说不成的情况下，以楚国不向周王室纳贡为由，转而伐楚，将齐桓公的报私仇行为转变为尊王行动，从而达到了扼制楚国北下的目的。《史记·管晏列传》载：“语曰：‘将顺其美，匡救其恶，故上下能相亲也。’岂管仲之谓乎？”顺其美，匡其失，上下关系融洽，这正是管仲与齐桓公二人关系的基本特点。

综上所述，齐桓公充分信任管仲，并为管仲施政创造了最佳条件，为管仲改革提供了最大的支持；同时，管仲始终以国家社稷为重，不遗余力地辅佐齐桓公，顺其美，匡其恶，上下相亲，二人已经成为明君贤相的代表。特别是齐桓公，不拘一格选拔人才，放手任用人才，一直被人们赞扬。古人多为怀才不遇而伤感，而管仲为齐桓公所识、所用，辅佐齐桓公建立了霸业，使齐桓公成为春秋五霸之首。两人从而成为君臣知遇的楷模，为后人所景仰不已。

二、同僚相得的典范

齐桓公一朝，活跃在齐国政治舞台上的卿大夫除了管仲，主要还有高子、国子、鲍叔、隰朋、宾须无、宁戚、王子成父等。以管仲为五官之长，统领五官，他们各司其职，形成了协调和谐、团结奋进的国家领导集体，为齐国霸业做出了重要贡献。《国语·齐语》载，齐桓公"唯能用管夷吾、宁戚、隰朋、宾胥无、鲍叔牙之属而伯功立"。《史记·齐太公世家》载："桓公既得管仲，与鲍叔、隰朋、高傒修齐国政。"他们都是齐国对内改革、对外争霸的重要人物。而《新序·杂事第四》的记载尤其突出了管仲知人善任的优点：

> 夫管仲能知人，桓公能任贤，所以九合诸侯，一匡天下，不用兵车，管仲之功也。诗曰："济济多士，文王以宁。"桓公其似之矣。

管仲能够知人善任，使齐国形成了人才济济的局面，有如周文王当年。齐国"济济多士"是齐国繁荣和齐桓公称霸的关键。

高子、国子在齐国具有特殊的政治地位。《左传·僖公十二年》载，管仲平戎于周，周襄王以上卿之礼飨管仲，管仲不受，他说："有天子之二守国、高在，若节春秋，来承王命，何以礼焉？"管仲坚持受下卿之礼。高、国是"天子之二守"，即周天子任命的上卿，负有监国之重任，定期朝见天子，直接受命于天子，可见高子、国子在齐国具有特殊的政治地位。高子、国子因具有特殊的地位，在齐桓公即位的过程中起到了举足轻重的作用。在齐襄公、公孙无知相继被弑后，高子、国子支持公子小白（即齐桓公），对公子小白击败公子纠而夺取君位起到了至关重要的作用。《史记·齐太公世家》云：

> 小白自少好善大夫高傒。及雍林人杀无知，议立君，高、国先阴召小白于莒。鲁闻无知死，亦发兵送公子纠，而使管仲别将兵遮莒道，射中小白带钩。小白详死，管仲使人驰报鲁。鲁送纠者行益迟，六日至齐，则小白已入，高傒立之，是为桓公。

公子小白自幼与高子要好。《管子·大匡》载管仲说："夫国人憎恶纠之母，以及纠之身，而怜小白之无母也。"公子纠的母亲为人不好，人们由于讨厌公子纠的母亲，也连带了公子纠；公子小白早就失去了母亲，人们反而一直疼爱他。高子、国子也可能正因为此，不支持公子纠，而支持公子小白，在公孙无知被弑后,就私下联络公子小白,使小白得以抢先归国,高子、国子便立小白为国君,所以《史记·齐太公世家》云:"有高、国内应,故得先入立。"

管仲任相后,注重发挥高子、国子的作用。当时管仲改革,"参其国",即将国都中的士分为十五士乡,国君与高子、国子各自率领五乡。又在十五士乡的基础上,成立三军,国君帅中军,高子、国子各帅左、右军。"国子、高子退而修乡",他们既是管理士乡的最高长官,也是仅次于国君的军事长官。

高子,即高傒,善于治国。《左传·庄公九年》载鲍叔推荐管仲云:"管夷吾治于高傒,使相可也。"而《史记·齐太公世家》云:"君将治齐,即高傒与叔牙足也。君且欲霸王,非管夷吾不可。"又云:"桓公既得管仲,与鲍叔、隰朋、高傒修齐国政。"高傒不仅有善于治国之名,也是齐桓公治齐的主要大臣。《春秋·庄公二十二年》载:"及齐高傒盟于防。"高傒曾代表齐桓公与鲁庄公会盟。在鲁国发生庆父之乱后,高傒曾经帅南阳之甲,到鲁国平乱。《公羊传·闵公二年》载:"庄公死,子般弑,闵公弑,此三君死,旷年无君,设以齐取鲁,曾不兴师徒,以言而已矣。桓公使高子将南阳之甲,立僖公而城鲁,或曰自鹿门至于争门者是也,或曰自争门至于吏门者是也,鲁人至今以为美谈,曰:'犹望高子也。'"高子平定鲁乱之事又见于《国语》。《国语·齐语》载:"鲁有夫人、庆父之乱,二君弑死,国绝无嗣。桓公闻之,使高子存之。"高傒是齐桓公朝的重臣,为齐国霸业的建立发挥了重要作用。临淄高傒墓附近曾出土一件春秋时期的珍贵文物青铜戈,上有铭文"高子戈"。①

虽然国子屡被提及,但其具体事迹并不见于史书记载。或以为齐桓公时的国子即国归父。国归父,谥庄子,生卒年不详,其事迹见于《左传》之《僖公二十八年》《僖公二十九年》《僖公三十三年》。鲁僖公三十三年为公元前627年,距齐桓公即位已五十八年,如果他真是当年与高子一起迎立齐桓公的国子,此时至少也应有八十余岁。而《僖公二十八年》记载他参加晋楚城濮之战,《僖公二十九年》记载他参加晋国的翟泉之盟,《僖公三十三年》记载他出使鲁国。国归父参加的上述活动不像一个老年人所为,因此,迎立齐桓公的国子不应是国归父本人,而应该是国归父的父辈。

---

① 临淄区文物管理所:《山东淄博市临淄区出土高子戈》,《考古》1984年第9期,第815页。

鲍叔与管仲的关系最密切。鲍叔与管仲在尚未发迹时就是莫逆之交，二人还曾合伙经商。管仲在不得志的时候，唯有鲍叔能够理解。《史记·管晏列传》载："少时常与鲍叔牙游，鲍叔知其贤。管仲贫困，常欺鲍叔，鲍叔终善遇之，不以为言。"又载管仲云："吾始困时，尝与鲍叔贾，分财利多自与，鲍叔不以我为贪，知我贫也。吾尝为鲍叔谋事而更穷困，鲍叔不以我为愚，知时有利不利也。吾尝三仕三见逐于君，鲍叔不以我为不肖，知我不遭时也。吾尝三战三走，鲍叔不以我怯，知我有老母也。公子纠败，召忽死之，吾幽囚受辱，鲍叔不以我为无耻，知我不羞小节而耻功名不显于天下也。生我者父母，知我者鲍子也。"我们由此可见鲍叔对管仲的充分信任与理解以及管仲对鲍叔的无限感激。

鲍叔辅佐齐桓公，主要源于管仲的力劝；而管仲能够为相，主要源于鲍叔的力荐。据《管子·大匡》载，当年，齐僖公任命鲍叔傅公子小白，鲍叔认为小白不会成器，辅佐小白将来没有政治前途，因而称疾不出。管仲力劝鲍叔，说将来有齐者很可能是小白，让鲍叔答应傅公子小白，并尽心尽力，争取成为亲信。后来，果如管仲所料。小白即位后，鲍叔又力荐管仲，并使管仲从槛囚成为齐相。

鲍叔性格刚直。《吕氏春秋·直谏》载："齐桓公、管仲、鲍叔、宁戚相与饮酒，酣，桓公谓鲍叔曰：'何不起为寿？'鲍叔奉杯而进曰：'使公毋忘出奔在于莒也，使管仲毋忘束缚而在于鲁也，使宁戚毋忘其饭牛而居于车下。"提醒各人在快乐之际，莫忘当年落魄之时，直言快语，丝毫不饰短。再如《说苑·正谏》载齐桓公云："寡人欲铸大钟，昭寡人之名焉。寡人之行，岂避尧舜哉？"鲍叔却说："君直言，臣直对。昔者公子纠在上位而不让，非仁也；背太公之言而侵鲁境，非义也；坛场之上诎于一剑，非武也；侄娣不离怀衽，非文也。凡为不善遍于物不自知者，无天祸必有人害。天处甚高，其听甚下。除君过言，天且闻之。"在齐桓公自我感觉不亚于尧舜时，鲍叔当面直接列举其不仁、不义、不武、不文之事，并尖锐指出如果再有此想，将招致天祸人害，犯颜直谏，丝毫不留情面。

鲍叔去世时，管仲极为伤痛。《说苑·复恩》载："鲍叔死，管仲举上衽而哭之，泣下如雨。"尽管二人为莫逆之交，但并不结党，他们皆以齐国利益至上，不搞一荣俱荣、一损俱损的哥们义气，而是秉公处事，以国家利益至上。《韩非子·十过》载，在管仲病重之时，齐桓公问管仲谁可继任齐相，当时齐桓公提到鲍叔，管仲不同意，管仲说："鲍叔牙为人，刚愎而上悍。刚则犯民以暴，愎则不得民心，悍则下不为用。其心不惧，非霸王之佐也。"《管子·戒》亦载管仲云："鲍叔，君子也。千乘之国，不以其道予之，不受也。虽然，不可以为政。其为人也，好善而恶恶已甚，见一恶终身不忘。"管仲说鲍叔尽管是君子，具有高尚的品格，但其性格并不适合做国相。可见二人既是莫逆之交，又是君子之交。

隰朋，谥成子，出身于姜齐公族。《国语·齐语》韦昭注："隰朋，齐庄公之曾孙，戴仲之子成子也。"隰朋也如鲍叔，早在齐桓公即位之前就辅佐齐桓公。《史记·楚世家》载晋国叔向在分析齐桓公为何能够取得国君之位时说："有鲍叔牙、宾须无、隰朋以为辅，有莒、卫以为外主，有高、国以为内主。"可见，隰朋当初可能曾随齐桓公流亡到莒国。

隰朋长于辞令，所以管仲推荐他担任主持外交事务的大行。《晏子春秋·内篇问上》第六章载："昔吾先君桓公身体惰懈，辞令不给，则隰朋昵侍。"隰朋作为大行官，经常代齐桓公应对辞令。

隰朋也是齐桓公的得力辅佐者，是齐国统治集团内部的重要人物，为齐桓公建立霸业做出了很大贡献。齐桓公三十五年冬天，隰朋奉命率领军队与秦国一起送晋惠公归晋，平定晋乱；齐桓公三十六年四月，又与周王室一起立晋惠公。齐桓公三十八年，又平戎于晋。

管仲与隰朋的关系非常紧密。隰朋同时也是管仲处理外交事务的得力助手。《管子·戒》载管仲云："天之生朋，以为夷吾舌也。"管仲对隰朋的评价最高。《韩非子·十过》载管仲去世前推荐隰朋为相，他说："此霸者之佐也，君其用之。"《管子·戒》则云："大仁也哉，其朋乎！"管仲认为隰朋是继任齐相的最佳人选，只可惜在管仲去世十个月后，隰朋也相继去世了，这是管仲所始料不及的。

宾须无，又作宾胥无。据《史记·楚世家》载，他可能曾与鲍叔、隰朋一起随齐桓公出奔莒国，也一直是齐桓公的近臣。各种文献在论及齐桓公之辅臣时往往提及宾须无，但对他的具体事迹记载很少。据《管子·小匡》载，

管仲任齐相后,曾推荐宾须无为大司理。大司理是齐国设立的五官之一。《新序·杂事第四》载:

晋平公问于叔向曰:“昔者齐桓公九合诸侯,一匡天下,不识其君之力乎?其臣之力乎?”叔向对曰:“管仲善制割,隰朋善削缝,宾胥无善纯缘,桓公知衣而已。亦其臣之力也。”师旷侍曰:“臣请譬之以五味,管仲善断割之,隰朋善煎熬之,宾胥无善齐和之。羹以熟矣,奉而进之,而君不食,谁能强之,亦君之力也。”

我们从这段记载可知,宾须无也是齐国当时统治集团内部的重要成员,也为齐桓公建立霸业做出了重要贡献。

在齐桓公朝,还有一个重臣叫弦子旗。《管子·小匡》先云使“弦子旗为理”,继而又云“决狱折中,不杀不辜,不诬无罪,臣不如宾胥无,请立为大司理”。二人出现在《管子》同一篇中,同为大理,很可能是同一人。而《新序·杂事第四》云:“决狱折中,不诬无罪,不杀无辜,则臣不若弦宁,请置以为大理。”由此揣测,宾须无可能就是弦宁。弦宁,《韩非子·外储说左下》作“弦商”,《吕氏春秋·勿躬》《说苑·君道》作“弦章”,《晏子春秋·内篇问上》第六章元刻本作“弦宁”,孙本作“弦章”。章当为宁字之误。齐景公时有一弦章,见于《晏子春秋》之《内篇谏上》第四章、《外篇第八》第十八章。而戴望《管子校正》认为任大理的是弦章。《管子·大匡》:“宾胥无坚强以良,可以为西土。”宾须无负责西方事务,未曾任大理。弦章,字子旗,与景公时的弦章前后同名。但是,齐桓公朝之弦宁或弦章的事迹不见记载,身为五官之一的齐国重臣,其事迹却不见记载,让人十分费解。

王子成父,《晏子春秋》《新序》作王子成甫,《史记》《吕氏春秋》《管子》作“王子城父”,《左传》《说苑》作“王子成父”。被称作“王子”,故其身份应是周王之子。

王子成父长于军事。《管子·小匡》载管仲推荐王子成父任大司马:“平原广牧,车不结辙,士不旋踵,鼓之而三军之士视死如归,臣不如王子城父,请立为大司马。”王子成父任大司马,在军事方面为齐桓公建立霸业做出了重要贡献。《晏子春秋·内篇问上》第六章载晏婴说齐桓公时“军吏怠,戎士偷,则王子成甫昵侍”。《史记·律书》载:“晋用咎犯,而齐用王子,吴用孙武,申明军约,赏罚必信,卒伯诸侯,兼列邦土。”可见,王子成父也是齐桓公的军事重臣。《左传·文公十一年》载:“齐襄公之二年,鄋瞒伐齐,齐王子成父获其弟荣如,埋其首于周首之北门。”这说明王子成父在齐襄公时就已经是齐国的名将,管仲推荐他为大司马,是择能而用。而《史记·鲁周公世家》载此事发生在齐惠公二年(前607),此时距齐桓公即位已七十九年,王子成父在齐桓公即位之初即被管仲荐为大司马,不可能在近八十年后还能驰骋疆场,疑《史记》所载有误。

宁戚,卫人,听说齐桓公尊贤重士,但无缘求见,便以经商为名来到齐国。当他在车前喂牛时,齐桓公路过。他便击牛角而歌,用歌声打动了齐桓公,因而得到重用。宁戚初到齐国时,家境不是很好,曾得到管仲的帮助。《管子·小问》载:

> 桓公使管仲求宁戚。宁戚应之曰:“浩浩乎!”管仲不知,至中食而虑之。……婢子曰:“《诗》有之:‘浩浩者水,育育者鱼,未有室家,而安召我居?’宁子其欲室乎?”

宁戚至齐时,尚未有家室,在管仲的帮助下,在齐国成家。管仲在推荐五官时,推荐宁戚任司田。《管子·小匡》载管仲云:“垦草入邑,辟土聚粟多众,尽地之利,臣不如宁戚,请立为大司田。”宁戚是主管农业工作的重臣。

齐桓公朝的重要成员除前边所述高子、国子、鲍叔、隰朋、宾须无、王子成父、宁戚,还有季友(季劳、公子举)、曹孙宿(蒙孙)、匽尚、商容、审友、晏子、弗郑、仲孙湫等。管仲作为百官之长,不仅任命五官各用其所长,对其他人也是知人善任。《管子·小匡》载管仲云:“公子举为人博闻而知礼,好学而辞逊,请使游于鲁,以结交焉。公子开方为人巧转而兑利,请使游于卫,以结交焉。曹孙宿其为人也小廉而苛忕,足恭而辞结,正荆之则也,请使往游,以结交焉。”正如《新序·杂事第四》所云“管仲能知人”,因而能够形成一个团结协调的领导集体,各显其能,优势互补,从而特别有凝聚力、战斗力,这对齐桓公建立霸业无疑具有重要意义，所以我们说，同僚相得是齐桓公建立霸业的重要原因。

三、对齐桓公之死的思考

齐桓公晚年时，由于齐桓公的自身因素，齐国形成了三大隐患：

其一，内宠众多，使诸公子对君位皆有觊觎之心。齐桓公有三位夫人，皆无子，另有如夫人六位，生无诡、孝公昭、昭公潘、懿公商人、惠公元及公子雍。君主往往有众多妻妾，亦有不少公子。古时为了防止公子们争位，将嫡、庶分得很清楚，并有明确的立嗣规则，即“立嫡不立庶，立长不立幼”。但是，齐桓公的三位夫人无子，六位如夫人之子不分嫡、庶，皆有嗣位资格，因而难以遵从“立嫡不立庶”的规则，从而使诸公子皆生即位之想。

其二，未尽早确立太子，埋下了诸公子争位的隐患。虽然为了防止诸公子争位，管仲与齐桓公立孝公昭为太子，并将孝公昭日后即位之事嘱托给宋襄公，但齐桓公对此并不坚决，在众多内宠面前摇摆不定。《左传·僖公十七年》载：“公与管仲属孝公于宋襄公，以为太子。雍巫有宠于卫共姬，因寺人貂以荐羞于公，亦有宠，公许之立武孟。”武孟即公子无诡，齐桓公既立孝公昭为太子，又答应立无诡，齐桓公这种摇摆不定的态度更加剧了诸公子争位的态势，正如《左传·僖公十七年》所说“管仲卒，五公子皆求立”。

其三，宠信奸臣。奸臣主要有竖刁（竖刀）、易牙、卫公子开方等。他们对齐桓公极尽阿谀奉承之能事。齐桓公竟然宠信他们，从而形成了奸臣乱政的隐患。

特别是在鲍叔、管仲、隰朋相继去世后，各种隐患进一步突出，最终使齐国宫室发生内乱。齐桓公四十三年，桓公病重。诸公子各自结党争夺君位，竖刁等人趁机与诸公子联合作乱。他们将重病中的齐桓公幽闭宫中，不使任何人出入。齐桓公吃喝全无，身边又无一人，又饥又渴。一宫女偷偷来到宫中，齐桓公向她要饭吃，她说没有；要水喝，还是说没有。齐桓公问其故，她告诉齐桓公是竖刁等人作乱的缘故。当齐桓公得知自己因为竖刁等人作乱而陷于如此困境时，不觉长叹。《吕氏春秋·知接》载齐桓公云：“嗟乎！圣人之所见，岂不远哉？若死者有知，我将何面目以见仲父乎！”他后悔没有听从管仲的话，但已经晚矣，一切皆不可挽回。他以衣袂蒙面，在懊悔不已、又饥又渴中死去。齐桓公去世后，诸公子忙于争位，竟然无人理会。直到公子无诡被立为国君后，齐桓公才得以入殓。这期间竟无人过问，尸体生出的蛆虫都爬出了门外。齐桓公作为一代霸主，竟然在近臣的幽禁中死去，一生叱咤风云，英雄盖世，但最终身死不葬，为蛆虫所食，不禁让人掩卷深思、长叹不已！

古人对齐桓公之死多有感慨，在总结其教训时，一般都归结为用人不慎，如《管子·小称》云："死十一日，虫出于户，乃知桓公之死也，葬以杨门之扇。桓公之所以身死十一日虫出户而不收者，以不终用贤也。"《韩非子·难二》云："昔者桓公宫中二市，妇闾二百，被发而御妇人。得管仲，为五伯长；失管仲、得竖刁而身死，虫流出尸不葬。"《韩非子·十过》篇亦云："故桓公之兵横行天下，为五伯长，卒见弑于其臣，而灭高名，为天下笑者，何也？不用管仲之过也。故曰：过而不听于忠臣，独行其意，则灭其高名，为人笑之始也。"可见，后人一般都把齐桓公晚年的教训归结为没有坚持听从管仲的意见，即不用忠臣之言而任用奸臣。

但是，我们应该看到，从古到今由于多有怀才不遇之人，任贤使能一直都是人们的普遍情结。齐桓公之死正是人们评说的最佳话题，其中突显尊用贤人的重要性以及不用贤人的沉痛教训。同时，我们还应该看到，古人出于对任贤使能的强调，往往忽略了君主本身的因素，似乎只要任贤，君主有再多的缺点也不会出问题。这一看法表现得很突出，如《说苑·尊贤》云：

> 或曰："将谓桓公仁义乎？杀兄而立，非仁义也；将谓桓公恭俭乎？与妇人同舆，驰于邑中，非恭俭也；将谓桓公清洁乎？闺门之内，无可嫁者，非清洁也。此三者亡国失君之行也，然而桓公兼有之，以得管仲隰朋，九合诸侯，一匡天下，毕朝周室，为五霸长，以其得贤佐也；失管仲隰朋，任竖刁易牙，身死不葬，虫流出户。一人之身，荣辱俱施者，何者？其所任异也。"由此观之，则任佐急矣。

《说苑》指出齐桓公"非仁义""非恭俭""非清洁"，并强调这三条每一条都是“亡国失君之行”,但又指出由于齐桓公任用管仲等贤佐,非但不“亡国失君”,反而成为五霸之首。而任用竖刁等人,虽为五霸之首,也落得身死不葬的下场。由此可见“贤佐”最为关键。

强调任用贤佐无疑是正确的,但是,那种认为君主是否自律无关紧要的观点是错误的。我们只要对齐桓公之死略加分析便会看出,齐桓公自身的放任不羁才是悲剧形成的最根本原因。假如齐桓公不那么好色,不因宠爱某一位美女就给予其夫人地位,而遵守规则只立一位夫人,分清嫡、庶界限;假如在明确嫡、庶的基础上,早日确立太子,而不是在立嗣问题上犹豫不决,那么,齐国就很难会出现诸公子争位的混乱局面。假如太子地位牢固,纵然齐桓公任用竖刁等人,竖刁等人也不敢在齐桓公病重之时把齐桓公幽禁宫中;假如太子能够顺利即位,竖刁等人即使被齐桓公任用,也掀不起风浪。因此,我们说,任用竖刁等人只是齐桓公之死悲剧教训的一个方面。

事实上,由于身份地位的局限,无论辅臣多么精明强干,也无法完全消弭因君主不自律而形成的隐患,齐桓公之死正说明了这一问题。尽管管仲对隐患早有觉察,早就采取了避免内乱的措施,如将辅佐太子孝公昭即位之事委托给宋襄公,以防万一;如向齐桓公指出竖刁等人是奸佞之臣,苦口婆心地说服齐桓公驱逐竖刁等人;管仲还提出让隰朋继任齐相,等等。从管仲采取的措施来看,不能不说管仲眼光敏锐,防患于未然,用心良苦,但是,隰朋也相继去世,人算不如天算,这是管仲所始料不及的。齐桓公最终还是没有坚持听从管仲的意见,在管仲去世后又重新任用竖刁等人。管仲再有能力也难以管理死后之事,只有委托宋襄公之事,最后发挥了作用。太子孝公昭靠宋襄公成为国君,终于使齐国局势得以稳定。

齐桓公失于检点,导致霸业毁于一旦。齐桓公的六位如夫人所生的六位公子,除孝公昭被立为太子,其他五公子即无诡、昭公潘、懿公商人、惠公元、公子雍,有四个相继为君。先是无诡争得君位,但在位仅三个月就被杀。然后是孝公昭,在位十年。孝公昭去世后,昭公潘杀齐孝公之子而自立,在位二十年。昭公潘去世后,其子齐君舍即位,懿公商人又杀齐君舍而自立,在位四年被弑。齐人废懿公之子而立惠公元。六公子中,只有公子雍没有染指君位,但也在易牙的辅佐下,依靠鲁、楚的力量,占居于谷,自成一体。

除了上述六公子，还有一些公子逃亡他国。《左传・僖公二十六年》载："桓公之子七人，为七大夫于楚。"从齐桓公四十三年（前643）桓公去世，到齐惠公即位（前609），在这三十余年时间里，有五位公子相继为国君，其中两位被杀，有两位公子杀侄自立。而这血淋淋的现实竟然源于齐桓公的宠爱过多、过滥。本来，就霸业而言，尽管已经开始走下坡路，但凭借多年形成的威望，在齐桓公去世后，齐国的盟主地位再延续一段时间是完全可能的。《春秋・僖公十九年》载，齐孝公二年冬，鲁僖公"会陈人、蔡人、楚人、郑人盟于齐"。《左传》载："陈穆公请修好于诸侯，以无忘齐桓之德。冬，盟于齐，修桓公之好也。"可见，在齐桓公去世两年后，诸侯还不忘"齐桓之德"而"盟于齐"。如果齐国政局平稳，完全能够延续霸业，只可惜齐桓公由于自身问题，使政局长期混乱，导致霸业顿失。

因此，我们说任用贤佐很重要，而君主的自律更重要。若不然，纵有管仲这样的贤佐，也难以阻止败亡的结局。

第六章　管仲的历史地位及影响

管仲历来被视为中国古代贤相的代表,受到后人的敬仰,对后世具有十分深远的重要影响。他曾长期被列入国家祀典,作为名宦先贤而受到地方官府及人民的祭祀;在民间被奉为行业祖师或行业神,受到某些行业的供奉、祭拜;作为管氏宗主,还被列入管氏祠堂,受到管氏后人的祭祀。

一、中国古代贤相的代表

管仲以其突出的历史功业,奠定了其在中国历史上的重要地位,受到了后人的推崇和仰慕。古人对管仲的历史功绩给予了充分肯定,尽管也有一些批评,但没有人对管仲的历史贡献提出质疑。

这在先秦时期儒家的评价中表现得最为典型。儒家基于自身的政治主张,在充分肯定管仲的历史功绩的同时,也对管仲提出了某些批评。

儒家的创始人孔子对管仲既有褒扬又有批评。首先,孔子充分肯定管仲的历史功绩,并针对当时人们对管仲的非议进行了辩解。《论语·宪问》载:

> 子贡曰:"管仲非仁者与?桓公杀公子纠,不能死,又相之。"子曰:"管仲相桓公,霸诸侯,一匡天下,民到于今受其赐。微管仲,吾其被发左衽矣。岂若匹夫匹妇之为谅也,自经于沟渎而莫之知也?"

管仲的历史功绩给后世造成了巨大影响。尽管到孔子时已经过去了一百余年,但管仲依然是志士仁人议论的重要话题。管仲不为公子纠死,并改事公子纠的政治对手齐桓公,对此,孔子的学生子贡很不以为然,认为管仲不仁。孔子却不同意子贡的看法，他充分肯定了管仲做出的巨大历史贡献，反对以匹夫匹妇的节操标准去衡量管仲。孔子不同意子贡"管仲非仁者"的看法，坚定地称颂管仲是仁者。《论语·宪问》载：

> 子路曰："桓公杀公子纠，召忽死之，管仲不死"，曰："未仁乎？"子曰："桓公九合诸侯，不以兵车，管仲之力也。如其仁，如其仁！"

子路与子贡一样，认为管仲不像召忽那样为公子纠死是不仁，孔子却强调管仲不单纯依靠武力盟会诸侯的史实。而用和平手段称霸，尽量避免武力，正符合孔子的仁政思想。所以，孔子说："如其仁，如其仁！"孔子连用两个"如其仁"，可见孔子对管仲其仁的突出强调。

孔子以"仁"称许管仲不是偶然为之，而是一贯的。子贡、子路认为管仲不仁，孔子都予以反驳就充分说明了这一点。另外，在评价古人时，孔子也一直称赞管仲"仁"。《论语·宪问》载：

> 或问子产。子曰："惠人也。"问子西。曰："彼哉！彼哉！"问管仲。曰："人也，夺伯氏骈邑三百，饭疏食，没齿无怨言。"

孔子称管仲"人"。今人对"人"的解释不一。杨伯峻在《论语译注》中翻译为"人才"①。或解释为有能力，实际上也是人才的意思。这里的"人"字，应该通"仁"，称管仲"人也"，就是说管仲"仁人也"。前文说子产为"惠人"，此处说管仲为"仁人"。

正因为管仲做出了巨大的历史贡献，所以孔子忽略了管仲不为公子纠死的问题，认为这与"民到于今受其赐""九合诸侯，不以兵车"这样的历史功绩比起来，不过是"匹夫匹妇"之类的世俗之人的节操而已，不应该以此否定管仲，由此可见孔子对管仲历史功业的充分肯定。

当然，孔子对管仲也有批评，这主要表现在以下几个方面：

---

① 杨伯峻：《论语译注》，中华书局1980年版，第148页。

一是器小。《论语·八佾》载孔子云:“管仲之器小哉!”杨伯峻在《论语译注》中将“器小”翻译为“器量狭小”①。这里的“器”应指胸襟抱负,就是说,以管仲的才能不应该仅仅辅君成霸,而应该再进一步——辅君成王。对此司马迁解释得很清楚,《史记·管晏列传》云:“管仲,世所谓贤臣,然孔子小之。岂以为周道衰微,桓公既贤,而不勉之至王,乃称霸哉?”将孔子在《论语》中对管仲的评价综合起来看,孔子对管仲未能辅君成王流露出了些许遗憾。孔子的这一批评对后世的影响很大。儒家后学基本沿袭了这一观点,如《新序·杂事第四》载:

> 桓公用管仲则小也,故至于霸,而不能以王。故孔子曰:“小哉,管仲之器。”盖善其遇桓公,惜其不能以王也。至明主则不然,所用大矣。

《新序》一书亦认为管仲可以有更大的作为,并认为孔子说管仲器小是为管仲未能辅君成王而可惜。

二是不俭。《论语·八佾》载:“或曰:‘管仲俭乎?’曰:‘管氏有三归,官事不摄,焉得俭?’”孔子批评管仲不知节俭,也见于其他史料记载。如《礼记·杂记下》载孔子曰:“管仲镂簋而朱纮,旅树而反坫,山节而藻棁。贤大夫也,而难为上也。晏平仲祀其先人,豚肩不掩豆,贤大夫也,而难为下也。君子上不僭上,下不逼下。”《韩非子·外储说左下》也有类似的记载:“一曰:管仲父出,朱盖青衣,置鼓而归,庭有陈鼎,家有三归。孔子曰:‘良大夫也,其侈逼上。’”从现有记载来看,管仲不俭早就是人们的共同看法。《礼记·礼器》载:“管仲镂簋朱纮,山节藻棁,君子以为滥矣。”《晏子春秋·内篇谏上》第十二章载:“公曰:‘昔吾先君桓公,以管子为有力,邑狐与谷,以共宗庙之鲜。赐其忠臣,则是多忠臣者。子今忠臣也,寡人请赐子州矣。’辞曰:‘管子有一美,婴不如也;有一恶,婴不忍为也,其宗庙之养鲜也。’终辞而不受。”张纯一认为,此处的“恶”当指以鸟兽为祭品为恶:“晏子以蘋蘩蕴藻之菜,可荐于鬼神。为宗庙养鲜,是以残害物命为事,殊伤鬼神之仁,恶已,

---

① 杨伯峻:《论语译注》,中华书局1980年版,第31页。

故不忍为供鲜之事，所以保合太和，充兼爱之量也。”①从上下文意来看，晏婴并无反对杀生以供宗庙之意，《礼记·杂记下》亦云他“祀其先人，豚肩不掩豆”，只是节俭而已，也用豚肩，晏婴只是强调自己的宗庙之供养已经具备，不接受齐景公的赏赐。因此，这里所说的管子的“一美”“一恶”当另有所指。从管仲接受赏邑而晏婴不接受赏邑来分析，这里的“美”当指管仲建立的功业，“恶”当指管仲生活奢侈。晏婴并不直言，然而时人皆听得明白，可见，人们对管仲不俭早有共识。

三是不守礼。《论语·八佾》载：“‘然则管仲知礼乎？’曰：‘邦君树塞门，管氏亦树塞门；邦君为两君之好，有反坫，管氏亦有反坫。管氏而知礼，孰不知礼？’”孔子批评管仲不知礼，主要是因为管仲所用的某些设施与君主相同，如“塞门”“反坫”之类。儒家的伦理等级观念非常强，儒家强调“礼”主要也就是强调建立和维护等级制度。而管仲贵为“仲父”，位在高子、国子之上，在某些方面与国君相同，因此，被儒家视为僭越。

另外，孔子对管仲未能荐贤也有不满。《韩诗外传》卷七载：

> 子贡问大臣，子曰：“齐有鲍叔，郑有子皮。”子贡曰：“否。齐有管仲，郑有东里子产。”孔子曰：“产，荐也。”子贡曰：“然则荐贤贤于贤。”曰：“知贤，知也；推贤，仁也；引贤，义也。有此三者，又何加焉！”

在孔子看来，鲍叔荐管仲，子皮荐子产，名闻天下。但管仲、子产推荐了谁，并不知道。孔子在高度评价鲍叔、子皮荐贤的同时，也流露出了对管仲、子产不重视推荐贤人的不满之情。这一看法对后世的影响很大，如宋代苏洵在《管仲论》中云：“虽威公幸而听仲，诛此三人，而其余者，仲能悉数而去之邪？呜呼！仲可谓不知本者矣！因威公之问，举天下之贤者以自代，则仲虽死，而齐国未为无仲也。夫何患三子者？”苏洵批评管仲未能荐贤以自代。这一观点显然是对孔子批评管仲未荐贤的进一步阐发。

孔子既充分肯定了管仲的历史功绩和历史地位，又对其不符合儒家主

---

① 张纯一：《晏子春秋校注》，中华书局 1954 年版，第 18 页。

张的行为进行了批评。孔子的评价基本上确定了后世儒家对管仲的认识基调,也就是说,后世儒家对管仲的认识基本上没有超出孔子的评价范围,只是各有所强调而已。如孟子一方面充分肯定管仲的历史地位,另一方面又基于儒家推崇王道的理想,不屑于管仲仅是辅君成霸,《孟子·公孙丑下》载孟子云:"故汤之于伊尹,学焉而后臣之,故不劳而王;桓公之于管仲,学焉而后臣之,故不劳而霸。今天下地丑德齐,莫能相尚,无他,好臣其所教,而不好臣其所受教。汤之于伊尹,桓公之于管仲,则不敢召。管仲且犹不可召,而况不为管仲者乎?"孟子将管仲与商汤时的名相伊尹并提,充分肯定了管仲的历史地位,同时又对管仲的功业不屑一顾,这在《孟子·公孙丑上》中体现得非常清楚:

> 公孙丑问曰:"夫子当路于齐,管仲、晏子之功,可复许乎?"孟子曰:"子诚齐人也,知管仲、晏子而已矣。或问乎曾西曰:'吾子与子路孰贤?'曾西蹴然曰:'吾先子之所畏也。'曰:'然则吾子与管仲孰贤?'曾西艴然不悦,曰:'尔何曾比予于管仲!管仲得君如彼其专也,行乎国政如彼其久也,功烈如彼其卑也;尔何曾比予于是?'"曰:"管仲,曾西之所不为也,而子为我愿之乎?"曰:"管仲以其君霸,晏子以其君显。管仲、晏子犹不足为与?"曰:"以齐王,由反手也。"

孟子认为,管仲辅君成王易如反手,而管仲仅辅君成霸,所以,他不以管仲功业自许。孟子的这一观点实际上是对孔子"管仲之器小"说法的进一步发挥。与孔子相比,孟子对管仲的批评显得尤为苛刻。孔子说管仲"器小"是在感叹"如其仁"的基础上所发,是美中不足的遗憾;而孟子对管仲辅君成霸是不屑,之所以如此,与孟子推崇王道的政治主张有关。梁启超《管子评传》云:"孟子之论管子,则轻薄之意,溢于言外,常有彼哉彼哉羞与为伍之心。嘻!其过矣!吾以为孟子之学力,容有非管仲所能及者。管仲之事业,亦有断非孟子所能学者。在孟子当时或亦有为而发,为此过激之言。"[1]此说

---

① 梁启超:《管子评传》,上海书店出版社 1986 年版。

甚为中肯。

荀子也充分肯定了管仲的历史地位。《荀子·王霸》篇载荀子云：

既能当一人，则身有何劳而为，垂衣裳而天下定。故汤用伊尹，文王用吕尚，武王用召公，成王用周公旦。卑者五伯，齐桓公闺门之内，县乐奢泰游玩之修，于天下不见谓修，然九合诸侯，一匡天下，为五伯长，是亦无它故焉，知一政于管仲也，是君人者之要守也。

荀子认为管仲是春秋五霸时期的第一功臣，齐桓公“九合诸侯，一匡天下，为五伯长”完全是管仲的历史功绩。同时，荀子又因为主张王道，对霸业流露出不屑之意。《荀子·仲尼》篇载荀子云：“仲尼之门人，五尺之竖子言羞称乎五伯。”正因为如此，荀子既充分肯定管仲辅君成霸的历史地位，又对管仲未辅君成王而不满。《荀子·王制》篇云：

成侯、嗣公，聚敛计数之君也，未及取民也；子产，取民者也，未及为政也；管仲，为政者也，未及修礼也。故修礼者王，为政者强，取民者安，聚敛者亡。

《荀子·大略》篇又云：

子谓子家驹续然大夫，不如晏子；晏子功用之臣也，不如子产；子产惠人也，不如管仲；管仲之为人，力功不力义，力知不力仁，野人也，不可为天子大夫。

荀子认为“修礼者王”，而管仲“未及修礼”，只是“力功”“力知(智)”，而未能“力义”“力仁”。因此，荀子认为管仲“不可为天子大夫”，也就是说管仲不是王者之佐。由此可见，荀子对管仲的批评也是集中在管仲建立霸道而未实行王道上。

在先秦诸子中，韩非子对管仲有比较多的评价。首先，韩非子充分肯定管仲的历史地位，如《韩非子·说疑》篇云："若夫后稷、皋陶、伊尹、周公旦、太公望、管仲、隰朋、百里奚、蹇叔、舅犯、赵衰、范蠡、大夫种、逢同、华登，此十五人者为其臣也……如此臣者，虽当昏乱之主，尚可致功，况于显明之主乎？此谓霸王之佐也。"韩非子列举其前的"霸王之佐"十五人，将管仲列在姜太公之后。再如《韩非子·奸劫弑臣》篇云："伊尹得之汤以王，管仲得之齐以霸，商君得之秦以强。此三人者，皆明于霸王之术，察于治强之数，而不以牵于世俗之言；适当世明主之意，则有直任布衣之士，立为卿相之处；处位治国，则有尊主广地之实。此之谓足贵之臣。汤得伊尹，以百里之地，立为天子；桓公得管仲，立为五霸主，九合诸侯，一匡天下；孝公得商君，地以广，兵以强。"韩非子在此将管仲与伊尹并提。再如《韩非子·南面》篇云："伊尹毋变殷，太公毋变周，则汤、武不王矣。管仲毋易齐，郭偃毋更晋，则桓、文不霸矣。"韩非子在此又将管仲与伊尹、姜太公并提。通过以上记述可以看出，韩非子将管仲视为姜太公之后最有成就的政治家。

韩非子对管仲也有批评。与儒家因追求王道而多批评管仲"器小"不同，韩非子对管仲的批评则从法家的政治观点出发，多集中在树立君主的绝对权威、建立严刑峻法、赏信罚必等方面。如《韩非子·难一》篇分析管仲临终前要求齐桓公去除竖刁等三人时云：

> 庆赏信而刑罚必，故君举功于臣，而奸不用于上，虽有竖刁，其奈君何？且臣尽死力以与君市，君垂爵禄以与臣市。君臣之际，非父子之亲也，计数之所出也。君有道，则臣尽力而奸不生；无道，则臣上塞主明而下成私。管仲非明此度数于桓公也，使去竖刁，一竖刁又至，非绝奸之道也。且桓公所以身死虫流出尸不葬者，是臣重也；臣重之实，擅主也。有擅主之臣，则君令不下究，臣情不上通，一人之力能隔君臣之间，使善败不闻，祸福不通，故有不葬之患也。明主之道：一人不兼官，一官不兼事。卑贱不待尊贵而进论，大臣不因左右而见。百官修通，群臣辐凑。有赏者君见其功，有罚者君知其罪。见知不悖于前，赏罚不弊于后，安有不葬之患？管仲非明此言于桓公也，使去三子，故曰："管仲无度矣。"

韩非子认为,君主赏信罚必是关键,这样“君举功于臣而奸不用于上,虽有竖刁其奈君何”?只要君有道,纵有竖刁也不为害,相反,驱逐一个竖刁,还会出现新的竖刁。另外,不能有“擅主之臣”,要树立君主的绝对权威,“有赏者君见其功,有罚者君知其罪”。管仲没有明确告诉齐桓公这一道理,所以韩非子批评管仲不依法度。

《韩非子·难一》篇记载管仲向齐桓公要名分、地位,并引霄略的话:“管仲以贱为不可以治国,故请高、国之上;以贫为不可以治富,故请三归;以疏为不可以治亲,故处仲父。管仲非贪。以便治也。”《韩非子》一书对此事有这样的分析:

> 或曰:今使臧获奉君令诏卿相,莫敢不听;非卿相卑而臧获尊也,主令所加,莫敢不从也。今使管仲之治,不缘桓公,是无君也,国无君不可以为治。若负桓公之威,下桓公之令,是臧获之所以信也,奚待高、国、仲父之尊而后行哉!当世之行事都丞之下征令者,不辟尊贵,不就卑贱。故行之而法者,虽巷伯信乎卿相;行之而非法者,虽大吏诎乎民萌。今管仲不务尊主明法,而事增宠益爵,是非管仲贪欲富贵,必暗而不知术也。故曰:“管仲有失行,霄略有过誉。”

韩非子从建立君主的绝对权威这一政治主张出发,进一步批评管仲“不务尊主明法”。《韩非子·难二》篇先叙述了管仲的一则逸事:“齐桓公饮酒醉,遗其冠,耻之,三日不朝。管仲曰:‘此非有国之耻也,公胡其不雪之以政?’公曰:‘胡其善!’因发仓囷,赐贫穷,论囹圄,出薄罪。处三日而民歌之曰:‘公胡不复遗冠乎!’”然后就此事评论云:

> 是虽雪遗冠之耻于小人,而亦遗义之耻于君子矣。且夫发囷仓而赐贫穷者,是赏无功也;论囹圄而出薄罪者,是不诛过也。夫赏无功则民偷幸而望于上,不诛过则民不惩而易为非,此乱之本也,安可以雪耻哉!

韩非子反对“赐贫穷”“出薄罪”,认为这是“赏无功”“不诛过”,是“乱之本”。

由此可见,儒家、法家对管仲的批评都带有一定的门户之见,孔孟之徒绝对不会像韩非子那样批评管仲“赐贫穷”“出薄罪”,韩非子也绝对不会像儒家那样不屑于管仲辅君成霸并说管仲“器小”。他们对管仲的评价实际上都是借管仲的巨大影响力来阐述自己的政治观点。他们对管仲的热议正说明了管仲在中国历史上的重要地位,表明管仲是中国春秋时期坐标式的重要人物。

到战国时期,管仲是春秋以来最著名贤相的地位已经基本确立。《孟子·公孙丑上》载公孙丑问孟子:“夫子当路于齐,管仲、晏子之功,可复许乎?”并说:“管仲以其君霸,晏子以其君显。”孟子的弟子公孙丑显然把管仲、晏婴视为功业最显著的政治家,如能从政,建立犹如管仲、晏婴般的功业是他的理想目标。孟子尽管从主张王道出发,对霸业不屑,讥讽公孙丑真正是齐人,只知道管仲、晏婴而已,但并不能举出自春秋以来历史贡献超出管仲、晏婴的历史人物从而否认管仲、晏婴是当时人们公认的最卓有建树的贤相的历史事实。

当时,管仲、晏婴被视为功业最著的贤相,不只局限于齐国、齐人的范围内,实际上已经是当时人们的共识。《史记·孟子荀卿列传》载“客有见髡于梁惠王”,梁惠王说:“子之称淳于先生,管、晏不及。”可见,最晚在战国前期,就已将管晏并提,管仲、晏婴已被视为中国贤相的代表人物。另外,通过上述韩非子对管仲的评价,也可以看出管仲在春秋以来的历史地位。

至汉代,人们对管仲是春秋时期贤相代表的认识更为明确,司马迁作《史记·管晏列传》,更进一步统一了人们对管、晏是中国古代最著名贤相的认识。

确切地说,自汉代以后,管仲被普遍认为是辅君成就霸业的第一人,是最有成就的霸者之佐。《汉书·董仲舒传》载刘向云:“董仲舒有王佐之材,虽伊、吕亡以加,管、晏之属,伯者之佐,殆不及也。”伊,即伊尹,辅助商汤消灭夏朝,在建立商朝的过程中立下了汗马功劳。吕,即吕尚,也就是姜太公,辅佐周文王、周武王消灭殷商而建立周朝。刘向将伊尹、吕尚作为王者之佐的代表,将管仲、晏婴作为霸者之佐的代表,这反映了当时人们的基本观点。

二、后世的景仰

管仲以其不朽的历史功业彪炳青史，尽管不乏务功不务礼、“器小”的批评之声，但其历史功业一直受到后人特别是追求建功立业的志士仁人的仰慕。管仲曾长期被列入国家祀典，作为地方名宦先贤受到祭祀，亦因生前的功业事迹受到民间的敬仰，被奉为行业神和管氏宗主。在这一方面，张艳丽在《太公配享·地方先贤·盐业之神——论古代官方祀典系统里的管仲形象》[①]这篇文章中考述得比较详尽。总之，后世对管仲的景仰体现在多个方面，概括起来，主要有以下表现：

第一，管仲建立的功业为后人所仰慕。

管仲以其突出的历史贡献一直深受后人景仰。到春秋后期，由于社会更加动荡不已，人们对管仲的功业更为关注。《晏子春秋》一书多次提到管仲，说明管仲在齐国一直都是令人追慕不已的政治偶像。如孔子评价管仲说“民到于今受其赐”，以仁许之，感叹“如其仁！如其仁！”孔子对管仲的历史功绩给予了极高的评价。

战国时期，诸侯列强出于激烈的竞争需要，对管仲表现出特别的关注。管仲的历史功业被人们津津乐道，如孟子的弟子公孙丑仰慕“管、晏之功”；有人向梁惠王推荐淳于髡，以“管、晏不及”来说明其超出常人的突出才能；韩非子说管仲是“霸王之佐”等，都明显表现出对管仲的景仰之意。出于对管仲的景仰，人们已经将管仲的言行作为评判是非的标准，如《史记·鲁仲连邹阳列传》载燕将攻占聊城，田单攻聊城，岁余不下，当时鲁仲连遗燕将书，劝说燕将或返燕或降齐，不要死守聊城。当时鲁仲连在信中即以管仲的事迹为据。他说：“且吾闻之，规小节者不能成荣名，恶小耻者不能立大功。昔者管夷吾射桓公中其钩，篡也；遗公子纠不能死，怯也；束缚桎梏，辱也。若此三行者，世主不臣而乡里不通。乡使管子幽囚而不出，身死而不反于齐，则亦名不免为辱人贱行矣。臧获且羞与之同名矣，况世俗乎！故管子不耻身在缧绁之中而耻天下之不治，不耻不死公子纠而耻威之不信于诸侯，故

---

① 张艳丽：《太公配飨·地方先贤·盐业之神——论古代官方祀典系统里的管仲形象》，《管子学刊》2011 年第 3 期。

兼三行之过而为五霸首，名高天下而光烛邻国。”鲁仲连的信对收复聊城起了关键性的作用，这说明由于人们景仰管仲，所以管仲的言行事迹在当时已经对人们有了一定的指导作用。

诸葛亮常常自比于管仲。《三国志·诸葛亮传》载：“亮躬耕陇亩，好为《梁父吟》。身长八尺，每自比于管仲、乐毅，时人莫之许也。”由此可见，诸葛亮在出山之前，即以管仲自许，将管仲的功业作为自己的人生追求目标。

东晋时人王导，辅助晋元帝立足江左，在建立和稳定东晋政权的过程中发挥了关键作用，号为仲父，被人誉为“江左管夷吾”。《晋书·温峤传》载：“于时江左草创，纲维未举，峤殊以为忧。及见王导共谈，欢然曰：‘江左自有管夷吾，吾复何虑！’”《晋书·王导传》载，桓彝初过江，见朝廷微弱，忧惧不乐。及见王导后，说：“向见管夷吾，无复忧矣。”

一般来说，越是在社会大变革时期，人们越是容易追思卓有建树的先贤。诸葛亮处于三国乱世，以管仲为榜样；王导处于两晋交替之际，被人称誉为“当世管仲”。这一现象正说明了管仲既是由乱而治的楷模，也代表了乱世思治的向往。梁启超于1909年作《管子评传》，正值清朝濒临灭亡。乱中图治，弱中图强，是人们的迫切愿望。所以，梁启超在《管子评传》中表达了对管仲的崇敬：“管子者，中国之最大政治家，而亦学术思想界一巨子也。”崇敬之意，溢于言表。

第二，曾长期被列入国家祀典。

在中国历史上，管仲曾被列入国家祀典。“管仲出现在国家的礼制祀典中，主要作为祭祀齐姜太公的配祭而存在，并与国家祭祀齐姜太公的历程相始终。这种礼制从唐代开始，历经五代、宋、金、元诸朝代沿袭，直到明朝初年才宣告废止。”①

《唐会要》卷二十三“武成王庙”载，唐玄宗于开元十九年(731)开始建太公庙，当时，在长安、洛阳两京及天下诸州各建一所太公庙，以张良配享，并且“仍简取自古名将，功成业著，弘济生人，准十哲例配享”。

至唐肃宗上元元年(760)，鉴于安史之乱后，武将的地位得到显著提高，

---

① 张艳丽：《太公配飨·地方先贤·盐业之神——论古代官方祀典系统里的管仲形象》，《管子学刊》2011年第3期。

正所谓“定祸乱者，必先于武德，拯生灵者，谅在于师贞”，提倡尚武精神，于是下诏将姜太公追封为武成王，“有司依文宣王置庙，仍委中书门下，择古今名将，准文宣王置亚圣及十哲等。享祭之典，一同文宣王”。于是，各地太公庙改为武成王庙，祭祀规格与祭祀文宣王孔子相同，至此，在国家祀典中，姜太公已经成为与文圣孔子并肩的武圣。

但是，当时配享的“自古名将”并不包括管仲，《新唐书·志第五》礼乐五载上元元年“以历代良将为十哲象坐侍。秦武安君白起、汉淮阴侯韩信、蜀丞相诸葛亮、唐尚书右仆射卫国公李靖、司空英国公李勣列于左，汉太子少傅张良、齐大司马田穰苴、吴将军孙武、魏西河守吴起、燕晶国君乐毅列于右，以良为配”。从该记载来看，太公庙或武成王庙中的“亚圣及十哲”中并无管仲。

管仲配享武成王庙始于唐德宗建中三年(782)。该年依文宣王庙祭祀孔门十哲、七十二弟子之例制，武成王庙在张良与“十哲”配享的基础上，确定七十二弟子配享，管仲列入七十二弟子之中。“诏史馆考定可配享者，列古今名将凡六十四人图形焉”，其中有“齐相管仲”。管仲被列入武成王庙，自此时起，管仲作为姜太公配享被列入国家祀典。

至宋代，管仲继续配享武成王庙，其在配祀中的地位有很大提升。《宋史·志第五十八》礼八“武成王庙”载：宋太祖建隆三年(962)，下诏“修武成王庙，与国学相对”，并于建隆年间对配享者进行了较大的调整，“建隆议升历代功臣二十三人，旧配享者退二十二人”，可见调整人数之多，并且管仲特别受宋太祖青睐，由庑升堂。宋太祖将管仲从七十二贤调整到了十哲。《宋会要辑稿》礼一六“幸武学”载，建隆四年宋太祖下诏曰：“其武成王庙从祀神象，齐相管仲宜塑像升于堂，魏河西(西河)太守吴起宜画像降于庑。”宋仁宗庆历年间，又做了一次调整：“庆历仪，自张良、管仲而下依旧配享，不用建隆升降之次。”张良自唐代建太公庙开始，一直是配享第一人，从管仲与张良并提来看，管仲已经是配享中的主要人物，其位置仅次于张良，已经与唐代时列于“十哲”之外大不相同，已经成为“十哲”之首。

宋徽宗宣和五年(1123)，礼部提议为武成庙从祀中“未经封爵之人”追封爵位，于是，封管仲为“涿水侯”。当时从祀诸人的排列次序是“以张良配享殿上，管仲、孙武、乐毅、诸葛亮、李勣并西向，田穰苴、范蠡、韩信、李靖、郭子仪并东向”。其他人等在东、西庑，“东庑，白起、孙膑、廉颇、李牧、曹参、周勃、李广、霍去病、邓禹、冯异、吴汉、马援、皇甫嵩、邓艾、张飞、吕蒙、陆抗、杜预、陶侃、慕容恪、宇文宪、韦孝宽、杨素、贺若弼、李孝恭、苏定方、王孝杰、王晙、李光弼，并西向；西庑，吴起、田单、赵奢、王翦、彭越、周亚夫、卫青、赵充国、寇恂、贾复、耿弇、段颎、张辽、关羽、周瑜、陆逊、羊祜、王濬、谢玄、王猛、王镇恶、斛律光、王僧辩、于谨、吴明彻、韩擒虎、史万岁、尉迟敬德、裴行俭、张仁亶、郭元振、李晟，并东向。凡七十二将云”。从这一排列次序可以明显看出，在宋代武成王庙从祀人员中，所谓的亚圣是张良，殿上两侧每侧 5 人，即所谓的“十哲”，而管仲为“十哲”之首。亚圣与十哲从祀于殿上，之外的从祀人员列于殿外东、西庑，所有从祀人员总计 72 人，即所谓“七十二弟子”。

至南宋高宗绍兴十一年(1141)，殿上从祀人员又有所调整，“以管仲至郭子仪十八人祀于殿上”。看来，殿上从祀人员已增加到十八人，但管仲的位置没有变，仍然是殿上两列从祀人员的第一人。

在元代，管仲仍然是武成王庙中主要的从祀人员。《元史·志第二十七》祭祀五“武成王”载：“武成王立庙于枢密院公堂之西，以孙武子、张良、管仲、乐毅、诸葛亮以下十人从祀。”从该记载来看，与宋朝相比，孙武的位置似乎有所提前。

明朝建立后，一开始沿用惯例，祭祀武成王庙，但到明太祖朱元璋洪武二十一年(1388)，对姜太公“罢庙祭，去王号”，只是将其作为历代名臣从祀于“历代帝王陵庙”。《明史·志第二十六》礼四“历代帝王陵庙”载：“(洪武)二十一年，令每岁郊祀，附祭历代帝王于大祀殿。仍以岁八月中旬，择日遣官祭于本庙，其春祭停之。又定每三年遣祭各陵之岁，则停庙祭。是年诏以历代名臣从祀……于是定风后、力牧、皋陶、夔、龙、伯夷、伯益、伊尹、傅说、周公旦、召公奭、太公望、召虎、方叔、张良、萧何、曹参、陈平、周勃、邓禹、冯异、诸葛亮、房玄龄、杜如晦、李靖、郭子仪、李晟、曹彬、潘美、韩世忠、岳飞、张浚、木华黎、博尔忽、博尔术、赤老温、伯颜，凡三十七人，从祀于东西庑。”姜太公由单独立庙变为帝王庙中从祀的名臣，其地位在国家祀典中发生了重大变化,“初,太公望有武成王庙,尝遣官致祭如释奠仪。至是,罢庙祭,去王号”。随着姜太公被“罢庙祭”,作为从祀的管仲当然也就失去了从祀的地位。奇怪的是帝王庙“从祀于东西庑”的三十七名“历代名臣”也不包括管仲,而之前从祀于武成王的许多排列在他后边的人物这次得以从祀帝王庙,管仲却未被列入。再仔细分析从祀的三十七名“历代名臣”,自方叔之前是西周及周朝之前的人,自张良之后都是汉初之后的人,春秋战国并无一人,不仅管仲没有被列入,像孙武、田穰苴、吴起、孙膑、乐毅、田单、廉颇、李牧等原来从祀于武成王庙的春秋战国时期的人物一概阙如。因此,管仲被淡出国家祀典,不是因为功名不著,或是另有原委。

从唐德宗建中三年(782)开始从祀于武成王庙,到明代洪武二十一年(1388)武成王庙“罢庙祭”,管仲享受国家祀典600余年。

第三,作为名宦先贤受到地方官府的供奉。

唐玄宗曾下诏令济南郡为管仲建立祠宇,由地方长官于春秋二时致祭。《唐会要》卷二十二“前代帝王”载唐玄宗天宝七载五月五日下诏:“其忠臣、义士、孝妇、烈女,史籍所载,德行弥高者,所在宜置祠宇,量事致祭。殷相傅说(汲郡)、殷太师箕子(汲郡)、宋公微子(睢阳郡)、殷少师比干(汲郡)、齐相管夷吾(济南郡)、齐相晏平仲(济南郡)、晋卿羊舌叔向(绛郡)、鲁卿季孙行父(鲁郡)、郑卿东里子产(荥阳郡)、燕上将军乐毅(上谷郡)、赵卿蔺相如(赵郡)、楚三闾大夫屈原(长沙郡)、汉大将军霍光(平阳郡)、汉太傅萧望之(万年郡)、汉丞相邴吉(鲁郡)、蜀丞相诸葛亮(南阳郡),以上忠臣一十六人。……并令郡县长官,春秋二时择日,准前致祭。”这可能是朝廷命令地方官府祭祀管仲之始。

自古以来,人们多因本地曾出现名宦先贤而引以为豪,往往建立先贤祠、名宦祠等祠堂进行供奉。由于管仲突出的历史地位,官府在与管仲有关的地方,为管仲建立祠堂进行供奉,并保存管仲的遗迹,使之成为地方名胜。

管仲相齐桓公,一生业绩主要成就于齐国,因此,管仲自然是齐国故都临淄供奉的历史名人。据康熙六十年《青州府志·祀典》载,明成化三年(1467),建临淄先贤祠,与名宦祠、乡贤祠合并,供奉姜太公、管仲、晏婴等13人。临淄还建有管鲍祠,供奉管仲与鲍叔。据民国九年《临淄县志·建置志》载,清康熙五十八年(1719),知府陶锦将管鲍祠移建于天齐渊上。

另外,临淄的管仲墓一直是临淄名胜之地。康熙十二年《山东通志》载管仲墓“在临淄县南十里牛山阿”。明嘉靖四十四年《青州府志》载管仲墓“在城南牛山北麓,旧碑题‘管子之墓’,嘉靖乙巳按察使鲍象贤立石冢上”。民国九年《临淄县志》载:“管夷吾墓在牛山北麓,鲍叔牙墓在历城。”管仲深受后人景仰。人们睹墓思人,特别是历代文人墨客,到墓前拜谒凭吊,吟诗作赋,刊石以志。只可惜因风雨侵蚀、年久磨灭,现仅存诗两首,作者已不可考。其一云:“兵车半偃息民灾,仗义尊王田垒开。自古英雄谁无死,至今疆场羡奇才。”其二云:“幸脱当年车槛灾,一匡霸业为齐开。可怜三尺牛山土,千古长埋天下才。”

现在,管仲墓为省级文物保护单位。2004年,当地政府依托管仲墓建管仲纪念馆,里边建有管子祠等。

安徽颍上县自宋代以来就有管仲故里之说,因此,亦传说颍上县有管仲墓。当地人民还把管仲视为地方先贤,建祠供奉。管仲墓在临淄牛山北麓,而颍上县之管仲墓不知始于何时,但管仲墓之说早已散播民间。汪廷铉《有周齐相国管仲祠碑记》载:及司铎颍庠,见郭比有嵬然而乔者,诹诸父老,佥曰:此吾邑管仲父之墓址也。尝考图乘,济上有仲父墓,此或其庐处欤?作者怀疑此处是管仲故居所在。另外,颍上县有管仲墩,明代屠隆《管仲鲍叔庙碑记》云:今邑有管仲墩,相传为管仲故里。上述管仲墓址、管仲墩当指同一处遗址,从记载来看,管仲墓址、管仲墩来源久远,可见,管仲早已是当地人民崇敬的先贤名宦。

颍上县有管鲍祠,由县令屠隆始建于明万历六年(1578)。屠隆建祠后作《管仲鲍叔庙碑记》。清顺治十二年《颍上县志》卷十三《文翰》收录该文。碑文云:

> 颍上祠管仲、鲍叔,礼也。旧志:管子,颍上人。盖本之史记。今邑有管仲墩,相传为管仲故里,而不言鲍叔颍上人。近考之张处度注《列子》,谓管仲、鲍叔并颍上人也。处度在晋,去春秋七雄时不甚远,旧志必有据矣。又考齐人物志,无鲍叔,则鲍叔为颍上人信乎!由管仲至于

今数千年邑无祠，邑人之不好事也如此哉！

屠隆认为鲍叔与管仲并为颍上人，并感叹“由管仲至于今数千年邑无祠”，因而为管、鲍建祠。现在一般记载皆云颍上县早就有管子祠，至屠隆重建，并增祀鲍叔，将管子祠改为管鲍祠。其实此说不然。屠隆说得明明白白，“由管仲至于今数千年邑无祠”。在屠隆建管鲍祠之前，颍上县原来只有“管仲墩”，为管仲建祠乃明万历六年屠隆所为。

明万历三十四年(1606)，蔡经俊在县城北关龙兴寺旁建四贤祠，供奉管仲、鲍叔、甘茂、甘罗四人。或说四贤祠起初为二贤祠，只供奉甘茂、甘罗二人，后来增祀管仲、鲍叔，更名为四贤祠。其实不然。清顺治十二年《颍上县志》卷十三《文翰》所收蔡经俊《四贤祠小疏》云：“挹管谷之高风，寻鲍君之芳躅。荒墩遗迹，披荆棘以凄凉；故里空名，悼春秋之辽邈。以彼二公之交谊与夫万古之伯图，凛生气而犹存，皭丰功其未朽。况甘门之将相，乃秦氏之干城。”从文章所载可见，在建祠之初，即供奉管仲、鲍叔。

历代文人凭吊管仲遗迹，留下了许多诗文。清顺治十二年《颍上县志》收录了屠隆的《管仲鲍叔庙碑记》、王梦麟的《祭管仲父墓文》、汪廷铉的《有周齐相国管仲祠碑记》、蔡经俊的《四贤祠小疏》。《颍上县志·古今诗集》收录凭吊管仲祠、管仲墓的诗歌数首。所收姚熙臣的《管祠怀古》云：“千秋霸业随流水，颍上争传仲父名。宿草久荒遗碣在，新祠又见劫灰平。叔牙风远存知己，甘里烟销吊故城。几度凭高增浩叹，断云残月起秋声。”姚熙臣追思管仲，流露出无限景仰之情与对世事变迁的深沉感叹。

第四，作为行业神受到供奉。

行业神是各行各业供奉的保护本行业的神灵。行业神崇拜是我国民间文化的重要内容。过去各行各业都有自己的保护神，有“三百六十行，无祖不立”之说。行业神一般都与该行业有着一定的关系，有的是该行业的开创者，有的在该行业做出过突出的贡献，所以，有些行业神被称为祖师爷，如建筑类行业一般都供奉鲁班，酒业(无论制酒还是贩酒)一般都供奉杜康，制笔业供奉蒙恬，等等。但有的也与该行业没有直接的关系，只是请一位有声望的历史名人作保护神，如关公，很多行业都供奉关公。在行业神崇拜中，关公是典型的公用神。但无论关系如何,行业神都由极有影响力的历史名人担当。

管仲在中国民间主要作为盐业神而受到行业祭拜。

管仲作为盐业神受到祭祀,与他在中国盐业发展史上的重要地位有着直接关系。他在姜太公"通工商之业,便鱼盐之利"的基础上,继续将渔盐业作为支柱产业,进一步"伸设轻重鱼盐之利",主要做法是实行盐业官营,即"官山海"。管仲在制盐方面的贡献可参见《史记索引》中的《煮盐法》,其在盐业专卖方面的贡献可参见《管子·海王》篇。管仲是盐业经营管理方面贡献最为卓著的历史人物。因此,管仲成为盐业神并受到行业供奉是十分自然的。

建立盐神庙不知始于何时,盐业神祭祀由来已久。在宋代就有关于盐宗庙的记载。《太平寰宇记》卷四十六"安邑县"载:"盐宗庙:在县东南十里。按吕忱云:'宿沙氏煮海,谓之盐宗,尊之也。以其滋润生人,可得置祠。'"据此记载,此盐宗庙供奉的是宿沙氏。文中所说的"吕忱"应是西晋时作《字林》的吕忱。这说明最迟在晋时即有盐宗庙。

盐业供奉的行业神相当多,据统计有 30 多位,如炎帝、夙沙氏(宿沙氏)、胶鬲、禀君、李冰、刘邦,关羽、张飞、张道陵等。管仲是其中比较重要、受供奉比较普遍的一位。管仲作为盐业供奉的行业神,主要见于下述庙宇:

1. 江苏泰州管王庙。明清时期,江苏两淮地区盐业最为发达,盐商盐工们自然建有自己的盐宗庙。现今所知江苏最早的盐宗庙为泰州的管王庙。管王庙建于明代初年,位于泰州城北篮子行街,坐东面西,为盐工所建。据说,明初泰州为防止江水北灌,修筑了东、西二坝,但这样一来,江淮就不能通航。当时运盐船甚多,但不能直运江南与湖广等地,需要将盐搬运过坝再换船转运。这样就出现了大量的搬运盐工。当时,盐工们出资建了这处管王庙,在纪念管仲的同时,也使自己有个歇脚的地方。原来管王庙中间供奉着管仲和管娘娘两尊坐像,两边还有四尊将官塑像,但均于"文革"期间被毁。由于该地有管王庙,此地被称为管王坊。民国初年,管王坊与邻近坡子坊合并,称坡管镇,是泰州最为繁华之地。

泰州管王庙是民间盐工所建,不带有官方色彩。但是,管仲在此庙中的身份最高,被称为“管王”,可见管仲在民间盐工中的崇高地位。

2. 泰州盐宗庙。该庙建于清同治元年(1862)。两淮盐运使乔松年在泰州以六百缗钱购买画家顾坚之别墅,易名“小香岩”,后来在其西侧将原明珠禅院改为“盐宗庙”,又把两者合并一处,建大门三楹、左右翼墙各一门。盐宗庙落成后,乔松年亲撰《新建盐宗庙记》一文,镌碑嵌于庙内壁间。《新建盐宗庙记》云:“盐之资于人久矣,江淮间盐利尤饶,上以佐国赋,下以给民用,凡官商胥吏士大夫与市井纤夫,仰给于斯者,无虑数万人,顾未尝求始事之人而祠之,无乃礼之缺欤?”从文中所记来看,乔松年开江淮间建盐宗庙之始,在此之前,“未尝求始事之人而祀之”。很可能是因为当时泰州管王庙规格太小,乔松年作为两淮盐运使未曾关注。据记载,泰州管王庙为盐工所建,并非庙堂式建筑,与民房无异,并且规模较小,只有大门堂、小天井、厢房和厅屋,总计不过100多平方米。当时,乔松年对盐宗祭祀之事未做深入调查,只是询问身边属官而已。这一点在《新建盐宗庙记》中说得很清楚:“咸丰十年冬,予领盐司事,侨海陵,询之诸曹,知千百年淮南未举斯祀,窃以为疑。”管王庙作为民间的一个小院落,不带有任何官方色彩,不为两淮盐运使及其属官所知,也在情理之中。

泰州盐宗庙祭祀大殿主位上供奉着夙沙氏,胶鬲、管仲陪祭于左右。夙沙氏为盐宗由来已久。《太平寰宇记》引吕忱云:“宿沙氏煮海,谓之盐宗,尊之也。”吕忱是西晋人,可见最迟在晋时即尊夙沙氏为盐宗。夙沙氏是煮海水制盐的第一人。《世本》:“宿沙作盐。”史料对其人记载不一,或说是齐灵公时的夙沙卫。《世本》宋衷注:“齐灵公臣。齐滨海,故卫为鱼盐之利。”此说一般不为人所取,早在姜太公时即“便鱼盐之利”,在齐桓公时,管仲即“伸轻重鱼盐之利”,盐早已有之,绝不是齐灵公时才发明煮海水制盐的。或说夙沙氏是炎帝时人,雷学淇校辑《世本》注引《路史》,说宿沙氏是“炎帝之诸侯”。此说多被人采信。夙沙氏当是炎帝时东夷地区的一个部落首领,居住在沿海一带,相传有一天他正在海边煮鱼,像往常一样提来海水放在火上煮,突然看见一头大野猪从眼前跑过。他起身去追,等他扛着猪回来,罐里的水已经熬干了,缶底留下了一层白白的细末。他便用手指沾细末放到嘴里尝尝,味道又咸又鲜。那白白的细末便是从海水中熬出来的盐。夙沙氏因为发明了海水制盐，被后世尊为“盐宗”。胶鬲是我国古代从事贩盐的人。《孟子》一书有两处提到胶鬲，一处在《孟子·公孙丑上》：“纣之去武丁未久也，其故家遗俗，流风善政，犹有存者；又有微子、微仲、王子比干、箕子、胶鬲——皆贤人也。”可见，胶鬲是殷商末期人，是殷纣王时的贤臣。另一处在《孟子·告子下》：“舜发于畎亩之中，傅说举于版筑之间，胶鬲举于鱼盐之中，管夷吾举于士，孙叔敖举于海，百里奚举于市。”可见，胶鬲本来出身微贱，一般认为他是一个贩运鱼盐的人，可视为最早的盐商，所以后来人们将他尊为运盐之宗。至于管仲，春秋时在齐国实行“官山海”，是盐政官营的创始人，因此是盐政管理之宗。简单地说，夙沙氏是制盐，胶鬲是运盐，管仲是管盐，形成了以夙沙氏为首的三大“盐宗”。

3. 扬州盐宗庙。该庙在康山街，《光绪江都县续志》卷十二载：“盐宗庙，在南河下康山旁，祀夙沙氏、胶鬲、管仲。同治十二年，两淮商人捐建。”同治十二年为1873年，该庙比泰州盐宗庙晚建十余年。晚清时期，为纪念曾国藩，曾将扬州盐宗庙改为曾公祠。现今，经过全面修缮，保留了同治年间的彩绘，重塑三位盐宗的汉白玉像，仍作为“盐宗庙”对社会开放。

4. 四川资中县罗泉镇盐神庙。四川资中县罗泉古镇有一座盐神庙，所供正神是管仲，左右配神为祝融、关羽。罗泉镇是历史古镇，罗泉镇又名“罗泉井”，其建筑大部分是明朝末年、清代和民国年间的建筑，古镇旁是珠溪河，房屋顺河而建，布局呈龙形，又名“龙镇”。罗泉镇早在1992年即被四川省批准为历史文化名镇，2008年经国务院公布，被列为全国历史文化名镇，是中国100个千年古镇之一。

罗泉镇的兴起与盐业密不可分。据说，其地制盐始于秦朝，历经各代，经久不衰，至明清时发展到顶峰。清光绪年间，罗泉镇已有盐井一千余口，山涧岭底井架林立，盐灶罗列，成为天府之国食盐的重要生产基地之一，所产盐于1925年获巴黎世界博览会金奖，品质号称天下第一。

随着制盐业的蓬勃发展，商贾聚集罗泉镇，特别是盐商们，云集罗泉，将食盐运至成都、重庆、云南、贵州、西藏和新疆等地销售，使罗泉成为商业重镇。盐商们为了寻求神灵保佑，方便集会，便于同治七年（1868）筹资修建了盐神庙。正神管仲像侧只有上联，即“壮志酬齐桓，首创盐策历古今”，强调了管仲对盐业的重要贡献，也正说明了管仲被奉为盐神的原因。管仲神像左后侧是配神关羽的神像，其两侧的对联是“匹马释黄忠，仁义公心垂宇宙；单刀惊鲁肃，英雄浩气壮山河”，主要强调关羽的义勇之气。管仲神像右后侧的配神是火神祝融的神像，其两侧的对联是“火燃似电惊天地，炮响如雷镇乾坤”，制盐需要用火煎熬卤水，因此需要火神的庇佑。由此可见，祭祀管仲、祝融都与盐业有关，而祭祀关羽主要是崇拜、效仿关羽的仁义忠勇。在罗泉井盐获巴黎世界博览会金奖后，政府拨白银200两，官制走铜金粉字“盐神庙”大匾一块。盐神庙现为省级重点文物保护单位。

另外，我国历史上著名的海盐产区江苏省盐城市为突出当地的海盐文化，近年在盐城水街建造了盐政衙门、盐商会馆、盐宗祠等建筑。盐宗祠中供着产盐之宗、经盐之宗、管盐之宗三尊盐神，实际上沿袭了泰州和扬州盐宗庙的供奉格局。

第五，作为管氏宗主受到管氏后人的祭祀。

《左传·僖公十二年》载，管仲平戎于周，周襄王以上卿之礼飨管仲，管仲辞，受下卿之礼而还，“君子曰：管氏之世祀也，宜哉”。一般认为，《左传》的成书时间在春秋末期或战国初期，这说明在当时，管仲一直受到后人的祭祀。

出于管氏的其他姓氏，也以管仲为宗并祭祀管仲。据《后汉书·樊宏阴识列传》载，阴识“其先出自管仲”，“阴氏世奉管仲之祀，谓为‘相君’”。

由于管仲突出的历史地位，管氏后人大多以管仲为宗主。现今我们知道的管氏字辈世系有近30种，各种动辄二三十字辈，甚至更多，最多的达一百余代，可一直追溯到管叔鲜。可见各地管氏分支之多，可谓源远流长。各谱系一般以管叔鲜、管仲、管宁等为宗。他们被供奉于管氏祠堂中，享受后代香火供奉。我们从管氏祠堂的一些楹联中，也可以看到管氏后人对管仲的崇拜，如“幼安高节 仲父霸功”“公明神卜 仲父霸功”“九合诸侯匡天下 三迁少卿宁国邦”，等等。管仲是让管氏后人引以自豪的祖先，一直受到管氏子孙的祭拜。

第七章 《管子》一书的形成与流传

管仲之后有《管子》一书行世。《管子》一书当基本形成于战国时期。《韩非子·五蠹》云:“今境内之民皆言治,藏商、管之法者家有之。”这说明战国时期已有《管子》一书,并相当普及,作为“言治”的重要著作,已经到了“家有之”的程度。到了汉初,《管子》一书继续流传。《史记·管晏列传》载:“太史公曰:吾读管氏《牧民》《山高》《乘马》《轻重》《九府》,及《晏子春秋》,详哉其言之也。既见其著书,欲观其行事,故次其传。至其书,世多有之,是以不论,论其轶事。”《管子》一书在当时能够“世多有之”,相当普及,所以司马迁只“论其佚事”,这说明当时《管子》一书在当时极为常见。刘向校书时对《管子》进行了系统的整理,定著86篇,后来佚失10篇,有目无文,现存76篇。

在汉武帝独尊儒术之后,《管子》一书渐受冷落。明代赵用贤《管子书序》云:“夫五霸莫盛于桓公,而管仲特为之佐。自其事羞称于圣门,而其言悉见绌,以为权谋功利,学者鲜能道之。”此语基本概括了《管子》一书的流传状况。直到近代以来,随着儒家正统地位的动摇以及探索强国富民之路思想的兴起,《管子》一书越来越受到人们的重视,特别是改革开放以来,《管子》一书以其独有的理论特色,越来越引起海内外人们的关注。

一、《管子》一书的形成

《管子》一书因管仲而得名。以人名书,在春秋战国时期最为常见,如《孙子》《孟子》《荀子》《老子》《庄子》《韩非子》《商君书》等。管仲名下有《管子》一书传世并非偶然。管仲辅佐齐桓公对内改革,对外尊王攘夷,使齐桓公成为五霸之首,在政治、经济、军事等各个方面都卓有建树。后人记录其言行,阐发其思想,总结其经验,从而形成了《管子》一书。

因为《管子》的成书过程极为复杂,所以历来学者们众说纷纭。就《管子》一书的编写者而论,影响比较大的主要有如下诸说:

(一)管仲自著说。有关《管子》的早期文献一般记载《管子》一书是管仲自著。如《韩非子·五蠹》云"藏商、管之法者家有之",将当时流行的《管子》书称为管仲治国之法,认为出于管仲。《史记·管晏列传》载:"太史公曰:吾读管氏《牧民》《山高》《乘马》《轻重》《九府》,及《晏子春秋》,详哉其言之也。既见其著书,欲观其行事,故次其传。"司马迁也认为《管子》书出于管仲。刘向《管子叙录》载管仲"故其书称曰:仓廪实而知礼节,衣食足而知荣辱。……故论卑而易行"。刘向引《史记·管晏列传》中的话,但云"其书称曰",显然也将《管子》视为管仲之作。唐代司马贞《史记索隐》云《牧民》《山高》《乘马》《轻重》《九府》"皆管氏所著书篇名也"。司马贞亦认为此书为管仲所著。宋代的苏轼云:"其后读管夷吾书,又得管子所以变周之制。"苏轼直接把《管子》称作"管夷吾书"。[①] 而《汉书·艺文志》等史志著录《管子》,则直接将撰者标为管仲。

古人对诸子书作者的认定往往不那么严格,通常的做法是记录谁的言行、阐发谁的思想,就将之归入以谁命名的书籍之列。并且,一般将被记录、被阐发者视为作者。这是当时的通例,并非仅《管子》一书如此。如《史记·管晏列传》中所说的《晏子春秋》,以记录晏婴的言行为主,显然不是晏婴本人的著作,但司马迁还是说"既见其著书",称其为晏婴的著作。当时,恐怕韩非、司马迁、刘向及史志的著录者等并非不清楚不是手著,只是遵从惯例罢了。

随着社会的发展,人们对著作权的认识越来越清楚,开始严格地以手著来确定作者。因此,人们根据《管子》书的一些特征,开始怀疑《管子》书的作者,于是就有人认为《管子》不是管仲自著的作品。

(二)部分为管仲自著说。有学者认为,《管子》书中有部分内容为管仲自著,其他部分是后人掺杂进去的。此说最早始于西晋傅玄。他说:"管子

① 戴望:《管子校正·管子文评》,中华书局1978年版,第1页。

之书，半是后之好事者所加。”①近年来，许多学者提出《管子》书中有部分管仲遗著。如关锋、林聿时认为“经言”九篇、“外言”中的《五辅》为管仲所著②；乔长路则认为《牧民》等26篇是管仲自著③；刘建国、张连良认为“《管子》中除《管子解》非管仲遗著和《短语》《内言》《外言》中有个别段落有后人窜入文字外，其余《经言》《轻重》和其他篇章多数为管仲遗著”。④

（三）后人著述说。否认《管子》书中有管仲自著的内容，认为完全是后人所作。如唐代孔颖达《左传正义》云：“世有《管子》书者，或是后人所录。”⑤宋代朱熹《朱子语类·战国汉唐诸子》云：“管子非仲所著。仲当时任齐国之政，事甚多。稍闲时，又有三归之溺，决不是闲功夫著书底人。著书者是不见用之人也。其书老庄说话亦有之。想只是战国时人收拾仲当时行事言语之类著之，并附以它书。”后来，如清代章学诚及胡适、傅斯年等皆主张非管仲所作。

到宋代以来，叶适提出“《管子》非一人之笔，非一时之书，莫知谁所为”⑥。宋代黄震《黄氏日钞》云：“管子之书，不知谁所集，乃庞杂重复，似不出一人之手。”黄震认为不仅《管子》一书不是管仲所作，而且也不是一人一时之作。现代学者逐渐开始注重《管子》篇章的断代研究，提出了许多见解，认为《管子》书中的作品从春秋时期到汉代新莽时期皆有。如牛力达认为《版法》的时代在郑国子产“铸刑鼎之前”，《水地》“是春秋末期作品”，“《大匡》文字朴实典雅，当为春秋作品”，“《管子》书中的战国作品，当与稷下学宫有关”，《法法》“可以认为是稷下前期的作品”，《法禁》《重令》是齐与楚相约称帝时的作品，《宙会》“不可能写在宋亡之后”，《枢言》写于齐滑王时期，《侈靡》是齐王建时的作品，《权修》当作于齐襄王还活着、荀卿尚未去楚

---

① 戴望：《管子校正·管子文评》，中华书局1978年版，第1页。

② 关锋、林聿时：《春秋哲学史论集·管仲遗著考》，人民出版社1963年版，第175～188页。

③ 乔长路：《中国古代著名哲学家评传续编一·管仲》，齐鲁书社1982年版，第23页。

④ 刘建国、张连良：《管仲遗著及齐文化的历史地位》，《管子与齐文化》，北京经济学院出版社1990年版，第355～361页。

⑤ 李学勤主编：《春秋左传正义》（上），北京大学出版社1999年版，第237页。

⑥ ［宋］叶适：《习学记言》，中华书局1977年版，第663页。

的时候,《明法》出自稷下且由荀卿带至兰陵(《韩非子·有度》当为抄袭《明法》),《君臣上》"写于秦始皇兼并六国之后",《治国》"疑为西汉作品",《幼官》《幼官图》《轻重己》"是新莽时期的作品"。①

关于《管子》书的断代一直众说纷纭,难以尽述。概而言之,一般认为,其中的作品有春秋时期形成的,但大部分篇章形成于战国时期,且主要形成于齐国稷下学宫中,也有一些篇章可能形成于秦汉时期。

我们认为,《管子》一书的形成经历了一个长期的过程,虽然其内容有春秋时期的记述,后来也多有增益,但其基本内容形成于战国时期的稷下学宫。即使有春秋时期的记述,也经过了稷下先生的整理加工。除许多学者已有论证,有一种文化现象最能说明这一问题,即春秋时期的齐国先贤多有作品传世,如姜太公名下有《六韬》,晏婴名下有《晏子春秋》,司马穰苴名下有《司马穰苴兵法》,孙武名下有《孙子兵法》,等等。这一现象仅仅出现在齐国,其他诸侯国尽管也有许多风云人物,如晋有叔向、郑有子产等,但他们名下皆无著作传世。管仲名下有《管子》传世,出现这一现象绝非偶然,当与齐国的稷下学宫有着直接的关系。

稷下学宫是齐国创办的集参政、议政、学术、讲学、教育于一体的机构,最早成立于田齐桓公午时期。徐幹《中论》云:"昔齐桓公立稷下之宫,设大夫之号,招致贤人而尊崇之,自孟轲之徒皆游于齐。"在威王、宣王时,稷下学宫达到极盛。《史记·田敬仲完世家》云:"宣王喜文学游说之士,自如驺衍、淳于髡、田骈、接予、慎到、环渊之徒七十六人,皆赐列第,为上大夫,不治而议论。是以齐稷下学士复盛,且数百千人。"由"复盛"可知稷下学宫在齐宣王之前鼎盛过,到齐宣王时期再次兴盛时,受"上大夫"待遇的稷下先生多达七十六人,而稷下学士达"数百千人",可见其规模之大。这些稷下先生在这里"不治而议论",即专门从事理论学术研究,著书立说。《史记·孟子荀卿列传》云:"自驺衍与齐之稷下先生,如淳于髡、慎到、环渊、接子、田骈、驺奭之徒,各著书言治乱之事,以干世主,岂可胜道哉!"

春秋时期先贤名下的著作现今仍能够看到,如《六韬》《管子》《晏子春

---

① 《管子研究》第一辑,山东人民出版社1987年版,第24~29页。

秋》《司马穰苴兵法》《孙子》等。这些著作均出现于齐国，这在当时的诸侯国中是绝无仅有的。这些著作集中出现于齐国不是偶然的，与稷下学宫有着直接的关系。

齐国招揽天下贤才，给予丰厚的待遇，其根本目的是为齐国自身的政权建设服务。田齐注意总结姜齐盛衰兴亡的历史经验和教训，所以稷下先生们在阐述自身学说的同时，自然也要根据齐国统治者的需要，整理齐国先贤的治国言行，总结兴衰规律。从现有记载来看，此并非臆说推断之辞，而是有史载可证。《史记 · 司马穰苴列传》云："齐威王使大夫追论古者《司马兵法》而附穰苴于其中，因号曰《司马穰苴兵法》。"这些整理编辑《司马穰苴兵法》的"大夫"应该就是那些受"上大夫"待遇的稷下先生。

在现今能够看到的春秋时期的齐国先贤名下的著述中，唯有《孙子兵法》被公认为孙武自著。《史记 · 孙子吴起列传》载，孙子以兵法十三篇见吴王，但《汉书 · 艺文志》则著录"吴孙子兵法八十二篇，图九卷"，当是在孙武之十三篇的基础上，出现了大量的增益之作。至三国时，曹操注《孙子》，删除附益诸篇，又恢复十三篇之数。十三篇之外的篇目在唐代尚存，唐张守节《史记正义》云："十三篇为上卷，又有中下二卷。"中下二卷当是附益之作。并且，现存的《孙子兵法》也并非孙武手著原貌，每篇均以"孙子曰"开篇就是明证，孙武不当自称为"子"，显然是经过后人整理无疑。孙武之后，有人整理其书。能够出现如此多的增益之作表明当时有一批孙武后学，而这些后学最有可能出于稷下学宫。

从《管子》书的成书过程分析，后学在编纂《管子》书时依据的资料当主要是齐国史官记录、整理、收藏的历史记载以及一些重要的口头传闻，其中比较重要的内容当主要来自四个方面。

（一）官府档案。春秋时期，各诸侯国都设有史官，如齐国有太史、南史等，他们的重要职责是记录国家政令、重大事件、君臣的重要言行。他们往往具有严谨的秉笔直书精神，真实地记录历史。如《左传 · 襄公二十五年》载，崔杼弑齐庄公后，"大史书曰：'崔杼弑其君。'崔子杀之。其弟嗣书而死者二人。其弟又书，乃舍之。南史氏闻大史尽死，执简以往。闻既书矣，乃还"。这种不惧权贵、虽死不伪的直书精神不仅保证了该书必书，也保证了所记录事件的真实性。

史官的记录形成了官府档案的主要内容。而管仲作为齐桓公的主要辅佐者，其言行事迹势必被史官大量记录，并作为官府档案长期保存下来。管仲的言行事迹以辅君成霸最引人注目，故历史档案中这一方面的内容最多，这也就成了《管子》书的重要特色。也正是由于管仲在历史上颇有建树，为后人留下了大量辅君争霸的言行事迹，才有了后来的《管子》一书，这正如《淮南子·要略》所说："桓公忧中国之患，苦夷狄之乱，欲以存亡继绝，崇天子之位，广文、武之业，故《管子》之书生焉。"管仲立功、立言被官府记载，成为不朽。

（二）官修史籍。各诸侯国都有官修史书。《孟子·离娄下》载孟子云："晋之乘，楚之梼杌，鲁之春秋，一也：其事则齐桓、晋文，其文则史。"史官整理历史档案，形成国家历史，称为"乘""梼杌""春秋"等，名称有所不同，其实都一样，主要记载历史大事。《墨子·明鬼》曾提到"齐之春秋"，说明姜齐的"春秋"在战国时期还能见到。

太史记事往往比较简略，其简略程度可能如同我们现今见到的《春秋》。而史书记史为了使人看得明白，相对详细。太史所记与史书所载，可能有如《春秋》与《左传》的关系，后者是对前者的补充或说明。这一点我们透过《孔子家语》可见一斑。《孔子家语·正论解》载：

> 孔子览《晋志》，晋赵穿杀灵公，赵盾亡，未及山而还。史书"赵盾弑君"，盾曰："不然。"史曰："子为正卿，亡不出境，返不讨贼。非子而谁？"盾曰："呜呼！'我之怀矣，自诒伊戚'，其我之谓乎！"

《晋志》当是晋国的史书。当年，晋太史的记录仅有"赵盾弑其君"数字而已，而孔子所读的《晋志》已经说清楚来龙去脉了。以管仲的功业建树，齐国官修史籍中应该有比较多的记载。《管子》的编写者采集其中有关管仲的记载，从而形成了《管子》书的基本内容。

（三）官府书库。官府的文件以及书籍文稿由史官负责保存。这一制度由来已久，我们现今能够看到的《尚书》包含虞、夏、商、周各代典、谟、训、诰、誓、命等文献，可称为上古历史文献集。它们能够流传下来，应该靠的是史官。《左传·襄公二十四年》载："鲁有先大夫曰臧文仲，既没，其言立。……大上有立德，其次有立功，其次有立言，虽久不废，此之谓不朽。"德、功、言并为三不朽，鲁国臧文仲"其言立"，当指记录下来，载入典籍，保存在官府，立在官学。直到汉代刘向校书时，太史所献书的数量都比较多，甚至一些民间已经失传的内容，太史还有保存。如刘向《管子叙录》云："九府书，民间无有。"而《史记·管晏列传》载"太史公"曰："吾读管氏《牧民》《山高》《乘马》《轻重》《九府》。"司马迁所读是太史所藏，尽管"九府书，民间无有"，但司马迁能够读得到。石一参云："太史为周秦汉初职掌书籍之官，其篇数较为完整可稽。"①当然，齐国史官也应该保存有相当数量的文件书籍，以管仲的身份和地位，其中与管仲相关的内容应该有相当的数量。有学者认为春秋时期即有《管子》书。章学诚《文史通义·内篇一·诗教上》云："春秋之时，管子尝有书矣（《鬻子》《晏子》，后人所托）。然载一时之典章政教，则犹周公之有《官礼》也。记管子之言行，则习管氏法者所缀辑，而非管仲所著述也。"对这些内容进行抄录、摘编或稍加整理，可能就形成了《管子》书的某些篇章。

现在《管子》书中的一些篇章或被认为是管仲遗著，或被断为春秋时的作品。这部分作品应该主要是选编或照抄齐国档案、齐国春秋及官府藏书的结果。朱熹说："管子以功业著者，恐未必曾著书。"管仲未曾著书，但不等于说他没有言论传世。从《左传》《国语》《晏子春秋》等书对管仲有比较多的记载来看，关于管仲言行的记载很多，可供后来史家采集。管仲的言行流传甚为广泛。如《晏子春秋》，在八篇二百一十五章中，涉及管仲的就有十章，即《谏上》第十二章、《谏下》第十五及第二十一章、《问上》第六及第七章、《问下》第二章、《杂上》第八章、《杂下》第十八及第二十八章、《外篇第七》第二十四章。齐桓公与管仲建立的霸业为齐景公所向往。齐景公自觉地以桓、管为榜样。通过记载可以看出，后人对桓、管之事相当熟悉，如《问上》第六章载晏婴云："昔吾先君桓公身体惰懈，辞令不给，则隰朋昵侍。左

① 石一参：《管子今诠·旧序一》，中国书店 1988 年版，第 2 页。

右多过，狱谳不中，则弦宁昵侍。田野不修，民氓不安，则宁戚昵侍。军吏怠，戎士偷，则王子成甫昵侍。居处佚怠，左右慑畏，繁乎乐，省乎治，则东郭牙昵侍。德义不中，信行衰微，则管子昵侍。”这里所说的隰朋、弦宁、宁戚、王子成甫、东郭牙的职责，与《管子·小匡》所载五官职责及五人的各自所长完全相同。这说明桓、管时期的历史材料在齐国得到良好保存，不仅为齐景公、晏婴所熟知，也为后来《管子》《晏子春秋》的编写者所采用。这一类的篇章以“三匡”和《牧民》为代表，主要记载管仲的事迹和语录。

另外，齐国史官记录的齐国档案、编写的齐国历史、保存的各种书籍文稿也为《管子》的编写者奠定了阐发管仲遗说的基础。管仲作为“基霸道之始”的人物，其功业、思想都有开创性的意义，这一切都应该有所记录。《管子》的编写者在此基础上，进行总结和阐发，从而形成《管子》书中一些以论说见长的理论性比较强的篇章。《宙合》篇最为典型，前为经，后为解，显然是解释、阐发性的文章。这一类的文章是《管子》书的主体。由于出于战国人之手，里边势必有许多战国时的言辞痕迹，又由于不是出于一人之手，里边难免出现一些不一致甚至相互矛盾的内容。

（四）社会传闻。稷下先生编纂《管子》书，其资料的另一个主要来源是社会传闻。管仲这种人物的事迹言行肯定为人们所传诵，社会上肯定有许多传闻。据《国语·晋语四》载，齐桓公去世后，晋公子重耳在齐，其妻姜氏在劝说他离开齐国时说，“昔管敬仲有言，小妾闻之”，随即说出了一段管仲的话，这说明当时管仲的言行在社会上已广泛流传。《孟子·公孙丑上》载公孙丑问孟子：“夫子当路于齐，管仲、晏子之功，可复许乎？”孟子却讥笑说：“子诚齐人也，知管仲、晏子而已矣。”这说明管仲在齐国受人推崇，并且其事多为人所知。

采集社会传闻以入书，在古书编纂中很常见。如《左传》，历来被人们视作信史，但其中也有大量的传闻内容。《左传·庄公二十三年》载陈公子完奔齐，并于该年记载当初卜筮之事：

> 初，懿氏卜妻敬仲，其妻占之，曰：“吉，是谓‘凤皇于飞，和鸣锵锵。有妫之后，将育于姜。五世其昌，并于正卿。八世之后，莫之与京’。”陈

厉公，蔡出也。故蔡人杀五父而立之，生敬仲。其少也。周史有以《周易》见陈侯者，陈侯使筮之，遇《观》之《否》。曰："是谓'观国之光，利用宾于王。'此其代陈有国乎。不在此，其在异国；非此其身，在其子孙。光，远而自他有耀者也。《坤》，土也。《巽》，风也。《乾》，天也。风为天于土上，山也。有山之材，而照之以天光，于是乎居土上，故曰：'观国之光，利用宾于王。'庭实旅百，奉之以玉帛，天地之美具焉，故曰：'利用宾于王。'犹有观焉，故曰其在后乎。风行而著于土，故曰其在异国乎。若在异国，必姜姓也。姜，大岳之后也。山岳则配天，物莫能两大。陈衰，此其昌乎。"

《左传》载陈完后人将取代姜齐，这绝对不是早出的记载，应该出于田氏代齐之后。此类记述在《左传》中颇多，可见《左传》采集了不少后来的传说。后学在编纂《管子》书的过程中，也难免吸收这一类的社会传闻。

社会传闻丰富了历史人物的风采，但是里边也难免掺杂了一些或是添枝加叶或是张冠李戴或是时代错乱的东西。这在《管子》中多有表现，如《小称》篇载管仲说"毛嫱、西施，天下之美人也"，毛嫱、西施是春秋末期人，管仲不可能说到这二人，史官也不可能有此类记载，只能是后世社会传闻的窜入。

稷下先生们有接触、利用官府档案和藏书的机会，他们身在齐国，有采集社会传闻的客观条件，更重要的是他们要适应齐国富国强兵的需要，担负着总结、阐发齐国先贤治国经验的任务，因此，他们编纂了《管子》一书。

值得注意的是，《管子》书中的一部分内容还有可能是稷下先生们的授课讲义。稷下先生们不仅编写了《管子》，还有可能把《管子》作为讲学授徒的重要内容。《枢言》篇末有这样一段："先王之书，心之敬执也，而众人不知也。故有事，事也；毋事，亦事也。吾畏事，不欲为事；吾畏言，不欲为言，故行年六十而老吃也。"文中所说的"畏事""畏言""老吃"的人绝对不是管仲，而是窜入文中的教书先生发牢骚的话。现今《管子》书中保存有《管子解》四篇（原本五篇，亡佚一篇），显然是解说性的文字。稷下学宫中学生众多，齐宣王时稷下学士"数百千人"，稷下先生给这些学士授课，这些"解"之类的文章应该是授课之类的教育活动的讲义。

正由于《管子》可能是稷下先生编写、研究、讲授的重要内容，所以人们竟然把稷下学宫的学生守则收入《管子》书中。《弟子职》一篇明显是稷下学士的守则，也被收入《管子》书中，大概是由于稷下学宫中研修《管子》的学士众多，必须有守则予以规范，使得本来与管仲无关的《弟子职》也成了《管子》书的内容。

但是，《管子》"非一人之笔，非一时之书"。后学在《管子》成书之后，在其流传的过程中，并未停止补充，还在不断地增添。这在先秦诸子文献中也是常见的现象。如前边所说的《孙子兵法》，人们在孙武十三篇的基础上，不断增益，最后竟然使《孙子兵法》一书达到八十二篇。管仲卓有建树，是学者研究的重点对象之一，所以随着社会的发展变化，人们对管仲的思想也会不断有新的阐发，从而使《管子》一书产生新的篇章，这并不足为奇。关于《管子》成书过程的种种说法，诸如春秋说（认为《管子》乃管仲遗作）、春秋至战国说、春秋至秦汉说、战国说、战国至秦汉说等，早已不为人所认可。除此之外，无论哪一种说法，《管子》的成书都当经历了一个长期的过程。

《管子》一书最后由汉代刘向编定。刘向在《管子叙录》中论述了当时搜集到的《管子》书及编校情况：

> 所校雠中管子书三百八十九篇，太中大夫卜圭书二十七篇，臣富参书四十一篇，射声校尉立书十一篇，太史书九十六篇，凡中、外书五百六十四篇，以校除复重四百八十四篇，定著八十六篇，杀青而书可缮写也。

当时刘向共收集到各种《管子》书564篇，校除重复者484篇，定著86篇。而564篇减去484篇，应为80篇。郭沫若认为或是"管子解"五篇本来与所解篇章合而不分，另外《心术下》与《内业》重复，属于校除未尽，86篇去除上述6篇，正合80篇之数，而刘向交代未清，故致数目不符。① 此说不尽妥当，刘向《叙录》奏报皇帝，似乎不可能交代未清。刘蔚华、苗润

① 郭沫若：《青铜时代·宋钘尹文遗著考》自注，《郭沫若全集·历史编》（第一卷），人民出版社1982年版，第552页。

田认为从《轻重甲》至《轻重庚》共7篇,如果将7篇合起来,计为《轻重》1篇,则正合80篇之数,如果将之分开视为7篇,则为86篇。或许在统计篇数时,《轻重甲》至《轻重庚》为1篇,即名《轻重》,编定《管子》书时,又分为7篇,故成86篇。①

刘向《管子叙录》又云:"《九府》书民间无有,《山高》一名《形势》。"今本《管子》书中有《形势》篇,而无《九府》篇。刘向说"民间无有",言外之意是官府藏书有,也就是说定著的86篇中应该包括《九府》,不知为何不见于今本《管子》。或是刘向说"民间无有"的意思是司马迁所读的《九府》已经失传。刘向所定著的86篇,虽然亡佚10篇,但其目尚在,恐怕《九府》在校书时即已失传,故不在86篇之内。

二、《管子》一书的流传

就《管子》全书86篇而言,从春秋时期即有大量记述,直到刘向编定,可见《管子》一书的成书过程十分漫长。战国时期已有《管子》一书。由于其大部分篇章产生于稷下学宫中,编写与讲授往往又结合在了一起,这就使《管子》书的部分篇章具有编写后即通过讲授而传播的特点。齐宣王时,稷下学士曾达数百千人,其中研习《管子》的学士也肯定不少,这种传播方式无疑又进一步促进了《管子》书的广泛流传。

《管子》书在出现后对当时的思想家特别是来到齐国的学者们产生了较大的影响,如孟子。尽管孟子因为追求王道的政治思想,认为管仲的霸业不足道,但他在一定程度上又的确受到《管子》的影响。我们通过比较《管子》与《孟子》可以明显看出这一点。比如在君与社稷的关系上,《管子》一书强调社稷为上,《管子·大匡》载管仲云:"夷吾之为君臣也,将承君命,奉社稷,以持宗庙,岂死一纠哉?夷吾之所死者,社稷破,宗庙灭,祭祀绝,则夷吾死之;非此三者,则夷吾生。夷吾生,则齐国利;夷吾死,则齐国不利。"这种以社稷为重、君为轻的思想为孟子所发展。《孟子·尽心下》云:"民为贵,社稷次之,君为轻。"这种民贵君轻的思想实际上是对管子思想的发展。再如在

---

① 刘蔚华、苗润田:《稷下学史》,中国广播电视出版社1992年版,第323页。

施政原则上，《管子·牧民》云："政之所兴，在顺民心；政之所废，在逆民心。民恶忧劳，我佚乐之；民恶贫贱，我富贵之；民恶危坠，我存安之；民恶灭绝，我生育之……故从其四欲，则远者自亲；行其四恶，则近者叛之。故知予之为取者，政之宝也。"而《孟子·离娄上》云："得天下有道：得其民，斯得天下矣；得其民有道：得其心，斯得民矣；得其心有道：所欲与之聚之，所恶勿施，尔也。"孟子"所欲与之聚之，所恶勿施"的施政主张显然受到了管仲因民为政即"俗之所欲，因而予之；俗之所否，因而去之"施政思想的深刻影响。再如在土地政策上，《管子·乘马》强调"地者，政之本也"。而《孟子·滕文公上》也强调"夫仁政，必自经界始"。《管子》《孟子》都强调均地，尽管均地的方式有所不同，《管子》强调的是土地制度的改革，《孟子》强调的是恢复古代的井田制，但"地可以正政"的思想是一致的。又如在经济政策上，《管子》强调士农工商四民分业，重视工商，将工商与士农并列。《管子·小匡》云："士农工商四民者，国之石民也。"而孟子也强调社会分工，重视工商。《孟子·公孙丑上》云："尊贤使能，俊杰在位，则天下之士皆悦，而愿立于其朝矣；市，廛而不征，法而不廛，则天下之商皆悦，而愿藏于其市矣；关，讥而不征，则天下之旅皆悦，而愿出于其路矣；耕者，助而不税，则天下之农皆悦，而愿耕于其野矣；廛，无夫里之布，则天下之民皆悦，而愿为之氓矣。"使士愿立于朝，使商愿藏于市，使农愿耕于野，这与《管子·小匡》中的"圣王之处士必于闲燕，处农必就田野，处工必就官府，处商必就市井"极为相似。另外，《孟子》书中的"关，讥而不征"与《管子·小匡》中的"使关市几而不征"如出一辙。

从孟子的事迹记载来看，孟子曾经长期在齐，熟知齐国历史，对管仲治国的思想和事迹也应该非常熟悉，并且他又多与齐国君王谈论时政，受到《管子》的影响是必然的。

《史记·鲁仲连邹阳列传》载稷下先生鲁仲连在他那封著名的致聊城燕将书中评论管仲说："且吾闻之，规小节者不能成荣名，恶小耻者不能立大功。昔者管夷吾射桓公中其钩，篡也；遗公子纠不能死，怯也；束缚桎梏，辱也。若此三行者，世主不臣而乡里不通。乡使管子幽囚而不出，身死而不反于齐，则亦名不免为辱人贱行矣。臧获且羞与之同名矣，况世俗乎！故管子不耻身在缧绁之中而耻天下之不治，不耻不死公子纠而耻威之不信于诸侯，故兼三行之过而为五霸首，名高天下而光烛邻国。”鲁仲连以管仲的价值观劝说燕将不要执迷不悟、死守孤城，这说明管仲的思想个性为人们所熟知且具有较大的影响。

《韩非子·五蠹》云：“今境内之民皆言治，藏商、管之法者家有之。”这一记载给我们提供了一个十分重要的信息，《管子》一书在此时已经成为言治的重要著作，受到了人们的普遍重视，并且流传极为广泛，已经到了“家有之”的程度。《韩非子》中有直接引用《管子》一书的文字，如《韩非子·难三》七载：“管子曰：‘见其可，说之有证；见其不可，恶之有形。赏罚信于所见，虽所不见，其敢为之乎？见其可，说之无证；见其不可，恶之无形。赏罚不信于所见，而求所不见之外，不可得也。’”此语又见于《管子·权修》：“见其可也，喜之有征；见其不可也，恶之有刑。赏罚信于其所见，虽其所不见，其敢为之乎？见其可也，喜之无征；见其不可也，恶之无刑。赏罚不信于其所见，而求其所不见之为之化，不可得也。”再如《韩非子·难三》八载：“管子曰：‘言于室，满于室；言于堂，满于堂：是谓天下王。’”此语又见于《管子·牧民》：“言室满室，言堂满堂，是谓圣王。”以上两段文字基本相同，只有个别字词略有差异，显然是《韩非子》引用了《管子》。

《史记·管晏列传》载司马迁云：“吾读管氏《牧民》《山高》《乘马》《轻重》《九府》，及《晏子春秋》，详哉其言之也。既见其著书，欲观其行事，故次其传。至其书，世多有之，是以不论，论其轶事。”《史记集解》引刘向《别录》云：“《九府》书民间无有，《山高》一名《形势》。”司马迁所读的《管子》各篇除《九府》，其他各篇均见于今本《管子》。《史记·管晏列传》云《管子》诸篇章“详哉其言之”，“至其书，世多有之”，说明在汉初《管子》书已经极为流行，为人们所熟知，所以司马迁才“是以不论，论其轶事”。

《史记正义》引《七略》云：“管子十八篇，在法家。”据此，或说《管子》的原本是18篇，很可能是战国时编成的《管子》原本在韩非那个时代已在社会上流传开来，贾谊、司马迁等都读过这个原本。刘向校书时，将稷下学宫时形成的那些与管仲有关的作品统称为“管子书”，在去除重复后，全部编入《管子》，将《管子》由原来的18篇扩编为86篇，扩编后仍沿用原名，称为《管子》。[1] 此说或为臆测之词。刘向校书时，搜集到的《管子》书相当复杂，"凡中、外书五百六十四，以校除复重四百八十四篇"，重复篇章占到80%以上，可见版本之多。这是古时书籍流传的普遍现象，或是单篇流行，或是数篇一本，此有彼无，所以重复现象严重。另外，如果当时有一编定本《管子》，刘向不会不知道，但从刘向《管子叙录》所述来看，未见任何有关已经有一个编定本的痕迹。另外，《汉书·艺文志》载：

> 歆于是总群书而奏其《七略》，故有《辑略》，有《六艺略》，有《诸子略》，有《诗赋略》，有《兵书略》，有《术数略》，有《方技略》。今删其要，以备篇辑。

《汉书·艺文志》是在《七略》的基础上删节而成的，而《汉书·艺文志》并未著录十八篇本《管子》。所以，在刘向校书之前，有没有一个《管子》定本流行，值得怀疑。

或说《史记正义》所引《七略》为《七录》之误，即不是刘歆的《七略》，而是梁阮孝绪的《七录》，十八篇为十八卷，是合篇为卷的结果。[2]

《汉书·艺文志》著录《管子》八十六篇，《隋书·经籍志》开始不称篇，改称卷，著录为十九卷，《旧唐书·经籍志》著录为十八卷，《新唐书·艺文志》著录为十九卷。或许是序文单独成卷的因素，时有十八卷与十九卷之别。《宋史·艺文志》《四库全书总目》皆著录为二十四卷。《四库全书简明目录》云："原本八十六篇，今佚十篇。其注旧题房玄龄撰，据晁氏读书志，盖尹知章作也。"[3]二十四卷与八十六篇只是卷数与篇数的不同，实际内容是完全相同的。由十九卷增至二十四卷，可能是因为书中增加了尹知章的注文，所以卷数随之增加。

至唐代出现《管子》注本。《新唐书·艺文志》："尹知章注《管子》三十卷。"许多目录著作著录为唐代房玄龄注，实际上房玄龄未曾为《管子》作注，

① 胡家聪：《〈管子〉原本考》，《文史》第十三辑。

② 闻思：《〈管子原本考〉质疑》，《文史》第三十二辑。

③ 《四库全书简明目录》，上海古籍出版社1985年版，第373页。

而是坊间为了引人关注，将尹知章注改题为房玄龄，借重房玄龄之名而已。郭沫若《管子集解·叙录》云：

以其姓名不著，“尹知章”三字自唐以来已被坊间窜改为“房玄龄”矣。晁公武《郡斋读书志》云：“杜佑《管氏指要序》云‘唐房玄龄注’。其书载管仲将没对桓公之语，疑后人续之。而《注》颇浅陋，恐非玄龄。或云知章也。”王应麟《玉海》卷五十三亦云：“唐杜佑抄《管子》书为《指略》，《序》称房乔所注，而旧录皆作尹知章，文句无复小异。”①

所以，我们说，最早的《管子》注本乃尹知章注，房玄龄注原本就不存在。

尹知章注《管子》据《新唐书》载为三十卷，而《宋史·艺文志》著录“尹知章注《管子》十九卷”。这说明到编纂《宋史》时，尹知章注《管子》已经亡佚十一卷。

宋代开始出现《管子》的刻本。现存最早的刻本是杨忱本。此本有杨忱序，有刘向进书序，题唐司空房玄龄注，书后有张嵲《读管子》一文。郭沫若认为杨忱在张嵲之后，张嵲《读管子》文中有“绍兴己未”，即宋高宗绍兴九年（1139），而杨忱序题记“大宋甲申”，只题大宋，不题年号，郭沫若分析这个甲申是元世祖二十一年，此时南宋已亡五年，所以，郭沫若认为“书盖刻于宋亡之前，而序则草成于宋亡之后，仍目为宋本，固无不可”②。而巩曰国在《〈管子〉版本述略》中考证杨忱在张嵲之前，是北宋时人，主要生活在宋仁宗时期，其序署“大宋甲申”，当在宋仁宗庆历四年（1044）。杨忱本原刻于北宋庆历四年，到南宋时，张嵲改正了其中的一些误谬，并作《读管子》附于书后，刊刻印行③，这便是现今所能见到的杨忱本。该刻本原存北京图书馆，现有两种版本传世：一是光绪五年张瑛影刻本，一是民国八年（1919）上海涵芬楼影印本，即《四部丛刊》本。现知宋刻本除杨忱本，还有蔡潜道墨宝堂本，

① 郭沫若：《管子集校·叙录》，《郭沫若全集·历史编》（第五卷），人民出版社 1984 年版，第 4 页。

② 郭沫若：《管子集校·叙录》，《郭沫若全集·历史编》（第五卷），人民出版社 1984 年版，第 5 页。

③ 巩曰国：《〈管子〉版本述略》，《管子学刊》2002 年第 3 期。

但已不知去向。

明代版本众多,主要有两大系统,一是刘绩《管子补注》本系统,一是赵用贤《管韩合刻》本系统。赵用贤本以杨忱本为祖本,实际上与杨忱本为同一系统。

刘绩《管子补注》题房玄龄注、刘绩增注,是唐代以后在尹知章注的基础上的补注本,影响比较大。由于没有序跋,刘绩曾一度被认为是唐代人,而郭沫若在《管子集校・叙录》中指出刘绩是辽人。而学者多认为刘绩是明代人。《管子补注》刊刻于明弘治年间。

《管子补注》本另有《四库全书》抄本传世。台湾商务印书馆影印文渊阁《四库全书》第729册收录此传抄本。

朱东光《中都四子》本与刘绩《管子补注》本为同一系统。中都指安徽凤阳,明代定为中都,因老子在亳、庄子在濠梁、管子在颍、淮南子在寿春,其地皆属中都所辖,朱东光与凤阳府知府张登云共同刊刻《中都四子集》,包括《老子》《庄子》《管子》《淮南子》四书,所刻《管子》一书即采用了刘绩补注本。这一版本又被称为《中都四子》本。因此地设中立府,故《中都四子》本又称《中立四子》本,简称"中立本"。

《中都四子》本有《湖北先正遗书》影印本,该影印本又被影印收入《丛书集成续编》。

据郭沫若《管子集校・叙录》介绍,明刻本中有一无注古本,经考证与刘绩补注本为同一系统。刘绩补注本、《中都四子》本、无注古本等与杨忱本不是一个系统。

赵用贤《管韩合刻》本影响最大。赵用贤《管韩合刻》本《管子》刊刻于明万历十年(1577),书前有王世贞《合刻管子韩非子序》、赵用贤序、刘向《管子叙录》、杨忱序、张嵲《读管子》、《管子文评》等。《管韩合刻》本以杨忱本为母本,详加校定,并吸收了刘绩补注的内容,极大地方便了人们的阅读,成为明末以来最为通行的本子。后来的《二十子》本、《管子纂》、《管子榷》、凌汝亨朱墨套印本等皆以赵用贤本为祖本。

吴勉学《二十子》本《管子》刊于明万历年间,白文无注。

张榜《管子纂》刊刻于明万历三十九年(1611),是《四子纂》(《管子纂》

《韩非子纂》《吕氏春秋纂》《法言纂》）之一，是《管子》的删节评点本，以评语见长。该书又有《管韩合纂》本。

朱长春《管子榷》刊刻于明万历四十年（1612），在《管韩合刻》本的基础上，增加了评论内容，每篇开始有"评"，篇中有"通"，篇尾有"演"，即篇前有评点，篇中有随文注释，篇末有主旨论说。该书有两种影印本传世，一是齐鲁书社1995年《四库全书存目丛书》影印本，一是上海古籍出版社2002年《续修四库全书》影印本。

凌汝亨朱墨套印本《管子》刊刻于明万历四十八年（1620），其特点有二，一是以评点见长，二是朱墨套印。评语、注文、行间圈点为朱色，白文为墨色，朱墨相映。其评语大都采自《管子纂》《管子榷》。

清代及清代以后，最有影响的版本是戴望的《管子校正》、郭沫若的《管子集校》。

戴望的《管子校正》初刊于同治十二年（1873），附有赵用贤刊刻《管子》时所作的《管子书序》、刘向的《管子书序》、潘祖荫为其所作的《序》，另有《管子文评》，摘录了刘勰、《汉书·艺文志》、傅玄、孔颖达、晁公武、苏轼、叶适等前人对《管子》的评论13条。本书在唐尹知章撰《管子》注本的基础上，据宋本校正，并重视吸收刘绩《管子补注》中的见解，采用多种刊本相互校对，注重吸收当时已有的各种校订成果，又通过各种类书及其他古书中的《管子》引文进行校勘，采获既广，更正甚多。1935年上海世界书局将其收入《诸子集成》。这是民国以来最为通行的版本。

《管子》一书多古字，本为难读，经长期流传错伪颇多。戴望的《管子校正》是校勘《管子》的最有成就的著作之一。

郭沫若的《管子集校》是在许维遹校释、闻一多补订的基础上完成的。《管子集校·叙录》云："《管子集校》为已故许维遹教授所着手纂集，原名《管子校释》。许氏以戴望《管子校正》为基础，而加以扩充。凡在戴望以后诸家校释为许氏所见及者均为抄录，戴望以前者亦间有补遗。原著共十九册，约四十万字。"又云："稿本三分之一业经闻一多教授参校，即自《牧民》至《幼官图》最初九篇及自《匡乘马》至《轻重己》最后十六篇。……自《匡乘马》以下十六篇又曾经孙毓棠氏参校，亦时有案语附列。”①郭沫若在此基础上，广泛搜集《管子》版本，用于校勘的《管子》之宋明版本有17种之多。他以宋杨忱本、刘绩《补注》本、朱东光《中都四子》本、十行无注古本和赵用贤《管韩合刻》本为底本，以其他版本为辅加以对校。他在校勘的过程中，对各个版本的流传做了系统研究，确定“刘本、无注古本、朱本为一系统”，“杨、赵及其他明刻，又另为一系统”，为校勘打下了坚实的基础。他还充分吸收了前人对《管子》研究的已有成果，据《管子集校·引用校释书目提要》，引用历代著作42种。郭沫若将书名改为《管子集校》，由科学出版社于1956年出版。该书后来被收入《郭沫若全集·历史编》，由人民出版社于1984年出版。

《管子集校》虽然未录全文，但汇集了《管子》的主要版本及前人的研究成果，因而具有非常重要的参考价值。

中华人民共和国成立后，主要有赵守正的《管子注译》《管子通解》及黎翔凤撰、梁运华整理的《管子校注》。赵守正的《管子注译》由广西人民出版社于1982年出版上册，于1987年出版下册。赵守正的《管子通解》由北京经济学院出版社1989年出版，分上、下两册。《管子校注》为中华书局《新编诸子集成》本，于2004年出版，分上、中、下三册。另外，1994年，台湾商务印书馆出版了《中华古籍今注今译丛书》，其中有李勉注译的《管子今注今译》。现今出版的《管子》类著作，以白话译文见多、见长。

另外，齐鲁书社于2014年出版的《历代管子版本丛刊》是对历代《管子》版本的第一次汇辑。全书共四册，选录了十四种重要的版本，为人们了解《管子》一书的版本提供了方便。

---

① 郭沫若：《管子集校·叙录》，《郭沫若全集·历史编》（第五卷），人民出版社1984年版，第14页。

第八章　《管子》的基本内容及特点

《管子》一书蕴含的内容极为丰富，哲学思想、政治思想、经济思想、军事思想、法律思想、伦理思想等，几乎无所不包。《管子》是一部百科全书式的综合性著作，具有经世致用的特点。

一、《管子》的基本内容

刘向在校书时将《管子》定为八十六篇，《汉书·艺文志》著录八十六篇，《隋书》改篇为卷，《隋书·经籍志》与《新唐书·艺文志》著录为十九卷，《旧唐书·经籍志》著录为十八卷，《宋史·艺文志》《四库全书总目》皆著录为二十四卷。《四库全书简明目录》云："原本八十六篇，今佚十篇。"自刘向编定之后，《管子》在流传过程中，虽然卷数有所变化，但包括的内容没有变化，卷数增多，应是包括了注文所致。另外，到编写《四库全书》时，原来的八十六篇已经亡佚十篇，只有七十六篇了。

亡佚的十篇有目无文。这十篇是《王言》第二十一、《谋失》第二十五、《正言》第三十四、《言昭》第六十、《修身》第六十一、《问霸》第六十二、《牧民解》第六十三、《问乘马》第七十、《轻重丙》第八十二、《轻重庚》第八十六。

《管子》的八十六篇分为八类，即《经言》九篇、《外言》八篇、《内言》九篇、《短语》十八篇、《区言》五篇、《杂言》十三篇、《管子解》五篇、《轻重》十九篇。至于《管子》一书为何被分为以上八类，何时何人所分，各篇分类的标准是什么，均不见古人记述。

（一）《经言》部分，含《牧民》《形势》《权修》《立政》《乘马》《七法》《版法》《幼官》《幼官图》，共九篇。

《牧民》篇，含"国颂""四维""四顺""十一经""六亲五法"五个部分，论述了治国、治民的基本原则。《史记·管晏列传》所引“仓廪实而知礼节，衣食足而知荣辱，上服度则六亲固。四维不张，国乃灭亡。下令如流水之原，令顺民心”“知与之为取，政之宝也”等语全部见于该篇。《牧民》篇被公认为是出现较早的篇章，或认为是管仲遗著，或认为成于春秋时期。《牧民》篇汇集了管仲关于治民的言论，既强调富民对治民的决定作用，又强调礼义教化的重要意义，而治民的核心在于令顺民心、因民为政，比较集中地反映了管仲的民本思想。此篇可以说是《管子》之政治思想的核心。

《形势》篇，一名《山高》。《史记·管晏列传》中司马迁列举的《管子》的篇目即有该篇。形为形态，势为趋势，形势就是在不同状态下的发展趋势，“天不变其常，地不易其则”，有其自身发展规律，“得天之道，其事若自然；失天之道，虽立不安”，“天之所助，虽小必大，天之所违，虽成必败”。此篇的核心在于探讨势之必然，顺应发展规律，真实地反映了管仲贵轻重、慎权衡的处世方法。

《权修》篇，重点探讨了如何巩固政权的问题。该篇提出了设立官长、强国富民、赏罚以信、取民有度、重视粮食生产、培育人才、礼义教化、重法令等措施，从中可以明显看到管仲治国的经验。

《立政》篇，其核心在于探讨国君如何为政，含“三本”“四固”“五事”“首宪”“首事”“省官”“服制”“九败”“七观”九个部分。“三本”是论任人的三个原则，即德、功、能要与位、禄、官相称；“四固”是说用人应该注意的四个方面的问题，如何用人属“安危之本”，故称四固；“五事”论说富国的五个方面的大事；“首宪”是论说在设置官吏、明确职责的基础上，岁首公布法令；“首事”说举事之前必须先公布法令，法令在先，故曰首事；“省官”是强调明确官府职能，整肃吏治；“服制”是确定臣民服饰乘车的等级制度；“九败”是说制止危及国家的各种异端邪说；“七观”是提出七个方面的工作目标或者说是工作努力方向。

《乘马》篇，乘是计算，马是计算之筹码，乘马为筹划国家大事。该篇含“立国”“大数”“阴阳”“爵位”“务市事”“士农工商”“圣人”“失时”“地里”九个方面，涉及都城建设、君臣之道、土地政策、市场作用、农业管理、抓住时机、城市布局等。本篇内容或论说过于简略，或内容与小标题不完全相符，其内容当有所佚失。

《七法》篇，主要论说治国、治军的七项基本原则，含“七法”“百匿”“为兵之数”“选陈”四个部分。该篇先提出“则、象、法、化、决塞、心术、计数”七法，然后逐一解释，并强调七法的重要意义。“百匿”论说“百匿”“奸吏”“奸民”“贼盗”给治国、治军带来的伤害；“为兵之数”论说治军、用兵的规律；“选陈”论说用兵的基本原则，如先计而后战、早知敌、遍知天下、设耳目、用兵神速等。因此，该篇是重要的军事作品。

《版法》篇，版是书写用的木板或竹板，古人将法令写在上面，故称版法。本篇所论为临政治国之大要，语句简洁，但含义深刻、概括性强，与“版法”之称相合，当是春秋时期流传下来的古老内容。

《幼官》篇，据学者研究，“幼官”当为“玄宫”之误，玄宫指君王宣明政教的宫室。该篇叙述宫室的方位，共分十个部分，每一部分先写不同时节应该遵守的规定，强调效法自然，然后叙述政治、军事方面的内容。

《幼官图》篇，据标题文意，应为上篇的图解，原图可能早已失传，现存全为文字，且与《幼官》重复。

按照古人编辑的惯例，尊称师说为经言。《经言》在子书中，一般仅包括老师自著或老师语录，而弟子所作不能称为经言。按此推论，《管子》的《经言》部分应该与管仲有直接关系，如《牧民》《形势》《权修》《立政》《版法》等，尽管也经过后学整理，但一般认为与管仲所说或管仲的思想相去不远。

（二）《外言》部分，含《五辅》《宙合》《枢言》《八观》《法禁》《重令》《法法》《兵法》，共八篇。

《五辅》篇，首先提出“人不可不务也，此天下之极也”，“政不可不慎也”，在此基础上提出了德、义、礼、法、权五项治国措施，“德有六兴，义有七体，礼有八经，法有五务，权有三度”，然后逐一论述，强调“德不可不兴”“义不可不行”“礼不可不谨”“力不可不务”“权不可不度”。在实施上述五个方面的措施后，君主要“强本事”“用有能”“薄税敛”，如此，“民可使富”“民可使治”“民可使亲”，这三者是霸王之事。该篇结尾与“人不可不务”相呼应，观点突出，结构完整。

《宙合》篇，古往今来谓之宙，合为六合，上下东西南北谓之六合，宙合即包罗天地在内的大时空。该篇主要论述天地人之道,前为经,后为解。经文极为简短,有如格言,含蓄深邃。解文逐句解释,体现了领悟自然、效法自然的精神。

《枢言》篇,枢即重要的关键性部位,枢言指至关重要的言论。该篇是一组格言警句,以"管子曰"开篇,从总结"先王"经验的角度,以汇集语录的形式阐述经世治国的道理,文字简约,内容丰富,含义深刻。郭沫若认为该篇是稷下先生宋钘、尹文的遗著。①

《八观》篇,论述观察兴亡的八个方面,即"行其田野,视其耕芸",可知"饥饱";"行其山泽,观其桑麻",可知贫富;"入国邑,视宫室,观车马衣服",可知侈俭;"观台榭,量国费",可知虚实;"入州里,观习俗",可知治乱;"入朝廷,观左右",可知强弱;"计其威严宽惠,行于其民与不行于其民",可知兴灭;"观民产之所有余不足",可知存亡。从这八个方面的论述中,可见该篇重视实际观察,注重调查研究,并强调是否惠民、富民是国家兴灭存亡的关键。

《法禁》篇,强调法治的严肃性,"法制不议""刑杀毋赦""爵禄毋假","三者藏于官则为法,施于国则成俗"。该篇强调君主统一立法、臣民守法。其中的十八条"圣王之禁"正是《法禁》的主体内容。该篇强调法治,突出体现了法家思想。

《重令》篇,强调法令的重要性,开篇即提出"凡君国之重器,莫重于令。令重则君尊,君尊则国安;令轻则君卑,君卑则国危";然后围绕这一中心展开论述,突出强调了令行禁止的重要性,反映了突出君权、重视法令的法家思想。

《法法》篇,强调依法治国。法法二字,前一个法是动词,指依法行令;后一个法是名词,指法度本身。该篇开篇即说"不法法则事毋常,法不法则令不行",并说"禁胜于身,则令行于民矣",强调君主自身守法、依法办事是推行法令的关键。该篇强调执法的重要性,特别强调君主要带头守法,"有道之君,行法修制,先民服也"。

---

① 郭沫若:《青铜时代·宋钘尹文遗著考》自注,《郭沫若全集·历史编》(第一卷),人民出版社 1982 年版,第 551 页。

《兵法》篇，论述了治兵、用兵之法，是《管子》书中重要的军事作品。该篇提出“兵权”的观点，即权衡用兵得失，“举兵之日而境内贫，战不必胜，胜则多死，得地而国败。此四者，用兵之祸者也”。该篇还提出了“至善不战，其次一之”的观点。

《外言》篇，当为阐发管仲遗说的文章，大部分篇章如《五辅》《八观》《法禁》《重令》《法法》《兵法》等，都应该是这一类型的作品。但是，《宙合》前经后解，属于“管子解”一类的文章，《枢言》是语录体，与其他篇章的文体极不一致。

（三）《内言》部分，含《大匡》《中匡》《小匡》《王言》《霸形》《霸言》《问》《谋失》《戒》，共九篇。其中《王言》与《谋失》二篇已亡佚，现存七篇。

《大匡》《中匡》《小匡》三篇是管仲的三篇传记。郭沫若怀疑“匡”乃“簿”之假，簿同于简，《大匡》盖齐官书，二尺四寸简书，《中匡》《小匡》为私家著述，《中匡》一尺二寸简书，《小匡》八寸简书，“简制有长短，而内容亦有出入”①。《大匡》记载管仲事迹始自齐僖公时，所记时间最长，文字古朴，所记管仲事迹多与《左传》《国语》不同。学者一般认为《大匡》篇编写的时间比较早，应该在春秋时期。《中匡》篇所记比较简单，仅记录了管仲与齐桓公谋划对外用兵的事情及齐桓公斋戒十日宴请管仲的故事，远比《大匡》《小匡》两篇简略。《小匡》篇所记始自齐桓公向鲁国索要管仲，比《大匡》篇晚，但所记管仲改革内政、寓兵于民等事迹比《大匡》篇更为详细。《小匡》篇的内容基本与《国语·齐语》相同，学者一般认为《小匡》篇晚于《国语·齐语》。

《霸形》篇，记载了管仲辅佐齐桓公成霸的故事，题目似乎与下篇误倒，该篇以记言为主，内容是争霸方略，故标题“称为‘霸言’，亦恰合文意”②。

《霸言》篇，文章以“霸王之形”开篇，题目应作“霸形”。形即状态、态势，霸形即论述争夺霸王应该具备的状态。该篇提出“国修而邻国无道，霸王之资也”“必先布德诸侯”“夫争天下者，必先争人”“知者善谋，不如当时”

---

① 郭沫若：《管子集校·叙录》，《郭沫若全集·历史编》（第五卷），人民出版社 1984 年版，第 429 页。

② 赵守正：《管子通解》，北京经济学院出版社 1989 年版，第 329 页。

"理乱在上""夫霸王之所始也,以人为本""释实而攻虚,释坚而攻朧,释难而攻易""夫争强之国,必先争谋争刑争权"等观点,涉及内政、外交、善抓机遇、重视谋划、抢占优势等诸多方面。特别应该指出的是,该篇明确提出"以人为本"的概念,突出体现了人本思想。

《问》篇,是一篇社会调查提纲。文章开篇提出"凡立朝廷,问有本纪",强调社会调查要有根本原则,这对正确处理好各种关系至关重要,是"霸王之术";然后一一列举调查内容,涉及社会生活的各个方面,周到细致。

《戒》篇,记载了管仲劝诫齐桓公的事迹。该篇记载了管仲在病重时劝谏齐桓公驱逐小人,齐桓公不听管仲劝告,最终因重用易牙等人而死而不葬的事情,流传甚广。

《内言》部分主要记载了管仲的言行事迹,除《霸言》篇是论说文、《问》是调查提纲,其余各篇均记述了管仲的事迹。

(四)《短语》部分,含《地图》《参患》《制分》《君臣上》《君臣下》《小称》《四称》《正言》《侈靡》《心术上》《心术下》《白心》《水地》《四时》《五行》《势》《正》《九变》,共十八篇。其中《正言》已亡佚,还剩十七篇。

《地图》篇,是一篇军事论文,论述了两个问题,一是"审知地图"的重要性,二是"主兵必三具",即"主明、相知、将能"。

《参患》篇,主要论述军事。全文计有四段文字,首段论君主不可猛毅,不可懦弱,应参乎二者之间,这或许正是"参患"之本意。后边三段论述用兵:其一,论述兵的重要性,认为"兵者尊主安国之经";其二,论述战争消耗巨大,主张先计而后兵;其三,提出全面备战的观点,"凡兵有大论,必先论其器、论其士、论其将、论其主"。

《制分》篇,主要论述军事。全文共有三段,前两段论述军事,第二段提出了"遍知天下"的观点,第三段提出"制天下有分"。本篇篇名可能取于第三段。

《君臣上》《君臣下》,是两篇政治论文,主要论述为君之道、为臣之道以及君臣之间、君民之间的关系,并以此为核心,涉及诸多政治问题,提出了一些引人注目的观点,如"先王善与民为一体,与民为一体,则是以国守国,以民守民也",强调"与民为一体",非常具有启发意义。

《小称》篇，记载了管仲规劝齐桓公的言论和事迹。该篇记载的管仲病重之时劝说齐桓公逐易牙等人，但齐桓公后来重新重用易牙等以至于身死不葬的事情，与《戒》篇所载为同一事，但细节更为详细，可互为补充。此记载流传甚为广泛，《吕氏春秋·知接》《史记正义》等皆有相同的记载。

《四称》篇，以管仲与齐桓公对话的形式，论述有道之君、无道之君及有道之臣、无道之臣的表现，列举了四个方面的内容，故为"四称"。

《侈靡》篇，是一篇重要的经济学论文，论述了消费对满足人们生活需要、促进生产、解决就业的重要意义。在尚俭的传统思想下，提倡消费，可谓独树一帜。

《心术上》《心术下》《白心》三篇与《区言》中的《内业》篇，为哲学论文，主张修养内心、蓄养精气、虚静无为、去除嗜欲、把握事物发展规律等，是稷下黄老学派的著作。《心术上》为前经后解，《心术下》与《内业》相同，但比《内业》简短。《内业》篇提出了"气"与"精气说"，"凡物之精，此则为生，下生五谷，上为列星，流于天地之间，谓之鬼神。藏于胸中，谓之圣人。是故民气"。诸篇指出精气不仅是物质实体，而且任何事物的产生都是精气不断运动、相互结合的结果，所以，精气不仅是物质之源，也是精神之源，精气是一切之本原。诸篇还提出了"静因之道"的认识论，认为"修身静音，道乃可得"，"思索生知"，"因也者，舍己而以物为法者也"，"无为之道，因也。因也者，无益无损也。以其形因为之名，此因之术也"。可见"静因之道"的认识论就是"修身静意"，排除一切成见，完全客观地把握事物的规律。郭沫若在《宋钘尹文遗著考》中指出以上四篇及《枢言》是宋钘尹文遗著[①]。此说影响甚大，但也有学者不同意此说，现在一般认为它们是稷下黄老学派的著作。

《水地》篇，是一篇哲学论文，主要论述水，提出了水是"万物之本原也，诸生之宗室也"的思想，认为万物皆由水构成，表现了唯物主义的一元论。文章开篇说："地者，万物之本原，诸生之根菀也……水者，地之血气，如筋脉之通流者也。"该篇论说了水与地的关系，故称"水地"；但主要论述水，尽管说地是万物本原，但水是地之血脉，故又称水是万物之本原。

---

① 郭沫若：《青铜时代》，《郭沫若全集·历史编》（第一卷），人民出版社 1982 年版，第 551 页。

《四时》《五行》两篇是稷下阴阳五行学派的作品。四时即春夏秋冬四季，强调刑德要合于四时，“刑德合于时则生福，诡则生祸”。《五行》篇将一年分为木、火、土、金、水五个时段，每段七十二天，施政与五行相配，强调“人与天调”。

《势》篇，是军事论文，以论述军事规律为主。

《正》篇，是政治论文，行文简短，仅有两部分。前一部分先解释刑、政、法、德、道的内涵，还论及五者相互补充，以发挥各自应有的作用。后一部分论述识人、用人的方法。这两个方面是正确行政的根本，因而以“正”为名。

《九变》篇，是一篇军事论文，篇幅简短，主要列举参战者能够“守战至死”的九种因素。

该部分以“短语”命名，顾名思义，应为短语连缀成篇。上述部分篇章符合这一特点，如《参患》《制分》《小称》《四称》《势》《正》《九变》等。但有些篇章是篇幅较长、结构完整的论文，如《君臣》上下、《侈靡》《心术》四篇及《四时》《五行》等，显然与“短语”之称不合。

（五）《区言》部分，含《任法》《明法》《正世》《治国》《内业》，共五篇。其中《内业》篇已在《短语》部分介绍，不再赘述。

《任法》篇，强调依靠法度治理国家，体现了重视法治的法家思想，提出了一些引人注目的观点，如“任法而不任智”“仁义礼乐者，皆出于法”“故法者，天下之至道也，圣君之实用也”“君臣上下贵贱皆从法，此谓为大治”“以法制行之，如天地之无私也”，等等。

《明法》篇，强调修明法度，反映了法家思想。该篇主要论述了两个问题，一是强调法度至上，“威不两错，政不二门，以法治国则举错而已”；二是坚持按法办事，特别是在用人方面，不“以誉为赏，以毁为罚”，而“使法择人，不自举也”。文章尽管简短，但观点极为鲜明，极具有启发意义。

《正世》篇，强调以法治国。该篇与其他篇章的不同之处在于论述立法，首先强调在调查研究的基础上立法，提出了立法的一些原则，如厚赏重罚、“随时而变，因俗而动”、“为天下致利除害”、“不慕古，不留今，与时变，与俗化”等。

《治国》篇，是一篇强调重视农业生产的政治论文。开篇提出“凡治国之道,必先富民”,然后论述“粟多则国富”,从而强调田垦,最后得出结论:“粟者,王之本事也,人主之大务,有人之途,治国之道也。”《三国志·司马芝传》载司马芝的奏章中有“《管子区言》以积谷为急”之语,说明在三国时,《治国》就在《区言》部分。

“区言”当为重要言论之意。从所存篇章来看,《区言》部分所论涉及立法、明法、任法以及重粟等,确实均为治国的大问题。

(六)《杂言》部分,含《封禅》《小问》《七臣七主》《禁藏》《入国》《九守》《桓公问》《度地》《地员》《弟子职》《言昭》《修身》《问霸》,共十三篇。其中《言昭》《修身》《问霸》已亡佚,现存十篇。

《封禅》篇,记载了葵丘之会齐桓公欲封禅而被管仲劝止之事。此事又见于《史记·封禅书》。

《小问》篇,记载了齐桓公与管仲的问答,大到治国,小到马厩,共十四件事。

《七臣七主》篇,共有三部分,第一部分列举了七种类型的君主,第二部分强调“一国之存亡在其主”,论述君主治国的要求,第三部分列举七种类型的大臣。

《禁藏》篇,是一篇内容丰富的政治论文,因首句为“禁藏于胸胁之内”,取开头二字为篇章名。该篇涉及自制修身、依法办事等,强调治民要“圉之以害,牵之以利”,主张将“得天之时以为经,得人之心以为纪,法令为维纲,吏为网罟,什伍以为行列,赏诛为文武”作为“国之本”,等等。该篇还提出了谋敌制胜的五种手段,涉及反间计、离间计、美人计等。

《入国》篇,记述了“九惠之教”的内容。

《九守》篇,记述了君主应该坚守的九个方面的原则,言简意赅,耐人回味。

《桓公问》篇,以桓公与管仲问答的形式,列举黄帝、尧、舜、禹、汤、武王等历代明君的纳谏措施,建议桓公建立啧室之议制度。

《度地》篇,以桓公与管仲问答的形式论述如何治理水患(除开头一段讨论“度地形而为国”),是我国古代关于治水的文章。

《地员》篇,记述、统计各种土地的土质以及适宜种植的作物,分类非常细致。我们由此可以看出古人对农业生产的高度重视。

《弟子职》篇,是稷下学宫的学生学则,可谓我国古代第一部学生守则。

该部分以“杂言”命名,当是出于两个方面,一是内容杂,不属于治国要旨;二是文体杂,所记又散又短。因此,杂言类似于杂记。除《禁藏》篇,《杂言》部分其余诸篇都体现了这一特点。

(七)《管子解》部分,含《牧民解》《形势解》《立政九败解》《版法解》《明法解》,共五篇。其中《牧民解》已亡佚,现存四篇。该部分全部为解文,与《宙合》等经与解合为一篇不同,系解文独立成篇。

(八)《轻重》部分,含《臣乘马》《乘马数》《问乘马》《事语》《海王》《国蓄》《山国轨》《山权数》《山至数》《地数》《揆度》《国准》《轻重甲》《轻重乙》《轻重丙》《轻重丁》《轻重戊》《轻重己》《轻重庚》,共十九篇。其中,《问乘马》《轻重丙》《轻重庚》已亡佚,现存十六篇。

《巨乘马》篇,又作《臣乘马》《匡乘马》。乘马是计算筹划的意思。该篇以桓公与管仲问答的形式论述通过控制物价来理财。耕种时国家给予贷款,收获之时谷贱,用谷偿贷;谷价上涨后,再用谷换取器械。如此,国家富足,而“无籍于民”。

《乘马数》篇,以桓公与管仲问答的形式论述通过加强计算筹划、控制物价与流通、调整税收进而实现理财的目的。

《事语》篇,以桓公与管仲问答的形式论述国家的财政政策,即不能奢侈散财,而要积蓄聚财;不能依靠诸侯,而要靠自己之国家积财。

《海王》篇,以桓公与管仲问答的形式提出“官山海”的经济政策,即实行盐铁国家专卖制度,寓税于价,未征税,但无人不纳税。

《国蓄》篇,主要论述国家控制经济,重点是增加国家储备,由国家控制物价、调整余缺。有些观点很精辟,如“见予之形,不见夺之理”“利出于一孔者,其国无敌”,等等。

《山国轨》《山权数》《山至数》《地数》四篇皆以桓公与管仲问答的形式论述国家理财的方法,与《巨乘马》《乘马数》两篇的基本观点相同,然而各有侧重。《山国轨》篇强调汇总经济信息、掌控物资需求,进而控制物价,由国家鬻贵买贱,即使不征税也能使国家富足,还论述了如何成立专门的机构以及如何开展工作。《山权数》篇强调按照实际变化，以权变的方法理财。《山至数》篇侧重于探讨理财的最佳方法。《地数》篇探讨利用自然资源理财，提出实行盐专卖政策，与《海王》篇内容重复。

《揆度》篇，是一篇综合性强、论述比较全面的经济学论文。开篇提出“燧人以来，未有不以轻重为天下也”，历数各代贤王均以轻重为天下。该篇还提出利用阴阳与权、衡、规、矩、准治理国家；对不称职的官员进行重罚；国家利用物价涨跌而不利用征税增加财政收入；国家用垄断手段储备粮食，控制经济，平抑物价，“富能夺，贫能予”；运用权变之术，“治权则势重”；运用统计手段，控制本国及邻国物价；通过调查、统计、视察，奖勤罚懒，并保证农民的收入，以调动农民生产的积极性；由国家控制余缺，防止奸商暴利，等等，涉及诸多方面，但以论述经济为主。

《国准》篇，是一篇值得重视的经济论文，其特别之处不在于提出国家调节经济的主张，而在于提出根据发展变化情况调整政策。首先提出“视时而立仪”，即根据时代特点调整政策，然后提出“请兼用五家而勿尽”，即借鉴前人的经验但不能全部照搬，体现了在继承中创新的思维方式，最后的结论是“好讥而不乱，亟变而不变，时至则为，过则去”，即不留恋过去，在调查研究的基础上与时俱进。

《轻重甲》《轻重乙》《轻重丙》《轻重丁》《轻重戊》五篇皆以桓公与管仲问答的形式论述轻重之术，以经济问题为主，但又不限于经济问题。其中，《轻重甲》篇涉及最广泛，如开头部分即论述“轻重有数”可“来天下之财”“致天下之民”，可见，轻重是经济手段，也是政治手段；继而论述商汤战胜夏桀取得天下，可见轻重又是取得天下的手段；继而又论述“五战而至于兵”，所谓“五战”指“战衡”“战准”“战流”“战权”“战势”，即在经济、谋略等各种优势条件都具备的情况下再用兵，如此，轻重又是重要的军事手段。《轻重戊》篇在内容上也有特别之处，即多论述将经济手段用于征服他国，如服鲁，服莱、莒，服楚，服代国、衡山国等。其他各篇涉及的内容不如《轻重甲》篇丰富，观点基本相同，内容甚至语句时有重复。另外，各篇章记述特点相同，都是以桓公与管仲的对话形成段落，段与段之间在内容上没有联系，属于杂记体裁，但记述中心明确，皆为轻重之术。

《轻重己》篇与上述《轻重》诸篇不同，从内容上看，记述天子在春夏秋冬四季穿着不同颜色的衣服，发布不同的政令，即所谓的“时政”，与轻重之术关系不大；从体裁上看，不是桓公与管仲的对话体，即不是杂记的形式。

《轻重》部分（除《轻重己》篇）比较集中地论述了“轻重”理论，涉及政治、外交、军事等诸多方面，但在经济方面最为突出，比较集中地反映了《管子》一书蕴含的经济思想。

二、《管子》的基本特点

《管子》一书内容丰富，涉及广泛，几乎无所不包，所以，历来被人视为庞杂之书。戴望在《管子校正·管子文评》中就突出表现了这一看法，如引宋代叶适说“管子非一人之笔，非一时之书”，又引宋代黄震《东发日钞》说“管子书不知谁所集，乃庞杂重复，似不出一人之手”，又引周端朝《涉笔》说“管子一书，杂说所丛”。[①] 近人也多有类似的各种说法，如郭沫若认为“《管子》书是一种杂脍”，“它大率是战国及其后的一批零碎著作的总集，一部分是齐国旧档案，一部分是汉时开献书之令时由齐地汇献而来的”。[②] 冯友兰则说《管子》是“稷下学宫的学报”[③]。总之，他们否认《管子》具有完整的思想体系。

世人对诸子学派的划分始于战国末年而定型于汉代。汉初司马谈在《论六家要旨》中首次将诸子分为阴阳、儒、墨、名、法、道六家。东汉班固据刘歆《七略》编《汉书·艺文志》，又增加纵横、杂、农、小说四家。由此以后，诸子十家成为人们划分诸子学派的基本模式。而《管子》一书明显难以对号入座，所以，关于《管子》一书所属学派的问题，历来模糊不清。历代官修史志先将其列入道家，又改列法家，对其所属学派的问题认识不一。如以上所说，有些学者认为《管子》不是一个学派的著作，因而又有“杂家”之说。

近年来，随着对《管子》研究的不断深入，人们普遍认为《管子》是管仲

---

① 戴望：《管子校正》，中华书局 1978 年版。

② 郭沫若：《青铜时代》，《郭沫若全集·历史编》（第一卷），人民出版社 1982 年版，第 551～552 页。

③ 冯友兰：《中国哲学史新编》，人民出版社 1980 年版，第 103 页。

学派的著作，“《管子》是管仲学派代代积累的论文总集，既有管仲思想的继承和发挥，又有它在不同历史时期的发展和运用，是一部经邦治国的百科全书”①。《管子》一书具有突出的特点，这主要体现在以下三个方面：

（一）不限门派，兼容并包。《管子》与各思想流派的著述不同。各思想流派由于创始者都是思想家，各有其思想主旨，其弟子后学继承、阐发其思想，从而形成某一思想流派。这些流派都带有自身的鲜明特征，如儒家崇礼义，尚仁政；道家法自然，尚无为；法家重法制，贵赏罚，等等。而管仲是贤相，他的影响力主要不在于思想学说，主要在于实践成就，因而，后来的管仲学派主要不在于传承管仲的某一思想观点，主要在于总结、发挥管仲的治国争霸经验。管仲展现出来的历史风貌与思想家迥然不同，这决定了其后学编著的《管子》与一般诸子书有根本的不同。

管仲是春秋初期的历史人物，而诸子百家在春秋末期才开始逐渐形成。管仲辅佐齐桓公成为春秋五霸之首，在中国历史上具有重大影响，势必早就有研究其治国经验的管仲后学，特别到了战国初期稷下学宫出现之后，出于齐国政权的提倡和齐国文化传统的需要，对管仲的研究应该是稷下学宫的热门学问，从现存《管子》中保存有学则《弟子职》来看，《管子》应该是稷下先生们讲授的重要内容。种种迹象表明，管仲学派在战国初期即已形成于齐国的稷下学宫中了。

如前所述，管仲学派不同于其他学派，不是以某一思想为宗，而是以管仲其人为宗，凡是仰慕管仲并进而搜集其言行事迹、总结其经验贡献、发挥其思想观点的学者都属于管仲学派。管仲学派并不排斥哪一思想流派，因此，管仲学派中也有其他思想学派的学者。

管仲学派的上述特点决定了《管子》书的鲜明特点，即超越了战国时期某一思想流派的局限，对其他各种思想流派有着无限度的兼容并包。

这一特点在《管子》书中表现得极为突出。《管子》一书提出的“礼义廉耻”、国之四维及重视礼义教化等体现了儒家的思想。刘向《管子书序》云：“凡《管子》书，务富国安民，道约言要，可以晓合经义。”可见，刘向认为《管

① 王德敏、刘斌等：《管子十日谈》，安徽文艺出版社 1997 年版，第 7 页。

子》为儒家著作,起码是以儒家为主。《管子》一书还体现了道家思想,学界公认《心术》上下、《白心》及《内业》等是道家著作,《汉书·艺文志》即将《管子》著录道家,可见汉代时人们一般将《管子》视为道家著作。《管子》书中有较多阐发法治的篇章,如《七法》《法禁》《重令》《法法》等,后来官修史志将《管子》著录为法家,可见《管子》书中的法家思想也非常突出。此外,《幼官》《四时》《五行》诸篇一般被认为是阴阳五行之学。

以上所举是就整篇文章而言的,实际上,就一篇文章的内容而言,通过某些段落、某些词语也可以看出某些思想流派留下的痕迹,如《禁藏》篇最后一段论述"谋功"的五种方法:

> 一曰视其所爱以分其威。一人两心,其内必衰也。臣不用,其国可危。二曰视其阴所憎。厚其货赂,得情可深。身内情外,其国可知。三曰听其淫乐,以广其心。遗以竽瑟美人,以塞其内。遗以谄臣文马,以蔽其外。外内蔽塞,可以成败。四曰必深亲之,如典之同生。阴内辩士使图其计,内勇士使高其气,内人他国使倍其约,绝其使,拂其意,是必士斗,两国相敌,必承其弊。五曰深察其谋。谨其忠臣,揆其所使,令内不信,使有离意,离气不能令,必内自贼。忠臣已死,故政可夺。

所列举的五个方面全部属于阴谋诡计。类似的记载还见于《轻重甲》篇:

> 管子曰:"女华者,桀之所爱也,汤事之以千金。曲逆者,桀之所善也,汤事之以千金。内则有女华之阴,外则有曲逆之阳,阴阳之议合,而得成其天子。此汤之阴谋也。"

管仲纵然善谋,但在春秋初期,管仲以尊王攘夷号令诸侯,对诸侯"结之以信,拘之以利",强调"义于名",不应如此崇尚阴谋。此语当出于战国时期纵横家一类的后学。

(二)切合实际,经世致用。与其他思想学派侧重于坐而论道不同,管仲学派更侧重于总结、发挥管仲的成功经验，更注重贴近现实、解决社会实际问题。

管仲学派的这一特点是由管仲这一人物的特性决定的。管仲在中国历史上的卓越建树使人无法用传统的九流十家来确定他属于哪一家，无论说他是道家还是法家，都是就他某一方面的特点而言，绝对不能反映他的全貌，因此都不全面。近年来，或以政治家、思想家、军事家、经济家等现代称号称之，他几乎是这些所有能想到的称号的叠加，但总感觉还不够贴切。因而有学者把管仲称为经略家。①

《左传·昭公七年》载："天子经略，诸侯正封，古之制也。"所谓"经略"，经是经线，略是疆界，引申为治理国家，所以杜预注为："经营天下，略有四海，故曰经略。"因此，经略的基本意义是治理国家，但不是凡治理国家的人都可称为经略家，只有那些满腹经纶、卓有建树的帝王或卿相才称得上经略家。经略包含的第一层基本意义是擅长策划国家大事。这一点在管仲身上体现得极为突出。管仲作为齐国的百官之长，确定了齐国改革的方案、尊王攘夷的争霸战略及"拘之以利，结之以信，示之以武"的对外交往原则，显示了管仲具有划时代意义的雄才大略。经略包含的第二层基本意义是功业卓著，有遇变不惊、举重若轻的非凡能力。这一点在管仲身上也体现得非常突出。齐国南征强楚，北伐戎狄，平戎于周室，纵横捭阖，正如古人所说，九合诸侯，一匡天下，正是管仲之力，显示了管仲入相出将的非凡才干。经略包含的第三层基本意义是具有超人的智慧，多谋善断。这在管仲身上也有很突出的体现。管仲"贵轻重，慎权衡"，善于"转祸而为福"：北征山戎，失道迷路，管仲说老马识途，让人随马后，最终走出困境；齐、鲁约定共伐山戎，但鲁国失约，管仲不仅不去责罚鲁国，反而献戎俘于周公之庙，使鲁国以后坚定随齐征伐；齐、鲁柯之会，曹沫劫盟，管仲借机返还侵地，通过取信于鲁而取信于天下；齐桓公因私伐蔡，管仲因袭蔡转而伐楚，责楚不向周室纳贡，使这次军事行动由泄私愤行为转为尊王室行为……这显示了管仲随机应变的超人智慧。

① 王德敏、刘斌等：《管子十日谈》，安徽文艺出版社 1997 年版，第 8 ~ 15 页。

管仲经略家的身份决定了管仲学派的思想核心是经世致用。《管子》书记述管仲的生平事迹，总结管仲治国争霸的经验，阐发管仲经世治国的思想观点，从而展现了经略家思想学说的突出特点，即切合社会实际，以经世治国为核心，研究治理措施，阐发管理思想，简而言之，即经世致用。

《管子》书中的儒家、法家、道家、阴阳家、兵家思想都十分明显，但这些思想不是杂丛，也不是互不联系的“杂说所丛”或“杂脍”。《管子》书也不是“零碎著作的总集”或“稷下学宫的学报”。其蕴含的各种思想都串联着一条主线，这就是管仲学派的思想核心，也就是经世致用，可以说，《管子》之学就是经世致用之学。

经世致用的特点在《管子》书中表现得极为突出。刘向《管子叙录》用“富国安民，道约言要”概括《管子》书的特点。明代赵用贤《管子书序》云：“古今递迁，道随时降，王霸迭兴，政由俗革。吾以为周公经制之大备，盖所以成王道之终。管子能变其常而通其穷，亦所以基伯道之始。”[①]周公为王道之终，管子变其经制，成霸道之始。可见，经世致用是《管子》全书的精髓。如《轻重》诸篇，其主旨是论述轻重之术，涉及政治、军事等诸多方面，但主要是经济理论。近来学者多认为《轻重》诸篇是西汉时期的作品，或认为出于汉景帝时吴楚七国之乱之后。吴楚七国之乱实际上是地方经济势力强大即汉王朝在经济上的分散造成的政治上的割据和混乱。七国之乱后，人们探求改变旧制，于是出现了一批研究管子轻重之术的文章。或认为出于汉武帝任用桑弘羊管理经济之后。桑弘羊推行盐铁酒专营等一系列经济政策，增加了国家收入，使汉朝出现了“民不益赋而天下用饶”的局面，在这一背景下，产生了一批阐发管仲轻重之术的文章。无论是说产生于景帝时，还是说产生于桑弘羊经济改革时期，都说明了《管子》一书与社会管理的紧密联系，都反映了经世致用的突出特点。

（三）百科全书，全面细致。《管子》以经世致用为核心，涉及政治、经济、军事、外交、教育等各个方面，凡是国家事务几乎无所不包，极为全面细致，是经世致用的百科全书。

---

① 戴望：《管子校正》，中华书局 1978 年版，第 2 页。

政治、经济、军事、外交方面的内容是《管子》一书的主要内容，自不必赘述。其他方面的内容也非常突出，如教育，《小匡》篇提出了四民分业定居，“其父兄之教，不肃而成；其子弟之学，不劳而能”，是职业教育最早的体制设计；《权修》篇说“乡置师以说道之”，即在各乡设置官员负责教育引导工作。最引人注目的是《管子》充分强调了教育的重要性，《权修》篇云：“一年之计，莫如树谷；十年之计，莫如树木；终身之计，莫如树人。一树一获者，谷也；一树十获者，木也；一树百获者，人也。我苟种之，如神用之，举事如神，唯王之门。”《管子》一书对教育的认识，就是在今天看也不落伍。

《管子》书中还有一些专题性文章，论述了丰富多彩的社会管理问题，涉及面之广泛让人不禁大为惊叹。如《地图》篇论述作战地图的重要性，《侈靡》篇论述消费对经济的正面意义，《度地》篇论述城乡建设和治水，《地员》篇论述土地和农作物统计，《弟子职》篇是一篇学生守则，《海王》篇论述盐铁专卖，等等。我们说，这些篇目涉及的内容都是前所未有的，称得上是我国古代历史上相关专业的第一篇专论文章。

同时，就每一方面的内容而言，论述往往非常细致，如在论述国家理财方面，《巨乘马》《乘马数》《山国轨》《山权数》《山至数》《地数》等都是论述国家理财的方法，但又各有侧重。《巨乘马》篇强调国家通过信贷控制物价来理财，《乘马数》篇强调通过加强计算筹划来实现理财，《山国轨》篇则从国家汇总、掌控经济信息的角度论述理财，《山权数》篇强调以权变的方法理财，《山至数》篇侧重于探讨理财的最佳方法，《地数》篇侧重于探讨通过垄断自然资源理财，等等。各篇从不同的角度展开论述，全面又细致。

附录一 管仲生平事迹系年[1]

管仲,名夷吾,字仲,谥敬仲,或曰字敬仲。颍上人,《史记·管晏列传》载:“管仲夷吾者,颍上人也。”姬姓,《国语·齐语》韦昭注曰:“管仲,姬姓之后,管严仲之子敬仲也。”姬姓管氏最早出于周文王第三子管叔鲜,唐代林宝《元和姓纂》卷七:“管,文王子叔鲜封于管,因氏焉。管夷吾字敬仲,仕齐。”[2]宋代郑樵《通志·氏族略》在“以国为氏”之“周同姓国”中说:“管氏,周文王第三子管叔鲜之国,其地今郑州管城是也,子孙以国为氏焉。”[3]

或说管仲是周穆王之后。周穆王将其庶子分封到管,其后裔子孙便以封邑为氏。《左传·僖公十一年》正义引《世族谱》:“管氏出自周穆王。”《通志·氏族略》:“又齐有管夷吾,出自周穆王,至管夷吾始显于齐。”[4]清秦嘉谟《世本辑补》卷七《氏姓篇》:“管氏出自周穆王,管严仲之子敬仲夷吾相齐,世任齐国。”秦嘉谟案:“《姓纂》诸书皆以管仲为管蔡之后,皆误。当以《世族谱》言为定。”

管,在今河南郑州市。

管仲无论出于管叔鲜,还是出于周穆王,都是周王室后裔。

管仲生年不详。据《管子·大匡》载,齐僖公命管仲辅佐公子纠。齐僖公卒于公元前698年。管仲在受命辅佐公子纠之前,经过商,当过兵,入过仕,经历已是十分丰富,其受命辅佐公子纠时应不会小于三十岁。如果按齐

① 本附录是在战化军《管仲评传》附录《管仲主要事迹系年》的基础上修订而成。《管仲主要事迹系年》,见《管仲评传》,齐鲁书社2001年版,第263~286页。

② [唐]林宝:《元和姓纂》,中华书局1994年版,第988页。

③ [宋]郑樵:《通志二十略》,中华书局1995年版,第48页。

④ [宋]郑樵:《通志二十略》,中华书局1995年版,第48页。

僖公在卒前命管仲辅佐公子纠推算,管仲约生于公元前728年。

管仲卒于齐桓公四十一年,即公元前645年,享年八十余岁。

管仲在辅佐公子纠之前的事迹只有一些零星记载,且无年代可寻。史籍侧重于记载他早年坎坷。《史记·管晏列传》载管仲曰:"吾始困时,尝与鲍叔贾,分财利多自与,鲍叔不以我为贪,知我贫也。吾尝与鲍叔谋事而更穷困,鲍叔不以我为愚,知时有利不利也。吾尝三仕而三见逐于君,鲍叔不以我为不肖,知我不遭时也。吾尝三战三走,鲍叔不以我为怯,知我有老母也。"可见他早年经过商、当过兵、入过仕,但命运多舛,皆不顺利。

管仲与鲍叔共同经商之地当是南阳一带。史料数次提及管仲在南阳经商,如《史记索隐》引《吕氏春秋》:"管仲与鲍叔同贾南阳,及分财利,而管仲尝欺鲍叔,多自取。鲍叔知其有母而贫,不以为贪也。"《战国策·秦策五》载姚贾云:"管仲,其鄙人之贾人也,南阳之弊幽。"《说苑·复恩》载鲍叔去世后,管仲泪下如雨,哭曰:"吾尝与鲍叔负贩于南阳,吾三辱于市,鲍子不以我为怯,知我之欲有所明也。"可见管仲的确在南阳经过商。

管仲经商做的是小本生意,以管仲自己的话说是"负贩"。管仲生活困窘,与鲍叔合伙经商,分财"多自取",地位低下,是"鄙人"。

管仲入仕之初可能当过圉人。《管子·小问》载管仲曰:"夷吾尝为圉人矣。"其入仕经历也极不顺利,曾"三仕三见逐于君",此处所说的"三"是虚数,是次数多的意思,这说明他曾多次被黜免官职。

齐僖公三十三年(前698)

管仲辅公子纠。

力劝鲍叔辅公子小白。

《管子·大匡》:"齐僖公生公子诸儿、公子纠、公子小白。使鲍叔傅小白,鲍叔辞,称疾不出。管仲与召忽往见之,曰:'何故不出?'鲍叔曰:'先人有言曰:"知子莫若父,知臣莫若君。"今君知臣之不肖也,是以使贱臣傅小白也,贱臣知弃矣。'召忽曰:'子固辞无出,吾权任子以死亡,必免子。'鲍叔曰:'子如是,何不免之有乎?'管仲曰:'不可。持社稷宗庙者,不让事,不广闲。将有国者,未可知也。子其出乎!'召忽曰:'不可。吾三人者之于齐国也,譬之犹鼎之有足也,去一焉则必不立矣。吾观小白必不为后矣。’管仲曰:‘不然也。夫国人憎恶纠之母,以及纠之身,而怜小白之无母也。诸儿长而贱,事未可知也。夫所以定齐国者,非此二公子者,将无已也。小白之为人,无小智,惕而有大虑。非夷吾莫容小白,天不幸降祸加殃于齐,纠虽得立,事将不济。非子定社稷,其将谁也?’召忽曰:‘百岁之后,吾君卜世,犯吾君命而废吾所立,夺吾纠也,虽得天下,吾不生也,兄与我齐国之政也。受君令而不改,奉所立而不济,是吾义也。’管仲曰:‘夷吾之为君臣也,将承君命,奉社稷以持宗庙,岂死一纠哉!夷吾之所死者,社稷破,宗庙灭,祭祀绝,则夷吾死之。非此三者,则夷吾生。夷吾生则齐国利,夷吾死则齐国不利。’鲍叔曰:‘然则奈何?’管子曰:‘子出奉令则可。’鲍叔许诺,乃出奉令,遂傅小白。鲍叔谓管仲曰:‘何行?’管仲曰:‘为人臣者,不尽力于君,则不亲信。不亲信,则言不听。言不听,则社稷不定。夫事君者无二心。’鲍叔许诺。”

据此可知,管仲、召忽傅公子纠,鲍叔傅公子小白,乃受命于齐僖公。但受命的具体时间史籍不载,姑记于是年。

管仲在傅公子纠期间,可能受到过齐襄公的迫害。《说苑·善说》载孔子对子路曰:“管仲说襄公,襄公不悦,管仲非不辩也,襄公不知说也……家残于齐而无忧色,非不慈也,知命也。”可能在齐襄公之乱时,管仲曾劝谏齐襄公,但不被采纳,还触怒了齐襄公,故“家残于齐”。

齐襄公十二年(前686)

齐襄公被弑。

管仲、召忽奉公子纠奔鲁。

《左传·庄公八年》:“齐侯使连称、管至父戍葵丘,瓜时而往,曰:‘及瓜而代。’期戍,公问不至。请代,弗许,故谋作乱。僖公之母弟曰夷仲年,生公孙无知,有宠于僖公,衣服礼秩如适。襄公绌之。二人因之以作乱。……遂弑之而立无知。初,襄公立,无常。鲍叔牙曰:‘君使民慢,乱将作矣。’奉公子小白出奔莒。乱作,管夷吾、召忽奉公子纠来奔。”

《史记·鲁周公世家》:“(鲁庄公)八年,齐公子纠来奔。”鲁庄公八年即齐襄公十二年。

据《左传》记载，鲍叔奉公子纠奔莒在齐襄公被弑之前，而管仲、召忽奉公子纠奔鲁在齐襄公被弑之后。

齐桓公元年（前685）

公孙无知被杀。

《史记·齐太公世家》："桓公元年春，齐君无知游于雍林。雍林人尝有怨无知，及其往游，雍林人袭杀无知，告齐大夫曰：'无知弑襄公自立，臣谨行诛。唯大夫更立公子之当立者，唯命是听。'"

是年春，齐大夫与鲁庄公盟于蔇，纳公子纠归国即位。但鲁庄公迟迟不送公子纠归齐。

《谷梁传·庄公九年》："盟纳子纠也。不日，其盟渝也。当齐无君，制在公矣，当可纳而不纳，故恶内也。"又载："当可纳而不纳，齐变而后伐。"

鲁庄公迟迟不送公子纠归齐，给公子小白争位提供了机会。

公子小白与公子纠争位。公子小白从小与监国上卿高傒关系密切。在公孙无知被杀后，高傒即暗中通知公子小白归国。是年夏，鲁庄公得知公子小白归齐争位后，也发兵护送公子纠归国，并让管仲在途中拦截公子小白。管仲箭射公子小白，正中衣带钩。公子小白急中生智，装死瞒过管仲，赶回齐国，由高傒、国子做内应，抢先即位，为齐桓公。

齐桓公即位后，立即发兵拒鲁。齐鲁战于乾时，鲁师败绩。公子纠被杀，召忽自杀。

鲍叔力荐管仲。管仲被囚，返齐，任齐相。

《左传·庄公九年》："夏，公伐齐，纳子纠，桓公自莒先入。秋，师及齐师战于乾时，我师败绩，公丧戎路，传乘而归。……鲍叔帅师来言曰：'子纠，亲也，请君讨之。管、召，仇也，请受而甘心焉。'乃杀子纠于生窦，召忽死之。管仲请囚，鲍叔受之，及堂阜而税之。归而以告曰：'管夷吾治于高傒，使相可也。'公从之。"

《史记·齐太公世家》："小白自少好善大夫高傒。及雍林人杀无知，议立君，高、国先阴召小白于莒。鲁闻无知死，亦发兵送公子纠，而使管仲别将兵遮莒道，射中小白带钩。小白详死，管仲使人驰报鲁。鲁送纠者行益迟，六日至齐，则小白已入，高傒立之，是为桓公。桓公之中钩，详死以误管仲，已而载温车中驰行，亦有高、国内应，故得先入立，发兵距鲁。秋，与鲁战于乾时，鲁兵败走，齐兵掩绝鲁归道。齐遗鲁书曰：'子纠，兄弟，弗忍诛，请鲁自杀之。召忽、管仲，仇也，请得而甘心醢之。不然，将围鲁。'鲁人患之，遂杀子纠于笙渎。召忽自杀，管仲请囚。桓公之立，发兵攻鲁，心欲杀管仲。鲍叔牙曰：'臣幸得从君，君竟以立。君之尊，臣无以增君。君将治齐，即高傒与叔牙足也。君且欲霸王，非管夷吾不可。夷吾所居国国重，不可失也。'于是桓公从之。乃详为召管仲欲甘心，实欲用之。管仲知之，故请往。鲍叔牙迎受管仲，及堂阜而脱桎梏，斋祓而见桓公。桓公厚礼以为大夫，任政。"

《国语·齐语》："桓公自莒反于齐，使鲍叔为宰，辞曰：'臣，君之庸臣也。君加惠于臣，使不冻馁，则是君之赐也。若必治国家者，则非臣之所能也。若必治国家者，则管夷吾乎。臣之所不若夷吾者五：宽惠柔民，弗若也；治国家不失其柄，弗若也；忠信可结于百姓，弗若也；制礼义可法于四方，弗若也；执枹鼓立于军门，使百姓皆加勇焉，弗若也。'桓公曰：'夫管夷吾射寡人中钩，是以滨于死。'鲍叔对曰：'夫为其君动也。君若宥而反之，夫犹是也。'桓公曰：'若何？'鲍子对曰：'请诸鲁。'桓公曰：'施伯，鲁君之谋臣也，夫知吾将用之，必不予我矣。若之何？'鲍子对曰：'使人请诸鲁，曰："寡君有不令之臣在君之国，欲以戮于群臣，故请之。"则予我矣。'桓公使请诸鲁，如鲍叔之言。

"庄公以问施伯，施伯对曰：'此非欲戮之也，欲用其政也。夫管子，天下之才也，所在之国，则必得志于天下。令彼在齐，则必长为鲁国忧矣。'庄公曰：'若何？'施伯对曰：'杀而以其尸授之。'庄公将杀管仲，齐使者请曰：'寡君欲亲以为戮，若不生得以戮于群臣，犹未得请也。请生之。'于是庄公使束缚以予齐使，齐使受之而退。

"比至，三衅、三浴之。桓公亲逆之于郊，而与之坐问焉。"

管仲向桓公提出"参其国而伍其鄙，定民之居，成民之事""慎用其六柄""作内政而寄军令""亲邻国""择天下之甚淫乱者而先征之"等一系列治国措施。桓公从之，并任以国政。详见《国语·齐语》《管子·小匡》。

管仲向齐桓公提出建立霸业的施政目标，一开始齐桓公不同意，管仲以辞职赴死力争,表现了管仲一心振兴齐国的忘我情怀、对时局走向的准确把握和建功立业的英雄气概。

《韩非子·难一》:"桓公解管仲之束缚而相之。管仲曰:'臣有宠矣,然而臣卑。'公曰:'使子立高、国之上。'管仲曰:'臣贵矣,然而臣贫。'公曰:'使子有三归之家。'管仲曰:'臣富矣,然而臣疏。'于是立以为仲父。"

《说苑·尊贤》:"齐桓公使管仲治国,管仲对曰:'贱不能临贵。'桓公以为上卿而国不治。桓公曰:'何故?'管仲对曰:'贫不能使富。'桓公赐之齐国之市租,一年而国不治。桓公曰:'何故?'对曰:'疏不能治亲。'桓公立以为仲父。齐国大安而遂霸天下。"

管仲贵列上卿、富有三归、亲为仲父,当在任齐相之初,但不一定皆在桓公元年,姑列于此。

齐桓公二年(前684)

《管子·大匡》:"桓公二年,践位。召管仲。管仲至,公问曰:'社稷可定乎?'管仲对曰:'君霸王,社稷定。君不霸王,社稷不定。'公曰:'吾不敢至于此其大也,定社稷而已。'管仲又请,君曰:'不能。'管仲辞于君曰:'君免臣于死,臣之幸也。然臣之不死纠也,为欲定社稷也。社稷不定,臣禄齐国之政而不死纠也,臣不敢。'乃走出。至门,公召管仲。管仲反,公汗出曰:'勿已,其勉霸乎!'管仲再拜稽首而起,曰:'今日君成霸,臣贪承命。'趋立于相位,乃令五官行事。"

管仲任齐相后,为便于治国,公开向齐桓公要名分、地位,而齐桓公给予管仲上卿之位、三归之富、仲父之亲。

齐桓公急于对外用兵,管仲力谏,但齐桓公不听。鲍叔为之忧心如焚,而管仲自信齐桓公在用兵受挫后,能够知过而改。

《管子·大匡》:"二年,桓公弥乱,又告管仲曰:'欲缮兵。'管仲又曰:'不可。'公不听,果为兵。……管仲曰:'不可,齐国危矣。内夺民用,士劝于勇外,乱之本也。外犯诸侯,民多怨也。为义之士,不入齐国,安得无危?'鲍叔曰:'公必用夷吾之言。'公不听,乃令四封之内修兵,关市之征侈之。公乃遂用以勇授禄。鲍叔谓管仲曰:'异日者,公许子霸,今国弥乱,子将何如?'

管仲曰：‘吾君惕，其智多诲。姑少胥，其自及也。’鲍叔曰：‘比其自及也，国无阙亡乎？’管仲曰：‘未也。国中之政，夷吾尚微为，焉乱乎？尚可以待。外诸侯之佐，既无有吾二人者，未有敢犯我者。’”

据《左传·庄公十年》载，“十年春，齐师伐我”，“战于长勺”，“齐师败绩”。

《左传·庄公十年》：“夏六月，齐师、宋师次于郎。公子偃曰：‘宋师不整，可败也。宋败，齐必还。请击之。’公弗许。自雩门窃出，蒙皋比而先犯之。公从之，大败宋师于乘丘。齐师乃还。……齐侯之出也，过谭，谭不礼焉。及其入也，诸侯皆贺，谭又不至。冬，齐师灭谭，谭无礼也。”

齐桓公在即位之初急于对外用兵，而管仲主张对内修内政，对外取信诸侯，可见齐桓公在管仲任齐相之初，并非言听计从，在因急于对外用兵接连失利之后，才专任管仲为政。

齐桓公三年（前683）

齐桓公娶王姬。

《春秋·庄公十一年》：“冬，王姬归于齐。”

《左传·庄公十一年》：“冬，齐侯来逆共姬。”

鲁国为齐桓公主婚，可见齐鲁两国关系有所缓和。

齐桓公四年（前682）

桓公三年、四年，与诸侯相安无事，当为管仲集中改革内政时期。具体改革措施见《国语·齐语》。

齐桓公五年（前681）

齐桓公与诸侯盟于北杏。这是管仲辅佐齐桓公盟会诸侯之始。《国语·齐语》载，管仲主张“择天下之甚淫乱者而先征之”。齐桓公四年，宋国发生内乱，南宫万弑宋闵公，杀大夫仇牧、太宰华督，改立公子游为宋君。该年冬，萧叔大心会同诸公子，在曹国军队的支援下，杀公子游，改立公子御说为宋桓公。南宫万逃亡陈国，宋人索要南宫万并醢之。宋国之乱为齐国盟会诸侯、对外用兵提供了机会。

《春秋·庄公十三年》:“春,齐侯、宋人、陈人、蔡人、邾人会于北杏。”

《左传·庄公十三年》:“十三年春,会于北杏,以平宋乱。遂人不至,夏,齐人灭遂而戍之。”

为平宋乱,盟会诸侯,师出有名,遂为小国,却不听号令,于是齐国灭遂。鲁为大国,齐国以信结交之,突出地体现了管仲“拘之以利,结之以信,示之以武”的用兵策略。齐、鲁盟于柯。鲁曹沫劫盟,管仲劝桓公守信,不可弃信于诸侯,桓公从之。自此,桓公之信著乎天下。

《左传·庄公十三年》:“冬,盟于柯,始及齐平也。”

《公羊传·庄公十三年》:“庄公将会于桓,曹子进曰:‘君之意何如?’庄公曰:‘寡人之生,则不若死矣。’曹子曰:‘然则君请当其君,臣请当其臣。’庄公曰:‘诺。’于是会于桓。庄公升坛,曹子手剑而从之。管子进曰:‘君何求乎?’曹子曰:‘城坏压境,君不图与?’管子曰:‘然则君将何求?’曹子曰:‘愿请汶阳之田。’管子顾曰:‘君许诺。’桓公曰:‘诺。’曹子请盟,桓公下,与之盟。已盟,曹子摽剑而去之。要盟可犯,而桓公不欺;曹子可仇,而桓公不怨。桓公之信,著乎天下,自柯之盟始焉。”

《史记·齐太公世家》:“五年,伐鲁,鲁师将败。鲁庄公请献遂邑以平,桓公许,与鲁会柯而盟。鲁将盟,曹沫以匕首劫桓公于坛上,曰:‘反鲁之侵地!’桓公许之。已而曹沫去匕首,北面就臣位。桓公后悔,欲无与鲁地而杀曹沫。管仲曰:‘夫劫许之而倍信杀之,愈一小快耳,而弃信于诸侯,失天下之援,不可。’于是遂与曹沫三败所亡地于鲁。诸侯闻之,皆信齐而欲附焉。”

《史记·管晏列传》:“于柯之会,桓公欲背曹沫之约,管仲因而信之,诸侯由是归齐。”

《管子·小匡》:“三岁治定,四岁教成,五岁兵出。”自此年起,管仲在国内改革初成之后,开始辅佐桓公对外盟会诸侯以建立霸业。

齐桓公六年(前680)

宋人背盟,齐与陈、曹伐宋。

齐请师于周。周王室派单伯助齐伐宋。

宋人请成，单伯与齐、宋、卫、郑等国诸侯会于鄄。

《春秋·庄公十四年》："十有四年春，齐人、陈人、曹人伐宋。夏，单伯会伐宋。""冬，单伯会齐侯、宋公、卫侯、郑伯于鄄。"

《左传·庄公十四年》："十四年春，诸侯伐宋，齐请师于周。夏，单伯会之，取成于宋而还。""冬，会于鄄，宋服故也。"

齐请师于周，周派单伯会同诸侯伐宋，说明齐桓公争霸已经取得周王室的支持。

齐桓公七年（前679）

齐桓公与诸侯复会于鄄，其霸业初成。

《春秋·庄公十五年》："十有五年春，齐侯、宋公、陈侯、卫侯、郑伯会于鄄。""秋，宋人、齐人、邾人伐郳。郑人侵宋。"

《左传·庄公十五年》："十五年春，复会焉，齐始霸也。秋，诸侯为宋伐郳。郑人间之而侵宋。"

《史记·齐世家》："七年，诸侯会桓公于甄，而桓公于是始霸焉。"

郑人乘伐郳之机侵宋。郑国虽与盟，但当年即攻盟国，这说明齐国霸业初成，尚不稳固。

齐桓公八年（前678）

齐与宋、卫伐郑。

齐与诸侯同盟于幽。

《春秋·庄公十六年》："夏，宋人、齐人、卫人伐郑。""冬十有二月，会齐侯、宋公、陈侯、卫侯、郑伯、许男、滑伯、滕子同盟于幽。"

《左传·庄公十六年》："十六年夏，诸侯伐郑，宋故也。""冬，同盟于幽，郑成也。"

《公羊传·庄公十六年》："同盟者何？同欲也。"

因上年郑国背盟侵宋，齐率诸侯伐郑，郑服。之后，九国诸侯同盟于幽，表明齐国的霸主地位日渐巩固。

齐桓公九年(前677)

《春秋·庄公十七年》:"春,齐人执郑詹。"

齐人执郑詹的原因,《左传》解释为"郑不朝也",《公羊传》则认为郑詹是"佞人":"齐人执之,书其佞也。"该年秋,郑詹从齐国逃至鲁国,《公羊传》云:"佞人来矣。"据载,上年冬十二月,齐与郑国等同盟于幽,转过年头至该年春即执郑詹,中间相隔时间甚短,因不朝而执郑臣,显得霸主对盟国过于苛刻,不当为齐桓公、管仲所为,因此,《左传》的解释可能有误。《公羊传》的解释比较可信,郑有佞人,齐国执之,正是霸主之责。

遂人杀齐戍,齐歼遂人。《左传·庄公十七年》:"夏,遂人因氏、领氏、工娄氏、须遂氏飨齐戍,醉而杀之。齐人歼焉。"

齐桓公十年(前676)

夏,鲁庄公率军追击入侵的戎人,一直追到济水以西。

《春秋·庄公十八年》:"夏,公追戎于济西。"

齐桓公十一年(前675)

陈人娶妻于鄄,鲁公子结以庶女媵之,送之于鄄,借机与齐桓公、宋桓公盟。

《春秋·庄公十九年》:"秋,公子结媵陈人之妇于鄄,遂及齐侯、宋公盟。"

冬,齐、宋、陈联合伐鲁西鄙。

《春秋·庄公十九年》:"冬,齐人、宋人、陈人伐我西鄙。"

公子结为何与齐桓公、宋桓公盟,史载不详。该年冬,齐、宋、陈伐鲁,原因不明。二者之间或许有某种联系,待考。

秋,周王室五大夫奉王子颓作乱,攻打周惠王,失败后,王子颓奔卫。卫师、燕师伐周,立王子颓。

《左传·庄公十九年》:"初,王姚嬖于庄王,生子颓。子颓有宠,蔿国为之师。及惠王即位。取蔿国之圃以为囿,边伯之宫近于王宫,王取之。王夺子禽祝跪与詹父田，而收膳夫之秩。故芳国、边伯、石速、詹父、子禽祝跪作乱，因苏氏。秋，五大夫奉子颓以伐王，不克，出奔温。苏子奉子颓以奔卫。卫师、燕师伐周。冬，立子颓。”

齐桓公十二年（前674）

夏，齐遭大灾。

《春秋·庄公二十年》：“夏，齐大灾。”

对于这次大灾，《左传》无载，而《公羊传》认为是瘟疫。

《公羊传·庄公二十年》：“夏，齐大灾。大灾者何？大瘠也。大瘠者何？痢也。”

冬，齐伐戎。

《春秋·庄公二十年》：“冬，齐人伐戎。”

齐国夏天受灾，冬天即能出兵伐戎，说明大灾对齐国影响不大。

齐桓公十三年（前673）

郑厉公联合虢叔，攻入王城，纳周惠王，杀王子颓与五大夫。

《左传·庄公二十一年》：“二十一年春，胥命于弭。夏，同伐王城。郑伯将王，自圉门入，虢叔自北门入，杀王子颓及五大夫。”

齐桓公十四年（前672）

陈公子完奔齐，齐桓公使他为卿，陈完辞，齐桓公任为工正。

《左传·庄公二十二年》：“二十二年春，陈人杀其大子御寇，陈公子完与颛孙奔齐。颛孙自齐来奔。齐侯使敬仲为卿，辞曰：‘羁旅之臣，幸若获宥，及于宽政，赦其不闲于教训，而免于罪戾，弛于负担，君之惠也，所获多矣。敢辱高位，以速官谤。请以死告。《诗》云：翘翘车乘，招我以弓，岂不欲往，畏我友朋。’使为工正。”

秋，高傒与鲁庄公盟于防。冬，鲁庄公亲自至齐国送聘礼。

《春秋·庄公二十二年》：“秋七月丙申及齐高傒盟于防。冬，公入齐纳币。”

齐桓公十五年(前671)

夏,鲁庄公到齐国观看祭祀神社,与齐桓公相会于谷。该年冬,齐桓公与鲁庄公盟于扈。

《春秋・庄公二十三年》:"夏,公如齐观社。公至自齐。荆人来聘。公及齐侯遇于谷。""冬,十有二月甲寅公会齐侯盟于扈。"

齐桓公十六年(前670)

夏,鲁庄公亲自到齐国迎娶哀姜。

《春秋・庄公二十四年》:"夏,公如齐逆女。秋,公至自齐。"

自齐桓公十四年至齐桓公十六年,三年间,鲁庄公频繁往来齐、鲁之间,除由于鲁庄公聘娶齐哀姜,也由于齐鲁关系融洽。

齐桓公十七年(前669)

鲁国、陈国交好。

《春秋・庄公二十五年》:"春,陈侯使女叔来聘。""冬,公子友如陈。"

齐桓公十八年(前668)

春,鲁庄公率军伐戎,直到夏天班师。

《春秋・庄公二十六年》:"春,公伐戎。夏,公至自伐戎。"

秋,齐与鲁、宋伐徐。

《春秋・庄公二十六年》:"秋,公会宋人、齐人伐徐。"

侵扰鲁国的戎,当是徐戎,在徐附近。徐与戎同为鲁患,故齐、宋助鲁伐徐。

齐桓公十九年(前667)

与诸侯同盟于幽。

周惠王赐命桓公,使伐卫。

为伐卫,与鲁庄公会于城濮。

《春秋·庄公二十七年》:“夏六月,公会齐侯、宋公、陈侯、郑伯同盟于幽。”“公会齐侯于城濮。”

《左传·庄公二十七年》:“夏,同盟于幽,陈、郑服也。”“王使召伯廖赐齐侯命,且请伐卫,以其立子颓也。”

周惠王二年(前675),王子颓与五大夫作乱,伐王不克,子颓奔卫。卫国、燕国伐周,立子颓。周惠王四年,郑伯、虢叔伐王城,杀王子颓及五大夫,惠王复位。惠王因卫国伐周立子颓,故命齐侯伐卫。由此可见,齐国奉天子以令诸侯的盟主权威已经形成。

齐国为实现顺利伐卫,与鲁君会于城濮,先定交然后用兵,体现了谋划之精审。

齐桓公二十年(前666)

奉王命伐卫。

《左传·庄公二十八年》:“二十八年春,齐侯伐卫。战,败卫师。数之以王命,取赂而还。”

楚伐郑。齐、鲁、宋救郑。

《春秋·庄公二十八年》:“秋,荆伐郑。公会齐人、宋人救郑。”

《左传·庄公二十八年》:“诸侯救郑,楚师夜遁。”

楚国开始以武力北侵,与以齐国为首的军事集团争夺郑国。自此年起,齐国的盟主地位开始受到楚国的挑战。

鲁国年成不好,到齐国购买粮食。

《春秋·庄公二十八年》:“大无麦禾,臧孙辰告籴于齐。”

《左传·庄公二十八年》:“冬,饥,臧孙辰告籴于齐,礼也。”

齐国经过农业改革,已经彻底改变了原来农业落后的面貌,粮食生产不仅能够自足,并且可以输出他国。

齐桓公二十一年(前665)

夏,郑人侵许。

《春秋·庄公二十九年》:“夏,郑人侵许。”

齐桓公八年,许国参加幽之会后,不再参加齐桓公的会盟,郑人侵许,不是盟国相攻。或是许不与齐桓公会盟,齐桓公使郑侵许。齐桓公三十年,齐桓公率诸侯伐楚,许国参与且许穆公卒于师。

齐桓公二十二年(前664)

降鄣。鄣本为纪国的附属,至此,齐桓公灭之。

齐桓公与鲁庄公会于鲁济,谋伐山戎。

出兵伐山戎。

《春秋·庄公三十年》:"秋七月,齐人降鄣。""冬,公及齐侯遇于鲁济。齐人伐山戎。"

《左传·庄公三十年》:"冬,遇于鲁济。谋山戎也,以其病燕故也。"

《史记·燕召公世家》:"(燕庄公)二十七年,山戎来侵我,齐桓公救燕,遂北伐山戎而还。"燕庄公二十七年即齐桓公二十二年。

齐桓公二十三年(前663)

伐山戎,至于孤竹,大胜而归。

燕庄公送齐桓公,至齐地。齐桓公割燕君所至之地与燕国,命燕庄公复修召公之政。

向鲁献戎捷。

《史记·齐太公世家》:"二十三年,山戎伐燕,燕告急于齐。齐桓公救燕,遂伐山戎,至于孤竹而还。燕庄公遂送桓公入齐境。桓公曰:'非天子,诸侯相送不出境,吾不可以无礼于燕。'于是,分沟割燕君所至与燕,命燕君复修召公之政,纳贡于周,如成康之时。诸侯闻之,皆从齐。"

《韩非子·说林上》:"管仲、隰朋从桓公而伐孤竹,春往冬反,迷惑失道。管仲曰:'老马之智可用也。'乃放老马而随之,遂得道。"

《史记·管晏列传》:"桓公实北征山戎,而管仲因而令燕修召公之政。"

《左传·庄公三十一年》:"三十一年夏六月,齐侯来献戎捷,非礼也。凡诸侯有四夷之功,则献于王,王以警于夷。中国则否。诸侯不相遗俘。"

《说苑·权谋》:"齐桓公将伐山戎、孤竹,使人请助于鲁。鲁君进群臣而谋。皆曰:'师行数千里,入蛮夷之地,必不反矣。'于是鲁许助之而不行。齐已伐山戎、孤竹,而欲移兵于鲁。管仲曰:'不可!诸侯未亲,今又伐远而还诛近邻,邻国不亲,非霸王之道。君之所得山戎之宝器者,中国之所鲜也,不可以不进周公之庙乎?'桓公乃分山戎之宝,献之周公之庙。明年,起兵伐莒,鲁下令丁男悉发,五尺童子皆至。"

为伐山戎,齐、鲁会于鲁济。鲁许以一同出兵而不果,致使齐国独立伐山戎。齐国以德报怨,向鲁国献戎捷,既显示了齐国的威力,又表达了交好鲁国的愿望,体现了管仲谋略的精审。

齐桓公二十四年(前662)

为管仲城小谷。

《左传·庄公三十二年》:"三十二年春,城小谷,为管仲也。"

《晏子春秋·外篇·重而异者》:"景公谓晏子曰:'昔吾先君桓公予管仲狐与谷,其县十七,著之以帛,申之以策,通之诸侯,以为子孙赏邑。'"

齐桓公因楚国伐郑,提出与诸侯会盟,宋桓公要求提前会见齐桓公。齐桓公与宋桓公于是相会于梁丘。

《左传·庄公三十二年》:"齐侯为楚伐郑之故,请会于诸侯。宋公请先见于齐侯。夏,遇于梁丘。"

八月,鲁庄公卒,公子般即位。十月,庆父使人弑公子般,立鲁闵公。季友逃奔陈国。

《左传·庄公三十二年》:"八月癸亥,公薨于路寝。子般即位,次于党氏。冬十月己未,共仲使圉人荦、贼子般于党氏。成季奔陈。立闵公。"共仲即庆父,鲁庄公之弟;成季即季友,鲁庄公之弟。庆父觊觎君位,而季友坚持立公子般,于是,鲁国发生内乱。

齐桓公二十五年(前661)

狄伐邢,管仲说齐桓公救邢。

《左传·闵公元年》:"狄人伐邢。管敬仲言于齐侯曰:'戎狄豺狼,不可厌也;诸夏亲昵,不可弃也。宴安鸩毒,不可怀也。《诗》云:"岂不怀归,畏此简书。”简书,同恶相恤之谓也。请救邢以从简书。’齐人救邢。”

秋八月,鲁闵公与齐桓公盟于落谷。鲁闵公请求齐桓公帮助,请季友归鲁。齐桓公答应,派使者至陈,召季友返回鲁国。鲁闵公对季友返鲁十分期待,住在郎地等待季友归来。

《左传·闵公元年》:“秋八月,公及齐侯盟于落姑,请复季友也。齐侯许之,使召诸陈,公次于郎以待之。季子来归,嘉之也。”

该年冬,齐桓公派仲孙湫至鲁国省难。仲孙湫对齐桓公说“不去庆父,鲁难未已”,指出了庆父争位是鲁国内乱的根源。

《左传·闵公元年》:“冬,齐仲孙湫来省难。书曰仲孙,亦嘉之也。仲孙归曰:‘不去庆父,鲁难未已。’公曰:‘若之何而去之?’对曰:‘难不已,将自毙,君其待之。’公曰:‘鲁可取乎?’对曰:‘不可,犹秉周礼。周礼,所以本也。臣闻之,国将亡,本必先颠,而后枝叶从之。鲁不弃周礼,未可动也。君其务宁鲁难而亲之。亲有礼,因重固,间携贰,覆昏乱,霸王之器也。’”

齐桓公二十六年(前660)

迁阳。

狄灭卫,为卫戍曹。

平定鲁国庆父之难。

《春秋·闵公二年》:“二年春王正月,齐人迁阳。”

齐人迁阳之事,《左传》《公羊传》《谷梁传》均不载,其事不详。

《左传·闵公二年》:“冬十二月,狄人伐卫。……及狄人战于荧泽,卫师败绩,遂灭卫。……卫之遗民男女七百有三十人,益之以共、滕之民为五千人,立戴公以庐于曹。……齐侯使公子无亏帅车三百乘、甲士三千人以戍曹。归公乘马,祭服五称,牛羊豕鸡狗皆三百,与门材。归夫人鱼轩、重锦三十两。”

“共仲通于哀姜,哀姜欲立之,闵公之死也,哀姜与知之,故孙于邾。齐人取而杀之于夷,以其尸归。”

《国语·齐语》:“鲁有夫人、庆父之乱,二君弑死,国绝无嗣。桓公闻之,使高子存之。”

《公羊传·闵公二年》："庄公死，子般弑，闵公弑，此三君死，旷年无君，设以齐取鲁，曾不兴师，徒以言而已矣。桓公使高子将南阳之甲，立僖公而城鲁。"

庆父与鲁庄公夫人哀姜私通，接连弑子般与闵公。齐国杀哀姜，派高子立僖公，平定了鲁国之乱。

齐桓公二十七年（前659）

救邢，迁邢于夷仪。

楚伐郑。齐桓公与鲁、宋、郑、曹、邾等国诸侯盟于荦，谋救郑。

《春秋·僖公元年》："齐师、宋师、曹伯次于聂北，救邢。夏六月，邢迁于夷仪。齐师、宋师、曹师城邢。"

《国语·齐语》："狄人攻邢，桓公筑夷仪以封之，男女不淫，牛马选具。"

《左传·僖公元年》："诸侯救邢。邢人溃，出奔师。师遂逐狄人，具邢器用而迁之，师无私焉。夏，邢迁于夷仪，诸侯城之，救患也。……秋，楚人伐郑。郑即齐故也。盟于荦，谋救郑也。"

齐桓公二十八年（前658）

城楚丘而封卫。

齐、宋、江、黄盟于贯。

《左传·僖公二年》："二年春，诸侯城楚丘而封卫焉。"

《左传·闵公二年》："僖之元年，齐桓公迁邢于夷仪，二年封卫于楚丘。邢迁如归，卫国忘亡。"

《史记·齐太公世家》："二十八年，卫文公有狄乱，告急于齐。齐率诸侯城楚丘而立卫君。"

《国语·齐语》："狄人攻卫，卫人出庐于曹，桓公城楚丘以封之。"

《春秋·僖公二年》："秋九月，齐侯、宋公、江人、黄人盟于贯。"

《左传·僖公二年》："秋，盟于贯，服江、黄也。"

《谷梁传·僖公十二年》："贯之盟，管仲曰：'江、黄远齐而近楚。楚，为利之国也。若伐而不能救，则无以宗诸侯矣。'桓公不听，遂与之盟。管仲死，楚伐江、灭黄，桓公不能救。”

竖刁泄漏齐国军事机密。

《左传·僖公二年》：“齐寺人貂始漏师于多鱼。”杨伯峻《春秋左传注》：“寺人，宦官之为宫中侍御者，《周礼·天官》有寺人之官。貂，竖貂，《国语》《管子》《吕氏春秋》及《说苑》诸书‘竖貂’并作‘竖刁’。孔《疏》云：‘漏师者，漏泄师之密谋也。云始者，言其终又甚焉。’多鱼，高士奇《地名考略》以为或在今河南虞城县界。”①

竖刁泄漏军事机密的具体情况不详。据此记载可知，竖刁早就是寺人，而且一直贪财，出卖机密。

楚人伐郑。

齐桓公二十九年(前657)

诸侯会于阳谷，谋伐楚。

楚伐郑。

齐桓公归蔡姬，蔡人嫁之。

《国语·齐语》：“岳滨诸侯，莫不来服，而大朝诸侯于阳谷。”

《左传·僖公三年》：“秋，会于阳谷，谋伐楚也。”

阳谷之会，鲁未参加，故“冬，公子友如齐莅盟”。

“楚人伐郑，郑伯欲成。孔叔不可，曰：‘齐方勤我，弃德不祥。’”

“齐侯与蔡姬乘舟于囿。荡公，公惧变色。禁止不可。公怒，归之，未绝之也。蔡人嫁之。”

齐桓公三十年(前656)

伐楚，与楚盟于召陵。

《左传·僖公四年》：“四年春，齐侯以诸侯之师侵蔡。蔡溃，遂伐楚。楚子使与师言曰：‘君处北海，寡人处南海，唯是风马牛不相及也。不虞君之涉吾地，何故？’管仲对曰：‘昔召康公命我先君大公曰：“五侯九伯，汝实征之，

① 杨伯峻：《春秋左传注》(修订本)，中华书局1981年版，第283页。

以夹辅周室。”赐我先君履，东至于海，西至于河，南至于穆陵，北至于无棣。尔贡包茅不入，王祭不共，无以缩酒，寡人是征。昭王南征而不复，寡人是问。’……夏，楚子使屈完如师。师退，次于召陵。……屈完及诸侯盟。”

《史记·齐太公世家》的记载与《左传》略同。

《史记·管晏列传》：“桓公实怒少姬，南袭蔡，管仲因而伐楚，责包茅不入贡于周室。”

从齐桓公二十七年到齐桓公二十九年，楚国在这三年间接连伐郑。郑国难以承受楚国的军事重压，齐国的盟主地位受到严重威胁。上年，齐国与诸侯盟于阳谷，谋伐楚，诸侯为伐楚已做了充分准备。这次，管仲因齐桓公袭蔡而伐楚，有力地扼制了楚国的北下之势，使齐国的盟主地位更稳固。

许穆公随齐桓公伐楚，卒于师。许国虽是男爵，齐桓公以侯爵丧之。

《左传·僖公四年》：“许穆公卒于师，丧之以侯，礼也。”

诸侯班师，执陈国大夫辕涛涂，率诸侯伐陈。

《左传·僖公四年》：“陈辕涛涂谓郑申侯曰：‘师出于陈、郑之间，国必甚病。若出于东方，观兵于东夷，循海而归，其可也。’申侯曰：‘善。’涛涂以告，齐侯许之。申侯见，曰：‘师老矣，若出于东方而遇敌，惧不可用也。若出于陈、郑之间，共其资粮屝屦，其可也。’齐侯说，与之虎牢。执辕涛涂。”

陈辕涛涂恐诸侯班师路过陈、郑之间，给陈、郑造成经济负担，于是拉拢郑申侯，建议齐桓公从东部沿海一带返回，“观兵于东夷，循海而归”，但被申侯出卖。齐桓公认为陈辕涛涂不忠，于是执辕涛涂。

《左传·僖公四年》：“秋，伐陈，讨不忠也。冬，叔孙戴伯帅师，会诸侯之师侵陈。陈成，归辕涛涂。”接连伐陈，逼迫陈国请成，然后释放了辕涛涂。

许穆公随征楚国，卒于师，齐桓公以侯礼丧之；陈辕涛涂不忠，齐桓公执之，并率诸侯伐陈。齐桓公的霸主威风由此可见一斑。

齐桓公三十一年（前655）

与诸侯盟于首止，会太子郑，谋宁周室。

周惠王授意郑伯背盟从楚，郑伯逃盟。

《春秋·僖公五年》：“公及齐侯、宋公、陈侯、卫侯、郑伯、许男、曹伯会王世子于首止。秋八月,诸侯盟于首止。郑伯逃归不盟。"

《左传·僖公五年》:"会于首止,会王大子郑,谋宁周也。"

"秋,诸侯盟。王使周公召郑伯,曰:'吾抚女以从楚,辅之以晋,可以少安。'郑伯喜于王命而惧其不朝于齐也,故逃归不盟。"

因周惠王爱少子带,有废太子郑之意,故齐桓公与诸侯盟于首止,尊太子郑以安定周室。周惠王对此事不满,故让郑伯背齐从楚。由此可以看到齐国霸业正如日中天,以至于齐桓公敢违背周惠王意旨并干涉王室继承之事。

楚国灭弦。

《左传·僖公五年》:"楚斗谷於菟灭弦,弦子奔黄。于是江、黄、道、柏方睦于齐,皆弦姻也。弦子恃之而不事楚,又不设备,故亡。"

在齐桓公三十年伐楚之后,南方小国依赖齐国,不事于楚,放松警惕。虽然楚国的向北扩张之势在齐国的军事压力之下一时受挫,但楚国一直蠢蠢欲动,伺机北上。

齐桓公三十二年(前654)

因为郑伯逃盟、背齐从楚,齐桓公率领诸侯伐郑。

楚人为救郑而围许,诸侯救许。郑围解,楚师还。

《春秋·僖公六年》:"夏,公会齐侯、宋公、陈侯、卫侯、曹伯伐郑,围新城。"

《左传·僖公六年》:"夏,诸侯伐郑,以其逃首止之盟故也。""秋,楚子围许以救郑,诸侯救许,乃还。"

齐国敢于同周惠王对抗而伐郑,而诸侯从之,由此可见齐国当时作为霸主,具有很强的号召力。

许国背齐从楚。

《左传·僖公六年》:"冬,蔡穆侯将许僖公以见楚子于武城。许男面缚,衔璧,大夫衰绖,士舆榇。楚子问诸逢伯,对曰:'昔武王克殷,微子启如是。武王亲释其缚,受其璧而祓之。焚其榇,礼而命之,使复其所。'楚子从之。"

楚人伐许救郑,诸侯救许,楚人兵还。《春秋·僖公九年》载:"夏,齐侯、许男伐北戎。”鲁僖公九年即齐桓公三十六年，三年后许国尚从齐。此处却载许僖公至楚请罪、背齐从楚，让人生疑。

齐桓公三十三年（前653）

春，齐伐郑。

《左传·僖公七年》：“七年春，齐人伐郑。孔叔言于郑伯曰：‘谚有之曰：心则不竞，何惮于病。既不能强，又不能弱，所以毙也。国危矣，请下齐以救国。’公曰：‘吾知其所由来矣。姑少待我。’对曰：‘朝不及夕，何以待君？’”

因郑国未服，齐桓公与诸侯盟于宁母，谋划伐郑。管仲以礼德说齐桓公。该年冬，郑伯派使者至齐，请求结盟。

《左传·僖公七年》：“秋，盟于宁母，谋郑故也。

“管仲言于齐侯曰：‘臣闻之，招携以礼，怀远以德，德礼不易，无人不怀。’齐侯修礼于诸侯，诸侯官受方物。

“郑伯使大子华听命于会，言于齐侯曰：‘泄氏、孔氏、子人氏三族，实违君命。君若去之以为成，我以郑为内臣，君亦无所不利焉。’齐侯将许之，管仲曰：‘君以礼与信属诸侯，而以奸终之，无乃不可乎？子父不奸之谓礼，守命共时之谓信。违此二者，奸莫大焉。’公曰：‘诸侯有讨于郑，未捷。今苟有衅，从之，不亦可乎？’对曰：‘君若绥之以德，加之以训辞，而帅诸侯以讨郑，郑将覆亡之不暇，岂敢不惧？若总其罪人以临之，郑有辞矣，何惧？且夫合诸侯以崇德也，会而列奸，何以示后嗣？夫诸侯之会，其德行礼义，无国不记。记奸之位，君盟替矣。作而不记，非盛德也。君其勿许，郑必受盟。夫子华既为大子而求介于大国，以弱其国，亦必不免。郑有叔詹、堵叔、师叔三良为政，未可间也。’齐侯辞焉。子华由是得罪于郑。冬，郑伯使请盟于齐。”

周惠王崩，周襄王惧不立，告难于齐。

《左传·僖公七年》：“闰月，惠王崩。襄王恶大叔带之难，惧不立，不发丧而告难于齐。”

齐桓公三十四年（前652）

与诸侯盟于洮，襄王定位。郑伯乞盟。

《春秋·僖公八年》:“八年春王正月,公会王人、齐侯、宋公、卫侯、许男、曹伯、陈世子款盟于洮。”

《左传·僖公八年》:“八年春,盟于洮,谋王室也。郑伯乞盟,请服也。襄王定位而后发丧。”

齐国成功帮助周襄王定位,这不仅显示了霸主左右政治局势的能力,也使其霸主地位更为牢固。郑伯乞求参加这次会盟,表示郑伯已完全顺服于齐。

齐桓公三十五年(前651)

诸侯葵丘之会,盛况空前。

天子赐胙,管仲劝齐桓公拜胙。

管仲极力劝止齐桓公封禅。

《谷梁传·僖公九年》:“葵丘之会,陈牲而不杀,读书加于牲上,壹明天子之禁,曰:‘毋雍泉,毋讫籴,毋易树子,毋以妾为妻,毋使妇人与国事。’”

《孟子·告子下》:“五霸,桓公为盛。葵丘之会,诸侯束牲载书而不歃血。”

《左传·僖公九年》:“夏,会于葵丘,寻盟,且修好,礼也。王使宰孔赐齐侯胙,曰:‘天子有事于文、武,使孔赐伯舅胙。’齐侯将下拜,孔曰:‘且有后命。天子使孔曰:以伯舅耋老,加劳,赐一级,无下拜。’对曰:‘天威不违颜咫尺,小白余敢贪天子之命无下拜?恐陨越于下,以遗天子羞。敢不下拜?’下,拜,登,受。”

《国语·齐语》:“葵丘之会,天子使宰孔致胙于桓公,曰:‘余一人之命有事于文、武,使孔致胙。’且有后命曰:‘以尔自卑劳,实谓尔伯舅,无下拜。’桓公召管子而谋,管子对曰:‘为君不君,为臣不臣,乱之本也。’桓公惧,出见客曰:‘天威不违颜咫尺,小白余敢承天子之命曰“尔无下拜”,恐陨越于下,以为天子羞。’遂下拜,升受命。赏服大路,龙旂九旒,渠门赤旂,诸侯称顺焉。”

《史记·齐太公世家》:“三十五年夏,会诸侯于葵丘。周襄王使宰孔赐桓公文武胙、彤弓矢、大路,命无拜。桓公欲许之,管仲曰不可,乃下拜受赐。……于是桓公称曰:‘寡人南伐至召陵,望熊山;北伐山戎、离枝、孤竹;西伐大夏,涉流沙;束马悬车登太行,至卑耳山而还。诸侯莫违寡人。寡人兵车之会三，乘车之会六，九合诸侯，一匡天下。昔三代受命，有何以异于此乎？吾欲封泰山，禅梁父。'管仲固谏，不听；乃说桓公以远方珍怪物至乃得封，桓公乃止。"

《史记·封禅书》："管仲睹桓公不可穷以辞，因设之以事，曰：'古之封禅，鄗上之黍，北里之禾，所以为盛；江淮之间，一茅三脊，所以为藉也。东海致比目之鱼，西海致比翼之鸟，然后物有不召自至者十有五焉。今凤皇麒麟不来，嘉谷不生，而蓬蒿藜莠茂，鸱枭数至，而欲封禅，毋乃不可乎？'于是桓公乃止。"

《史记·齐太公世家》："（三十五年）秋，复会诸侯于葵丘，益有骄色。周使宰孔会。诸侯颇有叛者。晋侯病，后，遇宰孔。宰孔曰：'齐侯骄矣，弟无行。'从之。"

《公羊传·僖公九年》："葵丘之会，桓公震而矜之，叛者九国。震之者何？犹曰振振然；矜之者何？犹曰莫若我也。"

《左传·僖公九年》："宰孔先归，遇晋侯曰：'可无会也。齐侯不务德而勤远略，故北伐山戎，南伐楚，西为此会也。东略之不知，西则否矣。其在乱乎？君务靖乱，无勤于行。'晋侯乃还。"

葵丘之会标志着齐国霸业发展到了顶峰。天子赐胙，说明得到了周天子的完全信赖与支持；"束牲载书而不歃血"，表明诸侯归心。但是，葵丘之会也是齐国霸业由盛转衰的转折点。齐桓公满足于霸业成就，已生骄气，这对齐国霸业产生了不利影响。

晋献公卒，晋国内乱，齐桓公率诸侯伐晋，至高梁而还。齐使隰朋帅师与秦师纳晋惠公。

《左传·僖公九年》："齐侯以诸侯之师伐晋，及高梁而还，讨晋乱也。""齐隰朋帅师会秦师，纳晋惠公。"

齐桓公三十六年（前650）

与许国一起伐北戎。

使隰朋立晋惠公。

《春秋·僖公十年》："夏，齐侯、许男伐北戎。"

《左传·僖公十年》:“夏四月,周公忌父、王子党会齐隰朋立晋侯。”

齐桓公三十七年(前649)

齐桓公与鲁僖公及夫人会于阳谷。

《春秋·僖公十一年》:“夏,公及夫人姜氏会齐侯于阳谷。”

王子带作乱,戎入王城。

《左传·僖公十一年》:“夏,扬、拒、泉、皋、伊、洛之戎同伐京师,入王城,焚东门,王子带召之也。秦、晋伐戎以救周。秋,晋侯平戎于王。”

楚国伐黄。

《左传·僖公十一年》:“黄人不归楚贡。冬,楚人伐黄。”

齐桓公三十八年(前648)

楚人灭黄。

王子带奔齐。

管仲平戎于王。

《左传·僖公十二年》:“黄人恃诸侯之睦于齐也,不共楚职,曰:‘自郢及我九百里,焉能害我?’夏,楚灭黄。王以戎难故,讨王子带。秋,王子带奔齐。冬,齐侯使管夷吾平戎于王,使隰朋平戎于晋。王以上卿之礼飨管仲。管仲辞曰:‘臣,贱有司也。有天子之二守高、国在。若节春秋,来承王命,何以礼焉?陪臣敢辞。’王曰:‘舅氏!余嘉乃勋,应乃懿德,谓督不忘。往践乃职,无逆朕命。’管仲受下卿之礼而还。君子曰:‘管氏之世祀也,宜哉!让不忘其上。《诗》曰:‘恺悌君子,神所劳矣。’”

《史记·周本纪》与《左传》所记略同。

《史记·齐太公世家》:“三十八年,周襄王弟带与戎、翟合谋伐周,齐使管仲平戎于周。周欲以上卿礼管仲,管仲顿首曰:‘臣陪臣,安敢!’三让,乃受下卿礼以见。”

齐桓公三十九年(前647)

齐桓公使仲孙湫聘周,为王子带说情。仲孙湫却未对周襄王提及王子带。

《左传·僖公十三年》:“十三年春,齐侯使仲孙湫聘于周,且言王子带。事毕,不与王言。归,复命曰:‘未可。王怒未怠,其十年乎。不十年,王弗召也。’”

与诸侯会于咸,谋划迁杞,并谋划戍周。

诸侯戍周。

《春秋·僖公十三年》:“公会齐侯、宋公、陈侯、卫侯、郑伯、许男、曹伯于咸。”

《左传·僖公十三年》:“夏,会于咸,淮夷病杞故,且谋王室也。”

《左传·僖公三十年》:“秋,为戎难故,诸侯戍周,齐仲孙湫致之。”

齐桓公四十年(前646)

与诸侯城缘陵而迁杞。

《左传·僖公十四年》:“十四年春,诸侯城缘陵而迁杞焉。”

管仲病中论相。

《韩非子·十过》:“昔者,齐桓公九合诸侯,一匡天下,为五伯长,管仲佐之。管仲老,不能用事,休居于家。桓公从而问之曰:‘仲父家居有病,即不幸而不起,政安迁之?’管仲曰:‘臣老矣,不可问也。虽然,臣闻之:知臣莫若君,知子莫若父。君其试以心决之。’君曰:‘鲍叔牙何如?’管仲曰:‘不可。鲍叔牙为人刚愎而上悍。刚则犯民以暴,愎则不得民心,悍则下不为用,其心不惧。非霸王之佐也。’公曰:‘然则竖刁何如?’管仲曰:‘不可。夫人之情莫不爱其身,公妒而好内,竖刁自獖以为治内,其身不爱,又安能爱君!’曰:‘然则卫公子开方何如?’管仲曰:‘不可。齐、卫之间,不过十日之行。开方为事君,欲适君之故,十五年不归见其父母,此非人情也。其父母之不情也,又能亲君乎!’公曰:‘然则易牙何如?’管仲曰:‘不可。夫易牙为君主味,君之所未尝食唯人肉耳,易牙蒸其子首而进之,君所知也,人之情莫不爱其子。今蒸其子以为膳于君,其子弗爱,又安能爱君乎!’公曰:‘然则孰可?’管仲曰:‘隰朋可。其为人也,坚中而廉外,少欲而多信。夫坚中则足以为表,廉外则可以大任;少欲则能临其众,多信则能亲邻国。此霸者之佐也,君其用之。’君曰:‘诺。’”

《史记·齐太公世家》:“管仲病,桓公问曰:‘群臣谁可相者?’管仲曰:‘知臣莫若君。’公曰:‘易牙如何?’对曰:‘杀子以适君,非人情,不可。’公曰:‘开方如何?’对曰:‘倍亲以适君,非人情,难近。’公曰:‘竖刁如何?’对曰:‘自宫以适君,非人情,难亲。’”

《管子·戒》《管子·小称》《庄子·徐无鬼》《韩非子·难一》《吕氏春秋·知接》《说苑·权谋》等记载与上略同。

齐桓公四十一年(前645)

楚国伐徐,齐桓公与诸侯盟于牡丘,率领诸侯救徐。

宋人伐曹。

《春秋·僖公十五年》:“三月,公会齐侯、宋公、陈侯、卫侯、郑伯、许男、曹伯盟于牡丘。”

《左传·僖公十五年》:“十五年春,楚人伐徐,徐即诸夏故也。三月盟于牡丘,寻葵丘之盟,且救徐。”“秋,伐厉,以救徐也。”“楚败徐于娄林,徐恃救也。”“冬,宋人伐曹,讨旧怨也。”

齐桓公称霸三十余年,盟国之间不私自攻伐。此年,宋伐曹,盟国之间相伐,可见霸业已衰。

管仲卒。

《史记·齐太公世家》:“四十一年,秦穆公虏晋惠公,复归之。是岁,管仲、隰朋皆卒。”

《史记索隐》:“《系本》云:‘庄仲山产敬仲夷吾,夷吾产武子鸣,鸣产桓子启方,启方产成子孺,孺产庄子卢,卢产悼子其夷,其夷产襄子武,武产景子耐涉,耐涉产微,凡十代。’《系谱》同。”

《括地志》:“管仲冢在青州临淄县南二十一里牛山之阿。”

管仲去世当在该年年初。《管子·戒》云管仲“卒十月,隰朋亦卒”。据《史记·齐太公世家》载,管仲与隰朋同一年去世,管仲当在年初,隰朋当在年末。

齐桓公四十二年(前644)

夏,救徐而还。

《左传·僖公十六年》:"夏,齐伐厉,不克,救徐而还。"

齐令诸侯各发卒戍周。

《左传·僖公十六年》:"王以戎难告于齐,齐征诸侯而戍周。"

《史记·齐太公世家》:"四十二年,戎伐周。周告急于齐,齐令诸侯各发卒戍周。"

齐与诸侯会于淮,谋划救鄫,并谋划东伐。齐组织诸侯为鄫筑城,未完成而散。

《春秋·僖公十六年》:"冬十有二月,公会齐侯、宋公、陈侯、卫侯、郑伯、许男、邢侯、曹伯于淮。"

《左传·僖公十六年》:"十二月会于淮,谋鄫,且东略也。城鄫,役人病,有夜登丘而呼曰:'齐有乱。'不果城而还。"

因鄫国受淮夷侵扰,齐谋划救鄫,并策划东伐。尽管齐桓公雄心犹在,但是在管仲去世之后,齐国内乱已经显现,故有人一呼,众人尽散。

易牙、竖刁、开方专权。

《国语·晋语》:"文公在狄十二年,狐偃曰:'……齐侯长矣,而欲亲晋。管仲殁矣,多谗在侧……'"晋文公在狄十二年,即齐桓公四十二年。

《史记·齐太公世家》:"管仲死,而桓公不用管仲言,卒近用三子,三子专权。"三子指竖刁、易牙、开方。

齐桓公四十三年(前643)

为徐伐英氏。

《左传·僖公十七年》:"十七年春,齐人为徐伐英氏,以报娄林之役也。"

淮之会期间,鲁国灭项国,齐桓公扣留鲁僖公。秋,鲁僖公夫人姜氏会齐桓公于下。九月,鲁僖公返回鲁国。

《左传·僖公十七年》:"淮之会,公有诸侯之事未归而取项。齐人以为讨,而止公。秋,声姜以公故,会齐侯于卞。九月,公至。"

齐桓公卒。

《左传·僖公十七年》:"齐侯之夫人三:王姬、徐嬴、蔡姬,皆无子。齐侯好内，多内宠，内嬖如妇人者六人：长卫姬，生武孟；少卫姬，生惠公；郑姬，生孝公；葛嬴，生昭公；密姬，生懿公；宋华子，生公子雍。公与管仲属孝公于宋襄公，以为大子。雍巫有宠于卫共姬，因寺人貂以荐羞于公，亦有宠，公许之立武孟。

管仲卒，五公子皆求立。冬十月乙亥，齐桓公卒。易牙入，与寺人貂因内宠以杀群吏，而立公子无亏，孝公奔宋。”

《史记·齐太公世家》：“管仲卒，五公子皆求立。冬十月乙亥，齐桓公卒。易牙入，与竖刀因内宠杀群吏，而立公子无诡为君。太子昭奔宋。桓公病，五公子各树党争立。及桓公卒，遂相攻，以故宫中空，莫敢棺。桓公尸在床上六十七日，尸虫出于户。十二月乙亥，无诡立，乃棺，赴……孝公元年三月，宋襄公率诸侯兵送齐太子昭而伐齐。齐人恐，杀其君无诡。齐人将立太子昭，四公子之徒攻太子，太子走宋，宋遂与齐人四公子战。五月，宋败齐四公子师而立太子昭，是为齐孝公。宋以桓公与管仲属之太子，故来征之。以乱故，八月，乃葬齐桓公。”

《韩非子·十过》：“桓公南游堂阜，竖刁率易牙、卫公子开方及大臣为乱，桓公渴馁而死南门之寝，公守之室，身死三月不收，虫出于户。故桓公之兵，横行天下，为五伯长，卒见弑于其臣，而灭高名，为天下笑者，何也？不用管仲之过也。”

《吕氏春秋·知接》：“明年，公有病。常之巫从中出曰：‘公将以某日薨。’易牙、竖刀、常之巫相与作乱，塞宫门，筑高墙，不通人，矫以公令。有一妇人逾垣入，至公所。公曰：‘我欲食。’妇人曰：‘吾无所得。’公又曰：‘我欲饮。’妇人曰：‘吾无所得。’公曰：‘何故？’对曰：‘常之巫从中出曰：“公将以某日薨”，易牙、竖刀、常之巫相与作乱，塞宫门，筑高墙，不通人，故无所得。卫公子启方以书社四十下卫。’公慨焉叹涕出曰：‘嗟呼！圣人之所见，岂不远哉！若死者有知，我将何面目以见仲父乎？’蒙衣袂而绝乎寿宫。虫流出于户，上盖以杨门之扇，三月不葬。此不卒听管仲之言也。”

《史记·管晏列传》：“管仲卒，齐国遵其政，常强于诸侯。”

附录二　齐桓公会盟诸侯编年

齐桓公作为霸主，曾多次会盟诸侯。《史记·齐太公世家》载齐桓公在葵丘之会后，提出要封泰山、禅梁父时说："寡人兵车之会三，乘车之会六，九合诸侯，一匡天下。"《国语·齐语》说齐桓公"兵车之属六，乘车之会三"。孔子说："桓公九合诸侯，不以兵车。"一般认为"九合诸侯"并不是确指九次，而是次数多的意思，这一点已是人们的共识。关于齐桓公会盟诸侯的确切次数说法不一，如有人说是十五次，《谷梁传·庄公二十七年》载齐桓公"衣裳之会十有一，未尝有歃血之盟也，信厚也。兵车之会四，未尝有大战也，爱民也"。有人说是十一次，杨伯峻在《论语译注》中说："齐桓公纠合诸侯共计十一次，这一'九'字实是虚数，不过表示其多罢了。"①"九合诸侯，一匡天下"是齐国成就霸业的主要标志，梳理清楚齐桓公会盟诸侯的史实，对深入认识、准确把握管仲的历史贡献具有重要意义。

一、齐桓公五年（前681），北杏之会

北杏，春秋时期齐地，在今山东省东阿县境内。

《春秋·庄公十三年》："春，齐侯、宋人、陈人、蔡人、邾人会于北杏。"《左传·庄公十三年》："十三年春，会于北杏，以平宋乱。遂人不至，夏，齐人灭遂而戍之。"《谷梁传·庄公十三年》："是齐侯、宋公也，其曰人，何也？始疑之。何疑焉？桓非受命之伯也，将以事授之者也。"《谷梁传》认为与会者为各国君主，《春秋》称为"人"，是因为当时齐桓公不是"受命之伯"。杨伯

① 杨伯峻：《论语译注》，中华书局1980年版，第151页。

峻也倾向于此说:"宋人、陈人、蔡人、邾人俱称人,其实或是各国之君。"①

会于北杏是为了平定宋乱。齐桓公二年,齐与宋伐鲁,鲁败宋于乘丘,俘获宋国南宫万。后来,鲁国答应宋国的请求,释放了南宫万。南宫万归宋后,宋闵公曾奚落他说:"始吾敬子,今子鲁囚也,吾弗敬子矣。"南宫万由此生恨。齐桓公四年秋,南宫万弑宋闵公,杀大夫仇牧、太宰华督,更立公子游为国君。众公子奔萧,公子御说奔亳。南宫万之弟南宫牛帅师围亳。冬十月,萧叔大心与群公子在曹国军队的支援下,杀南宫牛、公子游,立宋桓公。南宫万逃奔陈国,宋人向陈国要回南宫万,醢之。

《管子·小匡》:"三岁治定,四岁教成,五岁兵出。"管仲改革内政之后,开始对外用兵。管仲反对单纯地炫耀武力,而主张尊王攘夷,择乱而征。《国语·齐语》载管仲曰:"择天下之甚淫乱者而先征之。"宋国臣弑君,正是大逆不道的"淫乱"。齐以平定宋乱相号召,会盟诸侯,正是师出有名,有相当的号召力。于是,齐国举行了北杏之会。

北杏之会是齐桓公首次主持诸侯会盟,由此揭开了齐桓公称霸的序幕。

一般认为诸侯主持天下之会盟始于北杏之会,如杨伯峻《春秋左传注》云:"以诸侯而主天下之盟会,以此为始。"②《辞海》云:春秋时以诸侯而主天下之会盟之政,自此始。③ 然考之《春秋》经传,在此之前,早已有诸侯主天下盟会者,如《春秋》载,隐公八年"秋七月庚午,宋公、齐侯、卫侯盟于瓦屋",隐公十年"春王二月,公会齐侯、郑伯于中丘",桓公二年"三月,公会齐侯、陈侯、郑伯于稷",桓公十一年"春正月,齐人、卫人、郑人盟于恶曹",桓公十二年"夏六月壬寅,公会杞侯、莒子盟于曲池。秋七月丁亥,公会宋公、燕人盟于谷丘",桓公十五年"冬十有一月,公会宋公、卫侯、陈侯于袲,伐郑",桓公十六年"春正月,公会宋公、蔡侯、卫侯于曹",桓公十七年"春正月丙辰,公会齐侯、纪侯盟于黄",等等。只不过主盟者极不稳定,你方唱罢我登场,不像齐桓公那么持久、稳固,因而不像北杏之会那么具有历史意义。

北杏之会,以平定宋乱为名,而遂人不至,齐灭遂,应是兵车之会。

---

① 杨伯峻:《春秋左传注》(修订本),中华书局1981年版,第193页。

② 杨伯峻:《春秋左传注》(修订本),中华书局1981年版,第193页。

③ 《辞海》(缩印本),上海辞书出版社1980年版,第331页。

二、齐桓公五年(前681),与鲁盟于柯

柯,春秋时期齐地,在今山东省阳谷县阿城镇。

《春秋·庄公十三年》:“冬,公会齐侯盟于柯。”《左传·庄公十三年》:“冬,盟于柯,始及齐平也。”《公羊传·庄公十三年》:“庄公将会乎桓,曹子进曰:‘君之意何如?’庄公曰:‘寡人之生则不若死矣。’曹子曰‘然则君请当其君,臣请当其臣。’庄公曰:‘诺。’于是会乎桓。庄公升坛,曹子手剑而从之。管子进曰:‘君何求乎?’曹子曰:‘城坏压竟,君不图与?’管子曰:‘然则君将何求?’曹子曰:‘愿请汶阳之田。’管子顾曰:‘君许诺。’桓公曰:‘诺。’曹子请盟,桓公下与之盟。已盟,曹子摽剑而去之。要盟可犯,而桓公不欺。曹子可仇,而桓公不怨,桓公之信著乎天下,自柯之盟始焉。”

齐、鲁为邻国,当年周成王曾赐命周公、太公“世世子孙无相害”(《国语·鲁语上》),两国世代友好。但是,从齐僖公晚年起,两国开始出现矛盾。齐僖公三十二年(前699)攻打纪国,而鲁国救纪。至齐襄公时,齐鲁矛盾加剧。齐襄公四年(前694),文姜跟随鲁桓公至齐。齐襄公与文姜私通,被鲁桓公发觉,齐襄公使公子彭生杀鲁桓公。齐桓公即位后,齐、鲁矛盾更为突出。鲁国送公子纠归国即位,被齐桓公捷足先登。乾时之战,鲁国大败,在齐国的军事压力下,杀公子纠。齐桓公二年春,齐伐鲁,鲁国用曹刿,败齐。该年夏,齐又与宋国联合伐鲁,鲁败宋,齐方撤兵。鲁国承受了巨大的军事压力,所以,《公羊传》载鲁庄公在与会之前极为担忧,甚至说“寡人之生则不若死矣”。但是,齐国对鲁国实行了与对遂国完全不同的政策。遂是小国,拒不参与北杏之会。齐国坚决灭之,显示了强大的军事力量。而鲁是大国,齐国在显示军事力量的同时,努力以利、信争取鲁国成为盟国。因此,在柯之会上,齐国对鲁国没有实行武力威胁,相反,还返还鲁国侵地。

从柯之会始,齐、鲁恢复了传统的友好关系,在齐桓公称霸的三十多年间,鲁国一直都是齐国坚定的支持者。

柯之会充分体现了管仲对诸侯“拘之以利,结之以信,示之以武”的争霸谋略。并且,这对争取诸侯归心发挥了重要作用,所以《公羊传》云:“桓公之信著乎天下,自柯之盟始焉。”

《史记·齐太公世家》载:“五年,伐鲁,鲁师将败。鲁庄公请献遂邑以平。桓公许,与鲁会柯而盟。”盟于柯是在伐鲁之时,故为兵车之会。

柯之盟仅限于齐、鲁两国,与一般所说的作为盟主盟会天下诸侯有所不同,不在“九合诸侯”的范围之内。

三、齐桓公六年(前680),与单伯、诸侯会于鄄

鄄,卫地,在今山东省鄄城县西北。

《春秋·庄公十四年》:“春,齐人、陈人、曹人伐宋。夏,单伯会伐宋。秋七月,荆入蔡。冬,单伯会齐侯、宋公、卫侯、郑伯于鄄。”《左传·庄公十四年》:“十四年春,诸侯伐宋,齐请师于周。夏,单伯会之,取成于宋而还。”又载:“冬,会于鄄,宋服故也。”

因宋国背盟,该年春,齐国与陈、曹伐宋,并请周王室出兵。夏,单伯率王师会同诸侯伐宋。宋国请服,故该年冬,单伯与齐、宋、卫、郑等国诸侯会于鄄。

齐桓公五年春,与诸侯会于北杏。齐桓公六年春,即因宋背盟而伐宋,可见当时齐桓公尚在主盟之初,虽然经过灭遂、收鲁的一番努力,使威望不断提升,但霸主的权威尚未建立,对盟国的约束力还不够牢固。

此次伐宋请求周王室参加,表明齐国开始寻求周王室对争霸的支持,从而使其争霸更名正言顺。而齐桓公率领诸侯平定宋乱,维护礼法秩序,是尊王的具体表现,周王室答应齐国的请求顺理成章。因此,周王室使单伯率王师会同诸侯伐宋,并与诸侯会于鄄。

单伯与会,与齐桓公三十五年葵丘之会时宰孔的身份不同,“天子使宰孔致胙于桓公”,宰孔只是受周天子之委托,与会表示慰问和支持而已,主盟者是齐桓公。而该年单伯与会,是代表周天子与会,是名义上的召集者、主导者。

鄄之会表明齐桓公称霸已经得到周王室的认可,这对齐桓公霸业的形成具有重要意义。

此次盟会在诸侯伐宋之后,当是兵车之会。

四、齐桓公七年（前679），与诸侯复会于鄄

《春秋·庄公十五年》："十有五年春，齐侯、宋公、陈侯、卫侯、郑伯会于鄄。"《左传·庄公十五年》："春，复会焉，齐始霸也。"

这次会于鄄与去年冬会于鄄相比，参与的国家多了一个陈国，盟国的阵容继续扩大。齐桓公这次主持会盟，与北杏之盟不同。北杏之盟虽然以平定宋国之乱为号召，师出有名，但尚未取得周天子的认可，盟主的名分尚未得到。上年会于鄄，单伯与会，表明了周王室已认可、支持齐桓公称霸的行为。因此，复会于鄄标志着齐桓公之霸业初步形成，所以，《左传》说"齐始霸也"。

这次会盟是上次鄄之会的"复会"，应是衣裳之会。

五、齐桓公八年（前678），与诸侯盟于幽

幽，其地前人语焉不详。杜预等注《春秋三传》曰："幽，宋地。"①幽在当时宋国境内。《左传·成公十八年》载，郑国与楚国伐宋，"侵城部，取幽丘，同伐彭城"，此幽丘或是幽地。幽丘在彭城之东，在今徐州市。

《春秋·庄公十六年》："冬有十二月，会齐侯、宋公、陈侯、卫侯、郑伯、许男、滑伯、滕子同盟于幽。"《左传·庄公十六年》："冬，同盟于幽，郑成也。"上一年春会于鄄之后，秋，齐国与宋、邾伐郳，而郑国乘机伐宋。郑国擅自征伐盟国，故该年齐国与宋、卫伐郑，郑国请成，于是齐桓公与诸侯同盟于幽。

郑国擅自伐宋，说明鄄之会仅是齐桓公霸业之始，当时，诸侯尚未完全归心。盟于幽，与会诸侯众多，并且，从此之后，诸侯听从齐桓公的号令，数十年间，各盟国不私自征伐。

幽之会是一个重要标志。此次会盟标志着齐桓公霸主的地位得到进一步巩固，如果说上一年鄄之会是霸之始，那么，幽之会是霸之成。

盟于幽发生在率领诸侯伐郑之后，应是兵车之会。

---

① 杜预等注：《春秋三传》，上海古籍出版社1987年版，第117页。

六、齐桓公十五年(前671),与鲁庄公遇于谷

谷,齐邑,在今山东省平阴县西南东阿镇。

《春秋·庄公二十三年》:“公及齐侯遇于谷。”遇于谷的具体缘由“春秋三传”均不载。据《春秋》经传前后记载分析,两君相见是为了迎娶哀姜。其说详见下条“与鲁庄公盟于扈”。

“遇”与会、与盟不同。《公羊传·隐公四年》:“遇者何?不期也。一君出,一君要之也。”“遇”不是事先约定相见,而是一方国君在外出时,受另一方国君邀请而会面,可视为国君外出时的临时性非正式会见。

此次会见应是鲁庄公邀见齐桓公。

“遇”不属于正式会盟,因此不在“九合诸侯”之列。

七、齐桓公十五年(前671),与鲁庄公盟于扈

扈,杜预认为是郑地,而杨伯峻认为是齐地。杨伯峻《春秋左传注》云:“扈,杜注以郑地之扈(今河南省原武废县西北有扈亭,当即其地)当之,恐相距太远。此扈当是齐地,疑在今山东省观城废县境。说本王夫之《稗疏》。”①原武废县城即今河南省原阳县之原武镇,观城废县城即今山东省莘县观城镇。齐、鲁两国君主相会,不该到第三国,故此扈应是齐地之扈。

《春秋·庄公二十三年》:“十有二月甲寅。公会齐侯盟于扈。”《公羊传·庄公二十三年》:“危之也。何危尔?我贰也。”《公羊传》认为盟于扈是因为鲁国对霸主有二心,鲁庄公自危,故盟于扈,交好于齐桓公。从史籍所载扈之盟前后期间齐、鲁关系的情况中,看不到鲁贰于齐的蛛丝马迹。相反,鲁庄公为聘娶哀姜,频繁往来于齐、鲁之间。如《春秋》载,在上一年冬,鲁庄公亲自至齐纳币,至本年春才返回鲁国,本年夏鲁庄公又至齐观社,返回鲁国后,紧接着又与齐桓公遇于谷,本年冬盟于扈后,下年夏,鲁庄公即亲自至齐迎娶哀姜。从上述记载中可以看出,鲁庄公急于聘娶哀姜。鲁庄公出生的时间见于《春秋》。《春秋·桓公六年》:“九月卯子同生。”《公羊传·

---

① 杨伯峻:《春秋左传注》(修订本),中华书局1981年版,第225页。

桓公六年》："子同生者孰谓？谓庄公也。"鲁桓公六年即公元前706年。鲁庄公纳币时已三十五岁。两年前，其母文姜已经去世，娶哀姜之事他可以自行做主。此时，他急于聘娶哀姜，正在情理之中。

据上述分析，盟于扈似乎与迎娶哀姜有关。

盟于扈与战事无关，自然是衣裳之会，但两国诸侯会盟不在"九合诸侯"的范围内。

八、齐桓公十九年（前667），与诸侯同盟于幽

幽，其地见前。

《春秋·庄公二十七年》："夏六月，公会齐侯、宋公、陈侯、郑伯同盟于幽。"《左传·庄公二十七年》："夏，同盟于幽，陈、郑服也。"陈、郑不服于齐的具体情况不见史书记载。杨伯峻《春秋左传注》云："二十二年陈人杀其大子御寇，陈完奔齐，桓公以为工正，此时陈可能不服于齐。文十七年《传》载郑子家与赵宣子书有云'文公四年二月壬戌，为齐侵蔡，亦获成于楚'，郑文公之四年，当鲁庄公二十五年，郑与楚交好，是以曾不服于齐。"按史籍所载分析，齐桓公当时可能对陈国私下滥杀太子不满。齐桓公从维护统治秩序出发，一直要求诸侯不能随意废立太子，如《公羊传·僖公三年》载阳谷之会的盟约中有"无易树子，无以妾为妻"的内容，《谷梁传·僖公九年》载葵丘之会的盟约中有"毋易树子，毋以妾为妻"的内容。齐桓公十四年，陈宣公欲立公子款，杀太子御寇，陈宣公的行为显然违背了盟约。郑国私下与楚国讲和，是贰于齐，当然也会引起齐桓公的不满。

据《春秋》载，上年秋，齐、鲁、宋伐徐。齐桓公显然是借伐徐之机，一并服陈、郑，然后同盟于幽。

齐桓公八年曾同盟于幽，至此时已经过去十一年。在这十一年中，未曾举行大规模的诸侯会盟，盟国之间相安无事，显示了齐桓公霸业的巩固。

借伐许之机举行会盟，故此次会盟应是兵车之会。

九、齐桓公十九年（前667），与鲁庄公会于城濮

城濮，卫地，在今山东省鄄城县临濮镇。

《春秋·庄公二十七年》:“公会齐侯于城濮。”此事无传。据前后史实分析,此次相会应是谋划伐卫。该年,周惠王让齐桓公伐卫。《左传·庄公二十七年》:“王使召伯廖赐齐侯命,且请伐卫,以其立王子颓也。”周惠王二年,即齐桓公十一年(前675),王子颓与五大夫作乱,伐王不克,王子颓奔卫。卫国、燕国伐周,立王子颓。周惠王四年,郑伯、虢叔伐王城,杀王子颓及五大夫,惠王复位。惠王因当年卫国伐周立子颓,故命齐侯伐卫。下一年春,齐桓公即伐卫。《春秋·庄公二十八年》:“春王三月甲寅,齐人伐卫,卫人及齐人战,卫人败绩。”《左传·庄公二十八年》:“春,齐侯伐卫。战,败卫师,数之以王命,取赂而还。”齐国在接受王命之后、伐卫之前,与鲁庄公会于卫地,显然与伐卫有关。

此次相会发生在伐卫之际,当是兵车之会。

此次相会仅限于两国诸侯,当不在“九合诸侯”的范围内。

十、齐桓公二十二年(前664),与鲁庄公遇于鲁济

鲁济,鲁地济水流域。济水流经齐、鲁,在齐境内为齐济,在鲁境内为鲁济。

《春秋·庄公三十年》:“冬,公及齐侯遇于鲁济。”《左传·庄公三十年》:“冬,遇于鲁济,谋山戎也,以其病燕故也。”此次相遇应是齐桓公邀见鲁庄公,目的是联合鲁国伐山戎。《说苑·权谋》:“齐桓公将伐山戎、孤竹,使人请助于鲁。鲁君进群臣而谋。皆曰:‘师行数千里,入蛮夷之地,必不反矣。’于是鲁许助之而不行。齐已伐山戎、孤竹,而欲移兵于鲁。管仲曰:‘不可!诸侯未亲,今又伐远而还诛近邻,邻国不亲,非霸王之道。君之所得山戎之宝器者,中国之所鲜也,不可以不进周公之庙乎?’桓公乃分山戎之宝,献之周公之庙。明年,起兵伐莒,鲁下令丁男悉发,五尺童子皆至。”为伐山戎,齐、鲁会于鲁济。据《说苑》所云,鲁庄公许诺出兵而不果,致使齐国独自远征山戎。齐国以德报怨,向鲁国献戎捷,既显示了齐国强大的威力,又表达了交好鲁国的良好愿望,体现了“拘之以利,结之以信,示之以武”的用兵策略,反映了管仲争霸谋略的精审。

“遇”不属于正式会盟,故不在“九合诸侯”之列。

十一、齐桓公二十四年(前662),与宋桓公遇于梁丘

梁丘,宋地,在今山东省菏泽市成武县东北三十里。

《春秋·庄公三十二年》:"夏,宋公、齐侯遇于梁丘。"《左传·庄公三十二年》:"齐侯为楚伐郑之故,请会于诸侯。宋公请先见于齐侯,夏,遇于梁丘。"四年前,即齐桓公二十年秋,楚伐郑,齐与鲁、宋救郑。至本年,齐桓公始谋划伐楚,欲大会诸侯,宋桓公先见之。

此次"遇"当是宋桓公邀见齐桓公。

"遇"不属于正式会盟,故不在"九合诸侯"之列。

十二、齐桓公二十五年(前661),与鲁闵公盟于落姑

落姑,齐地。顾栋高《春秋大事表》:"杜注'齐地',在今泰安府平阴县界。"①或认为落姑即薄姑,在今博兴县东北十五里。杨伯峻《春秋左传注》云:"'落姑',《公羊》、《谷梁》作'洛姑',落、洛字通。落姑,齐地。顾栋高谓在今山东省平阴县境,沈钦韩则谓落姑即薄姑,在今博兴县东北十五里,未知孰是。"②两国君主相会,一般在两国交界处。博兴在齐国北部,距鲁甚远,鲁闵公年幼,似乎不应在此,当以顾栋高之说为是。

《春秋·闵公元年》:"秋八月,公及齐侯盟于落姑。"《左传·闵公元年》:"秋八月,公及齐侯盟于落姑,请复季友也。齐侯许之,使召诸陈,公次于郎以待之。"上年八月,鲁庄公卒,公子般即位。庆父觊觎君位,而季友坚持立公子般。十月,庆父使人弑公子般,立鲁闵公,季友逃奔陈国。此次会盟是请求盟主齐桓公帮鲁国从陈国召回公子友。

此次盟会不涉战事,故为衣裳之会。鲁闵公年幼,加之当时庆父与哀姜居心叵测,因而感到危机四伏,于是请求齐桓公帮忙召回季友,欲借霸主威望以自保,因而请盟。但这次盟会仅两国君主参与,不在齐桓公"九合诸侯"的范围内。

---

① 顾栋高:《春秋大事表》,中华书局1993年版,第735~736页。

② 杨伯峻:《春秋左传注》(修订本),中华书局1981年版,第256页。

十三、齐桓公二十七年(前659),与诸侯盟于荦

荦,《春秋》作柽,宋地,在今河南省淮阳县西北。

《春秋·僖公元年》:“八月,公会齐侯、宋公、郑伯、曹伯、邾人于柽。”《左传·僖公元年》:“盟于荦,谋救郑也。”据《左传·庄公三十二年》载,“齐侯为楚伐郑之故,请会于诸侯”。鲁庄公三十二年为齐桓公二十四年,即三年前齐桓公就有为郑伐楚之意。本年,楚国又伐郑。《春秋·僖公元年》:“楚人伐郑。”《左传·僖公元年》:“楚人伐郑,郑即齐故也。”楚与齐争夺盟主,以郑国为突破口。据上述所载,齐、楚争夺郑国,已经趋于白热化。齐桓公为了救郑、维护中原霸主地位,与诸侯盟于荦。

为救郑而盟,当率兵车,故当为兵车之会。

十四、齐桓公二十八年(前658),与诸侯盟于贯

贯,宋地,在今山东省曹县南十里。

《春秋·僖公二年》:“秋九月,齐侯、宋公、江人、黄人盟于贯。”《左传·僖公二年》:“秋,盟于贯,服江黄也。”杜预注:“江、黄,楚与国也;始来服齐,故为合诸侯。”江国在今河南省正阳县东南,黄国在今河南省潢川县。齐桓公服江、黄,将势力范围往南发展,为伐楚做准备。

齐桓公远服江、黄,当是兵车之会。

十五、齐桓公二十九年(前657),与诸侯会于阳谷

阳谷,齐邑,故城位于山东省东平县旧县乡南部、王古店村东。

《春秋·僖公三年》:“秋,齐侯、宋公、江人、黄人会于阳谷。”《左传·僖公三年》:“谋伐楚也。”而《公羊传》《谷梁传》皆不言伐楚,而强调盛况空前。《公羊传》:“此大会也,曷为末言尔?桓公曰:‘无障谷,无贮粟,无易树子,无以妾为妻。’”《谷梁传》:“阳谷之会,桓公委端搢笏而朝诸侯,诸侯皆谕乎桓公之志。”从齐桓公下一年春即率领诸侯伐楚来看,《左传》载阳谷之会是为了谋划伐楚是对的。但是,阳谷之会又不仅仅是为了谋划伐楚,如从《公羊传》所载盟约可见,其内容更加广泛,并且诸侯归心,盛况空前。《国语·

齐语》载:“岳滨诸侯莫敢不来服,而大朝诸侯于阳谷。”不仅说阳谷之会是“大会”,并且把阳谷之会视作齐桓公霸业发展过程中的一个标志,即诸侯莫敢不来服,从此之后,“隐武事,行文道,帅诸侯而朝天子”。《春秋·僖公三年》:“冬,公子友如齐莅盟。”《左传》:“齐侯为阳谷之会,来寻盟。冬,公子友如齐莅盟。”鲁国未参加阳谷之会,本年冬专门到齐国补盟,看来,阳谷之会的确不同于以往的诸次会盟。但是,《春秋》经传仅记载宋、江、黄与会以及鲁国补盟,所涉及诸侯寥寥无几,与《国语》《公羊》《谷梁》上述所载不相称,不知何故。

此当是衣裳之会。

十六、齐桓公三十年(前656),率诸侯伐楚,与屈完盟于召陵

召陵,楚地,在今河南省漯河市召陵区。

《春秋·僖公四年》:“春王正月,公会齐侯、宋公、陈侯、卫侯、郑伯、许男、曹伯侵蔡,蔡溃,遂伐楚次于陉。”“楚屈完来盟于师,盟于召陵。”《左传·僖公四年》:“四年春,齐侯以诸侯之师侵蔡。蔡溃,遂伐楚。楚子使与师言曰:‘君处北海,寡人处南海,唯是风马牛不相及也。不虞君之涉吾地也,何故?’管仲对曰:‘昔召康公命我先君大公曰:“五侯九伯,女实征之,以夹辅周室。”赐我先君履,东至于海,西至于河,南至于穆陵,北至于无棣。尔贡包茅不入,王祭不共,无以缩酒,寡人是征。昭王南征而不复,寡人是问。’对曰:‘贡之不入,寡君之罪也,敢不共给。昭王之不复,君其问诸水滨。’师进,次于陉。夏,楚子使屈完如师。师退,次于召陵。齐侯陈诸侯之师,与屈完乘而观之。齐侯曰:‘岂不穀是为?先君之好是继。与不穀同好,如何?’对曰:‘君惠徼福于敝邑之社稷,辱收寡君,寡君之愿也。’齐侯曰:‘以此众战,谁能御之?以此攻城,何城不克?’对曰:‘君若以德绥诸侯,谁敢不服?君若以力,楚国方城以为城,汉水以为池,虽众,无所用之。’屈完及诸侯盟。”齐桓公率诸侯伐楚,在大兵压境的形势下,楚国与诸侯盟于召陵。

《史记·齐太公世家》:“二十九年,桓公与夫人蔡姬戏船中。蔡姬习水,荡公,公惧,止之,不止,出船,怒,归蔡姬,弗绝。蔡亦怒,嫁其女。桓公闻而怒,兴师往伐。三十年春,齐桓公率诸侯伐蔡,蔡溃。遂伐楚。”一般认为,齐

桓公因蔡姬而侵蔡，管仲力劝齐桓公由侵蔡而伐楚。《史记·管晏列传》："桓公实怒少姬，南袭蔡，管仲因而伐楚，责包茅不入贡于周室。"《韩非子·外储说左上》："蔡女为桓公妻，桓公与之乘舟，夫人荡舟，桓公大惧，禁之不止，怒而出之。乃且复召之，因复更嫁之。桓公大怒，将伐蔡。仲父谏曰：'夫以寝席之戏，不足以伐人之国，功业不可冀也，请无以此为稽也。'桓公不听。仲父曰：'必不得已，楚之菁茅不贡于天子三年矣，君不如举兵为天子伐楚。楚服，因还袭蔡，曰余为天子伐楚，而蔡不以兵听从，遂灭之。此义于名而利于实。故必有为天子诛之名，而有报仇之实。"据《春秋》经传之记载分析，齐桓公侵蔡，率领八国之众，单纯侵蔡无须如此兴师动众。并且，上年齐桓公即与诸侯会于阳谷，谋划伐楚。因此，本年伐楚应是按既定计划行事，并不是在侵蔡过程中的临时决策。或许事实真相正如《韩非子》所说，管仲不同意齐桓公以寝席之戏侵蔡，故以蔡不以兵听为借口侵蔡。

此为兵车之会。

十七、齐桓公三十一年（前655），与诸侯会于首止

首止，卫地，在今河南省睢县东南。

《春秋·僖公五年》："公及齐侯、宋公、陈侯、卫侯、郑伯、许男、曹伯会王世子于首止。秋八月，诸侯盟于首止。"《左传·僖公五年》："会于首止，会王大子郑，谋宁周也。"周惠王爱少子带，有废太子郑之意，故齐桓公率诸侯与太子郑会于首止，拥戴太子郑以安定周室。周惠王对此事不满，故让郑伯背齐从楚。《左传·僖公五年》："王使周公召郑伯，曰：'吾抚女以从楚，辅之以晋，可以少安。'郑伯喜于王命而惧其不朝于齐也，故逃归不盟。"齐桓公敢违背周惠王意愿并干涉王室继承之事，可见此时齐国霸业之盛。

谋安太子郑之位，不涉及战事，当是衣裳之会。

十八、齐桓公三十三年（前653），与诸侯会于宁母

宁母，鲁地，在今山东省济宁市鱼台县。

《春秋·僖公七年》："秋七月，公会齐侯、宋公、陈世子款、郑世子华盟于宁母。"《左传·僖公七年》："秋，盟于宁母，谋郑故也。"齐桓公三十一年，诸

侯会于首止，郑伯受周惠王撺掇，逃归不盟。齐桓公三十二年，齐桓公率领诸侯伐郑，本年春，齐人又伐郑，并且，本年秋，与诸侯盟与宁母。

宁母之会时，管仲劝齐桓公对诸侯“招携以礼，怀远以德”，不要单纯依靠武力。《左传·僖公七年》：“管仲言于齐侯曰：‘臣闻之，招携以礼，怀远以德，德礼不易，无人不怀。’齐侯修礼于诸侯，诸侯官受方物。”

郑国使世子华与会。世子华欲借齐桓公之手除去异己，齐桓公欲许诺。管仲反对，主张以礼、信、德、义号令诸侯。《左传·僖公七年》：“郑伯使大子华听命于会，言于齐侯曰：‘泄氏、孔氏、子人氏三族，实违君命。若君去之以为成。我以郑为内臣，君亦无所不利焉。’齐侯将许之。管仲曰：‘君以礼与信属诸侯，而以奸终之，无乃不可乎？子父不奸之谓礼，守命共时之谓信。违此二者，奸莫大焉。’公曰：‘诸侯有讨于郑，未捷。今苟有衅，从之，不亦可乎？’对曰：‘君若绥之以德，加之以训辞，而帅诸侯以讨郑，郑将覆亡之不暇，岂敢不惧？若总其罪人以临之，郑有辞矣，何惧？且夫合诸侯以崇德也，会而列奸，何以示后嗣？夫诸侯之会，其德刑礼义，无国不记。记奸之位，君盟替矣。作而不记，非盛德也。君其勿许，郑必受盟。夫子华既为大子而求介于大国，以弱其国，亦必不免。郑有叔詹、堵叔、师叔三良为政，未可间也。’齐侯辞焉。子华由是得罪于郑。”

据《谷梁传·僖公七年》载，宁母之会是衣裳之会。

十九、齐桓公三十四年（前652），与诸侯会于洮

洮，曹地，在今山东省鄄城西。

《春秋·僖公八年》：“春王正月，公会王人、齐侯、宋公、卫侯、许男、曹伯、陈世子款盟于洮。郑伯乞盟。”《左传·僖公七年》：“闰月，惠王崩。襄王恶大叔带之难，惧不立，不发丧而告难于齐。”《左传·僖公八年》载：“八年春，盟于洮，谋王室也。郑伯乞盟，请服也。襄王定位而后发丧。”据《左传》载，上一年周惠王崩，太子郑恐王子带争位，秘不发丧而告难于齐，于是，齐桓公召集诸侯，与王室大夫盟于洮，立太子郑，是为周襄王。

郑伯请服，故乞盟。

据《谷梁传·僖公八年》载，洮之会是兵车之会。

二十、齐桓公三十五年(前651),与诸侯会于葵丘

葵丘,春秋时期有二葵丘,一是齐地,在今山东省淄博市临淄区;一是宋地,在今河南省商丘市民权县境内。《史记·齐太公世家》:"襄公使连称、管至父戍葵丘。"《史记索隐》引杜预曰"临淄西有地名葵丘"。又齐桓公三十五年会诸侯于葵丘,当鲁僖公九年,杜预曰"陈留外黄县东有葵丘"。《史记·秦本纪》:"齐桓公会诸侯于葵丘。"《史记正义》引《括地志》云:"葵丘在曹州考城县东南一里一百五十步郭内,即桓公会处。又青州临淄县有葵丘。即传连称,管至父所戍处。"此次会盟在宋地之葵丘。

《春秋·僖公九年》:"夏,公会宰周公、齐侯、宋子、卫侯、郑伯、许男、曹伯于葵丘。""九月戊辰诸侯盟于葵丘。"《左传·僖公九年》:"夏,会于葵丘,寻盟,且修好,礼也。王使宰孔赐齐侯胙,曰:'天子有事于文武,使孔赐伯舅胙。'齐侯将下拜。孔曰:'且有后命。天子使孔曰:"以伯舅耋老,加劳,赐一级,无下拜。"'对曰:'天威不违颜咫尺,小白余敢贪天子之命无下拜?恐陨越于下,以遗天子羞。敢不下拜?'下,拜;登,受。秋,齐侯盟诸侯于葵丘,曰:'凡我同盟之人,既盟之后,言归于好。'宰孔先归,遇晋侯曰:'可无会也。齐侯不务德而勤远略,故北伐山戎,南伐楚,西为此会也。东略之不知,西则否矣。其在乱乎。君务靖乱,无勤于行。'晋侯乃还。"

葵丘之会,天子赐胙,诸侯归心,盛况空前,标志着齐桓公的霸业达到顶峰。《谷梁传·僖公九年》:"葵丘之会,陈牲而不杀,读书加于牲上,壹明天子之禁,曰:'毋雍泉,毋讫籴,毋易树子,毋以妾为妻,毋使妇人与国事。'"《孟子·告子下》:"五霸,桓公为盛。葵丘之会,诸侯束牲载书而不歃血。"

但葵丘之会也是齐桓公霸业由盛转衰的转折点。齐桓公满足于取得的成就,志得意满,竟提出要封泰山、禅梁父。《史记·齐太公世家》:"于是桓公称曰:'寡人南伐至召陵,望熊山;北伐山戎、离枝、孤竹;西伐大夏,涉流沙;束马悬车登太行,至卑耳山而还,诸侯莫违寡人。寡人兵车之会三,乘车之会六,九合诸侯,一匡天下。昔三代受命,有何以异于此乎?吾欲封泰山,禅梁父。'管仲固谏,不听;乃说桓公以远方珍物至乃得封,桓公乃止。"

齐桓公的骄横自满给霸业造成了不良影响。《史记·齐太公世家》:

“(桓公三十五年)秋,复会诸侯于葵丘,益有骄色。周使宰孔会。诸侯颇有叛者。”《公羊传·僖公九年》:“葵丘之会,桓公震而矜之,叛者九国。震之者何?犹曰振振然;矜之者何?犹曰莫若我也。”

葵丘之会,陈牲而不杀,读书加于牲上,是衣裳之会。

二十一、齐桓公三十七年(前 649),与鲁僖公及夫人会于阳谷

阳谷,其地见前。

《春秋·僖公十一年》:“夏,公及夫人姜氏会齐侯于阳谷。”其事无传,其事不详。携夫人与会,当是修好于齐。

夫人与会,定是衣裳之会。此会当不在“九合诸侯”的范围内。

二十二、齐桓公三十九年(前 647),与诸侯会于咸

咸,卫地,在今河南濮阳市东南。

《春秋·僖公十三年》:“公会齐侯、宋公、陈侯、卫侯、郑伯、许男、曹伯于咸。”《左传·僖公十三年》:“夏,会于咸,淮夷病杞故,且谋王室也。”会于咸的目的有二。一是因淮夷危及杞国,需与诸侯谋划救杞,故下一年春为杞在缘陵筑城而迁杞。《左传·僖公十四年》:“十四年春,诸侯城缘陵而迁杞焉。”二是谋划戍守周王城。两年前,王子带作乱,召戎入王城。《左传·僖公十一年》:“夏,扬、拒、泉、皋、伊、洛之戎同伐京师,入王城,焚东门,王子带召之也。秦、晋伐戎以救周。秋,晋侯平戎于王。”上年,齐桓公使管仲平戎于周,本年夏又与诸侯会于咸,谋划戍周。于是,本年秋,诸侯戍周。《左传·僖公十三年》:“秋,为戎难故,诸侯戍周,齐仲孙湫致之。”

据《谷梁传·僖公十三年》载,咸之会是兵车之会。

二十三、齐桓公四十一年(前 645),与诸侯盟于牡丘

牡丘,在今山东省聊城市茌平县东十里。

《春秋·僖公十五年》:“楚人伐徐,三月,公会齐侯、宋公、陈侯、卫侯、郑伯、许男、曹伯盟于牡丘。遂次于匡。”“秋七月,齐师、曹师伐厉。”《左传·僖公十五年》:“十五年春,楚人伐徐,徐即诸夏故也。三月,盟于牡丘,寻葵

丘之盟，且救徐也。孟穆伯帅师及诸侯之师救徐，诸侯次于匡以待之。”“秋，伐厉，以救徐也。”因徐国背楚服齐，楚国伐之。齐桓公与诸侯盟于牡丘，除了重申葵丘之会的盟约，更为直接的原因是召集诸侯一同救徐。

此次救徐收效不大，最终楚败徐于娄林。《左传·僖公十五年》：“楚败徐于娄林，徐恃救也。”徐国依赖诸侯救援，结果败于楚。可见，齐桓公的势力已经大不如从前。另外，该年冬，宋国伐曹。自从齐桓公称霸，三十余年间各盟国不私自征伐。至此，宋始伐曹，说明齐桓公对诸侯的控制力已经减弱。

据《谷梁传·僖公十五年》载，此次盟会是兵车之会。

二十四、齐桓公四十二年（前644），与诸侯会于淮

淮，在今江苏省淮安市盱眙县附近。杨伯峻《春秋左传注》云：“杜注谓淮在‘临淮郡左右’。晋之临淮郡治在今江苏省盱眙县。”①

《春秋·僖公十六年》：“冬有十二月，公会齐侯、宋公、陈侯、卫侯、郑伯、许男、邢侯、曹伯于淮。”《左传·僖公十六年》：“十二月会于淮，谋鄫，且东略也。城鄫，役人病。有夜登丘而呼曰：‘齐有乱。’不果城而还。”因淮夷侵扰鄫国，齐桓公率领诸侯为鄫筑城。此时齐桓公雄心不减，欲东略淮夷。但是，此时齐国内乱已萌，故有人夜里登高一呼，众人尽信之而散去，可见，齐桓公的霸业尽管仍有声势，但已是强弩之末。

下一年冬，齐桓公卒。淮之会是齐桓公最后一次盟会诸侯。

据《谷梁传·僖公十六年》载，此次盟会是兵车之会。

综上所述，齐桓公与诸侯共相会二十四次。其中有三次即齐桓公十五年与鲁庄公遇于谷、二十二年遇于鲁济、二十四年与宋桓公遇于梁丘，是“遇”，属于两国诸侯的非正式会见，不是传统意义上的会盟，因此，齐桓公与诸侯会盟的次数实际上是二十一次。

会盟诸侯与合诸侯不完全相同。合有聚集、召集意，有一定的规模或数量才能称作合诸侯。主持会盟是合诸侯的方式，但不是所有的主持会盟都

---

① 杨伯峻：《春秋左传注》（修订本），中华书局1981年版，第368～369页。

可以称得上是合诸侯。如仅两国君主会盟，就称不上合诸侯。在齐桓公与诸侯的二十一次会盟中，有五次即齐桓公五年与鲁庄公盟于柯、十五年与鲁庄公盟于扈、十九年与鲁庄公会于城濮、二十五年与鲁闵公盟于落姑、三十七年与鲁僖公及夫人会于阳谷，应不在合诸侯之列。因此，齐桓公合诸侯的次数实际上有十六次。

齐桓公六年（前680）会于鄄，尽管齐桓公主导此盟，但从形式上看，应是单伯主盟，故《春秋·庄公十四年》云："冬，单伯会齐侯、宋公、卫侯、郑伯于鄄。"如果此次会盟不计算在内，齐桓公合诸侯的次数正如《谷梁传》所说，为十五次。

齐桓公三十年葵丘之会时，齐桓公提出封泰山、禅梁父。齐桓公当时云"兵车之会三，乘车之会六，九合诸侯"。实际上，在葵丘之会之前，齐桓公合诸侯十二次，如果连葵丘之会也统计在内是十三次。因此，齐桓公自己所云"九合诸侯"也不是确数。

《谷梁传》云"兵车之会四"，并具体指出齐桓公三十四年会于洮、三十九年会于咸、四十一年会于牡丘、四十二年会于淮是兵车之会，其余皆为衣裳之会。其实不然，如齐桓公三十年，楚国与诸侯盟于召陵，发生于伐楚之际，显然是兵车之会。据上述分析，在十六次合诸侯中，兵车之会有十一次，衣裳之会有五次。

孔子说"桓公九合诸侯，不以兵车"，是基于自身的政治理想对齐桓公争霸不单纯使用武力而是以礼信仁德感召诸侯行为的称赞，从而强调仁政，并不是真正说齐桓公盟会诸侯不以兵车。

后　记

王京龙教授等著"管子通论"丛书，承蒙信任，让我撰写《管子其人其书及管氏家族研究》。因我在2001年出版过《管仲评传》，这些年来也一直关注管子研究，对这一题目并不陌生，便慨然受命。

管仲的事迹在先秦典籍中有比较多的记载。《国语·齐语》及《管子》之《大匡》《中匡》《小匡》，均可被视为管仲的传记，《史记》有《管晏列传》，以后各朝各代都不乏对管仲的论述评价。而《管子》一书在战国和汉初非常流行，《韩非子·五蠹》说"家有之"，《史记·管晏列传》说"世多有之"，但在汉代以后长期受到冷遇。而近代梁启超作《管子评传》，对管仲其人和《管子》其书都有很高的评价，人们对《管子》日益关注。特别是改革开放以来，人们倍加关注管子的研究，研究成果层出不穷。本书在已有研究的基础上，力求做最新、最全面的论述，以期对读者全面、准确地了解管仲其人和《管子》其书提供帮助。

由于本人学识不足，本书肯定有诸多疏漏之处，敬请方家批评指正。

战化军

2018年3月19日于济南东山雅郡

图书在版编目(CIP)数据

管子其人其书及管氏家族研究／战化军著. —济南：齐鲁书社，2019. 6
（管子通论）
ISBN 978-7-5333-4089-6

Ⅰ. ①管… Ⅱ. ①战… Ⅲ. ①管仲（？—前645）—人物研究 Ⅳ. ①B226. 15

中国版本图书馆 CIP 数据核字(2019)第 001610 号

“管子通论”丛书
王京龙 等著

管子其人其书及管氏家族研究
GUANZI QIREN QISHU JI GUANSHI JIAZU YANJIU
战化军 著

主管单位 山东出版传媒股份有限公司
出版发行 齊鲁書社
社　　址 济南市英雄山路 189 号
邮　　编 250002
网　　址 www. qlss. com. cn
电子邮箱 qilupress@ 126. com
营销中心 (0531)82098521　82098519
印　　刷 山东新华印务有限责任公司
开　　本 720mm × 1020mm　1/16
印　　张 15
插　　页 3
字　　数 230 千
版　　次 2019 年 6 月第 1 版
印　　次 2019 年 6 月第 1 次印刷
印　　数 1—1000
标准书号 ISBN 978-7-5333-4089-6
定　　价 **56. 00 元**